KB205779

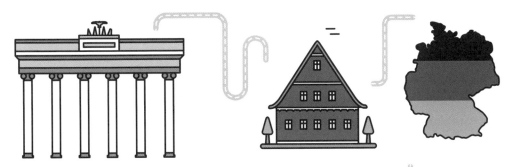

Niveaustufe A1-B2

독일어 전공자와
Goethe-/ÖSD-Zertifikat, Telc A2-B2
시험준비생을 위한

Das ist

GRAMMATIK

aktuell

권영숙 지음

PUTS
PRESS

AI 시대가 본격적으로 도래하면서, 단순한 정보 습득을 넘어 그 진위를 가려내고, AI가 생성한 결과물을 비판적으로 검토하고 수정하는 능력이 필수적인 시대가 되었습니다. 이러한 변화 속에서 외국어를 단순히 '배운다'는 것을 넘어, 실제로 '사용할 수 있는 능력'을 갖추는 것이 그 어느 때보다도 중요한 과제가 되었습니다.

"Das ist Grammatik aktuell"은 단순한 문법 지식 전달을 넘어, 학습자가 독일어로 자유롭게 소통할 수 있도록 돕는 실용적인 문법서입니다. 유럽 공통 참조 기준(CEFR)의 구성주의 이론을 바탕으로 한 행위 중심 접근법을 따르며, 문법을 다양한 주제 속에서 자연스럽게 익힐 수 있도록 실용적인 예문과 삽화를 담았습니다.

또한, 이 책은 문법이 단순한 규칙이 아니라 '의사소통을 위한 도구'로 활용될 수 있도록, 문장론 및 텍스트 관점에서 조명하였습니다. 형태(Formen)와 사용(Gebrauch)의 유기적인 관계를 질문과 대답 형식으로 구성하여, 학습자가 스스로 사고하며 익힐 수 있도록 하였습니다.

"Das ist Grammatik aktuell"은 유럽 공통 참조 기준(A1-B2) 수준의 학습자를 위한 문법서로, 각 단계에서 필요한 문법 개념과 이를 활용한 어휘를 체계적으로 정리하였습니다. 독일어를 처음 배우는 초급 학습자부터 심화 학습이 필요한 중급 학습자까지, 누구나 단계적으로 학습할 수 있도록 구성하였으며, 독일어를 가르치는 교수자, 독일어 전공자, 그리고 Goethe-/ÖSD-Zertifikat, Telc 등 독일어 시험을 준비하는 학습자들에게 실질적인 도움을 제공합니다.

이 책을 통해 독일어 학습자들이 문법을 부담이 아닌 즐거움으로 받아들이고, 보다 효과적으로 독일어를 익히며, 나아가 자신의 목표를 이루는 데 한 걸음 더 나아가기를 진심으로 바랍니다.

마지막으로, 원고를 꼼꼼히 검토해 주신 곽은하 선생님께 깊이 감사드리며, 이 모든 과정이 가능하도록 이끌어 주신 주님께 감사드립니다.

2025년 1월 선지동산에서
권 영 숙

독일어 관련분야도 다른 분야와 마찬가지로 이미 많은 훌륭한 학습서들이 출판되어 있기 때문에, 더 이상의 획기적인 내용을 담은 교재가 출판되기를 기대하기는 어려울 것이다. 그럼에도 불구하고 저자가 본 저서를 집필하게 된 동기는, 지난 수년간 대학과 독일문화원에서 독일어 강의를 하면서 대부분의 교재들이 언어학적 및 언어교육학적 배경이론 없이 기존의 문법적 지식만을 일방적으로 전달하기 위한 형태로 구성되어 있어서 독일어를 처음 접하는 학생들이 독일어 문장구조와 문법을 이해하기 어려울 뿐만 아니라, 대부분의 학습서들이 실제 사용 측면을 고려하지 않고 진부한 예제들을 이용하여 설명하기 때문에, 현실적인 실제 사용과 거리감이 있으며, 또한 학습동기 유발이 되지 않는다는 안타까움과 아쉬움에서 출발하였다.

본 저서는 저자의 이러한 고민에서 출발하여 문법을 설명하되 독일어를 처음 접하는 학생들이 쉽게 독일어 문장구조와 문법을 이해할 수 있도록 풍부한 실제 사례를 수록하였으며, 독일어를 인지하고 습득하는 과정을 문장론적 관점에서 조명하면서 형태(Formen)와 사용(Gebrauch)의 상관관계를 끊임없이 질문하고 대답하는 형식으로 기술하였다. 또한 본 저서는 기존의 대표적인 독일어 학습서들 (Monika Reimann의 Grundstufen-Grammatik, Renate Luscher의 Übungsgrammatik für Anfänger, Hilke Dreyer, Richard Schmitt의 Lehr- und Übungsbuch der deutschen Grammatik, Christine Späth, Marion Sailer의 Und jetzt ihr!, Harald Seeger의 Wer? Wie? Was? 등)의 기본적인 틀을 유지하면서 각각의 학습서들이 가지는 장점을 부각시키고 단점을 보완하여 독일어 문법과 문장구조, 실제 사용원리들을 체계적으로 설명하였다. 따라서 독일어를 처음 접하는 학부 학생이나 심화과정으로 독일어를 배우고자 하는 대학원생은 물론, 독일 유학을 준비하는 학생이나, 독일 어학증명 시험을 준비하는 사람들에게 큰 도움을 줄 수 있으리라 믿는다.

본 저서의 제1장에서는 인칭대명사와 시제에 따라 어미변화를 하는 동사의 형태와 그 사용에 대하여 상세히 기술하였으며, 특별히 독일 어학증명시험(ZD, ZMP)을 위한 기본 동사들을 수록하였다. 제2장에서는 성, 수, 격에 따라 변화를 하는 문장성분인 명사, 대명사, 정관사 및 부정관사 그리고 형용사의 형태와 그 사용을 다루었고, 제3장에서는 어미변화를 하지 않는 불변화사에 속하는 전치사 및 부사의 형태와 그 사용에 대해 설명하였다. 제4장에서는 문장 내에서 동사의 위치에 따른 문장 형태 및 그 사용을 다루었다.

본 교재를 출간하면서 느끼는 저자의 생각은 처음 독일어를 접하거나, 심화과정으로 독일어를 배우고자 하는 학생들과 독일어학 증명시험을 준비하는 사람들에게 실질적이고 현실적인 도움을 줄 수 있을 것이라는 기대감과 설렘으로 가득하다. 그러나 한편으로는 시중에 소개되고 있는 다른 많은 학습서들과 같은, 평범한 부류의 또 하나의 교재로 평가되지 않을까 하는 두려움과, 빨리 소개하고 싶은 마음에 서둘러 출판하다 보니 혹시 부족한 부분은 없을까 하는 부끄러운 마음이 앞선다. 그러나 평가는 여러 독자들의 몫이며, 독자의 어떠한 평가도 겸손한 마음으로 받아들일 준비가 되어 있다. 앞으로 더 좋은 책으로 다듬어가기 위해서 독자의 아낌없는 충고와 조언을 부탁한다.

오랫동안 준비한 원고가 세상의 빛을 볼 수 있도록 도와주신 양서각의 신대영 사장님과 편집과정에서 수고하신 장명옥 선생님 외 모든 분들께 감사를 드린다. 또한 원고 집필 과정에서 많은 시간을 할애하여 수고해준 박준수 군에게 지면을 빌어 감사한다. 끝으로 탈고하는 순간까지 옆에서 지켜보며 격려해준 남편과 두 딸 희수와 민수에게 고마움과 미안함을 함께 전한다.

끝으로 하나님의 학교를 위해 일할 수 있도록 인생을 인도해 주신 주님께 감사를 드린다.

2005년 9월
선지동산 연구실에서
저　자

차례

Kapitel	문법수준단계	

Kapitel 3 불변화사 (Partikeln) ······················· 219

동사 · Verben

　동사는 문장의 핵으로서 어떠한 문장성분이 필요한지, 이러한 문장성분들이 문장 내에서 어떤 역할을 하게 되는지, 그리고 어떤 순서로 배열되어야 하는지를 결정한다. 이것을 동사의 어순(Wortstellung)과 격지배(Rektion der Verben)라고 한다.

　동사는 '누가 무엇을 하는가?'에 대한 정보를 주며, 동사의 어간에 내포되어 있는 의미에 따라 변화가 없는 상태(Zustand), 순간적인 변화의 의미를 내포하는 사건(Ereignis), 그리고 경과(Vorgang)로 나누어진다.

　독일어에서의 동사의 기본형태는 어간(Verbstamm)+어미(Endung)로 되어 있으며 동사의 어미변화를 통하여 행위의 주체, 시제, 양태를 표현할 수 있다. 동사의 종류에는 인칭어미변화를 하는 규칙 변화 동사와 모음교체현상이 일어나는 불규칙 변화 동사로 구분된다.

▶ 동사의 형태

동사 = 어간+(e)n	규칙 변화 동사	주어진 주어에 따라 어미변화를 한다.
	불규칙 변화 동사	동사의 현재 및 과거형에서 동사어간에 모음 교체현상이 일어나는 동사들이다.

　독일어 동사의 특징은 다음과 같다.

○ 독일어 동사의 기본 형태는 어간 + (e)n로 되어 있다.
　lern-en 배우다, lieb-en 사랑하다 schreib-en 쓰다, wander-n 산행하다,
　tu-n 하다

○ 독일어 동사는 어미변화를 통하여 행위의 주체가 누구인지를 표현할 수 있다.
　ich 나 lern-e, du 너 lern-st, Sie 당신(들) lern-en, er 그/sie 그녀/es 그것
　lern-t, wir 우리들 lern-en, ihr 너희들 lern-t, sie 그들 lern-en

**동
사**

● 독일어 동사는 또한 사건이 언제 일어나는가에 대한 정보인 시제(Tempus), 화자
의 주관적인 심상을 표현하는 양태(Modus) 그리고 행위의 유형(Hand- lungsar-
ten)으로서 능동태 및 수동태 등 문장에 대한 정보를 줄 수 있다.

시제 : Er lernt. 그는 배운다. (현재형)
　　　Er wird lernen. 그는 배울 것이다. (미래형)
　　　Er lernte. 그는 배웠다. (과거형)
　　　Er hat gelernt. 그는 배웠다. (현재완료형)

양태 : Er lernt. 그는 공부한다. (직설법)
　　　(Sie sagt,) er lerne. (그녀가) 그가 공부한다(고 말한다). (가정법 I식)
　　　Er würde gern lernen. 그가 공부하기를 바란다. (가정법 II식)

능동태 및 수동태 : Tom ruft Maria. 톰이 마리아를 부른다. (능동태)
　　　Maria wird(von Tom) gerufen. 마리아가(톰에 의해) 불려진다. (수동태)

● 독일어는 동사의 어간에 내포되어 있는 의미에 따라 변화가 없는 상태(Zustand),
어떤 사건의 과정(Vorgang), 그리고 순간적인 변화의 의미를 내포하는 사건(Er-
eignis)으로 나누어진다.

Meine Tochter ist drei Jahre alt. 내 딸은 3살이다. (상태)
Ich wasche gerade meine Tochter. 나는 지금 딸을 씻기고 있다. (과정)
Das Wasser spritzt über den Rand der Badewanne. 물이 욕조 밖으로 튀긴다. (사건)

● 독일어의 모든 문장은 영어와 마찬가지로 최소한 동사 하나와 동반어(Begleiter)
로서 보충어(Ergänzung)를 필수적으로 가지고 있다.

Ich arbeite. 나는 일을 한다. (1격 보충어(주격)+동사)

● 이 문장은 예문에서와 같이 부가어(Angabe)의 삽입으로 확장될 수 있다. 이러한
부가어들은 보충어와는 달리 필수적이 아닌 선택적(fakultativ)이다:

Ich trainiere jeden Tag 4 Stunden mit meinen Freunden auf dem Sportplatz.
나는 나의 친구들과 매일 4시간씩 운동장에서 훈련을 한다.

Abschnitt **1** 기본동사 · **Grundverben**

독일어에서 대표적인 기본 동사로 sein, haben, werden 등이 있다.

1 sein

sein 동사는 상태 동사로서 '이/있다'의 의미를 가진다. sein 동사는 대표적인 불완전 자동사로 일반적으로 문장에서 단독으로 오지 않고 주어를 보조해 주는 수식어나 1격 보충어(Ergänzung im Nominativ)와 함께 온다.

Maria ist Modedesignerin. 마리아는 패션 디자이너다.

Sie ist jung. 그녀는 젊다.

Sie ist in ihrem Studio. 그녀는 그녀의 작업실에 있다.

sein 동사는 주어를 보조해주는 1격 보충어인 명사나 명사구 혹은 수식어인 형용사, 부사 등과 함께 온다.

▶ sein 동사가 오는 문장 구조

	1격 (Nominativ)		1격 (Nominativ)	부가어 (Angaben)
sein 이다	**Maria** 마리아는	**ist** 이다	**Modedesignerin.** 디자이너	
	Sie 그녀는	**ist** 이다		**jung.** 젊은
	Sie 그녀는	**ist** 있다		**in ihrem Studio.** 그녀의 작업실에

3

sein 동사의 형태

sein 동사는 인칭에 따라 아래와 같이 변한다.

❯ sein 동사의 형태

동
사

	단 수		복 수	
1인칭	ich	bin	wir	sind
2인칭	du Sie	bist sind	ihr Sie	seid sind
3인칭	er / sie / es	ist	sie	sind

✎ 독일어의 인칭대명사는 영어와 마찬가지로 단수 및 복수 1, 2, 3인칭이 존재한다. 화자 자신을 말할 때는 1인칭인 ich (나), 이에 대한 복수형의 인칭대명사에는 화자를 포함한 사람들을 지칭하는 wir (우리)가 있다.

✎ 단수 2인칭 대명사로는 친칭인 du (너), 존칭인 Sie (당신)가 있는데 그 사용은 친숙도에 따라 다르게 사용한다.

✎ 제 삼자를 일컫는 3인칭은 사람이나 사물의 성에 따라 er (그), sie (그녀), es (그것)가 사용되며 이에 대한 복수형은 sie (그들)이다.

sein 동사의 사용

sein 동사는 문장에서 '이/있다' 의미의 본동사 뿐만 아니라, 완료형과 양태적 용법에서 조동사로도 사용될 수 있다.

❯ sein 동사의 사용

sein	**본동사** **Ich bin jung.** 나는 젊다. **Ich bin Modedesignerin.** 나는 패션 디자이너다. **Der Laden ist geschlossen.** 가게가 문을 닫았다.	+ 형용사 + 명사 + 과거분사형
	조동사 **Er ist gestern gefahren.** 그는 어제 떠났다. **Er war bereits gefahren, als ich ankam.** 내가 도착하였을 때 그는 이미 떠나버렸다.	현재완료형 과거완료형
	양태 표현 **Es ist noch viel zu tun.** 나는 여전히 할 일이 많다.	필연성

✎ sein 동사는 현재 및 과거완료형을 만들 때 조동사로 쓰이기도 하며, zu + 동사부정형과
함께 필연성을 나타내는 표현구로 사용되기도 한다.

2 haben

동
사

haben 동사는 본동사로서 '가지고 있다'라는 의미를 가진다. haben 동사는 대
표적인 완전 타동사로 문장에서 혼자 오지 않으며, 항상 4격 보충어를 동반한다.

Ich habe eine Freundin.
나는 여자 친구 한 명을 가지고 있다.
Sie hat einen Hund.
그녀는 개 한 마리를 가지고 있다.

▶ haben 동사가 오는 문장 구조

	1격 (Nominativ)		4격 (Akkusativ)
haben 가지고 있다	Ich 나는	habe 가지고 있다	eine Freundin. 여자친구 한 명을
	Sie 그녀는	hat 가지고 있다	einen Hund. 개 한 마리를

haben 동사의 형태

haben 동사는 인칭에 따라 아래와 같이 변한다.

▶ haben 동사의 변화

	단 수		복 수	
1인칭	ich	habe	wir	haben
2인칭	du Sie	hast haben	ihr Sie	habt haben
3인칭	er / sie / es	hat	sie	haben

✎ haben 동사는 단수 2인칭 (du), 3인칭 (er, sie, es)에서는 불규칙 변화하나, 단수 1인칭(ich)
및 복수 1인칭 (wir), 복수 2인칭 (ihr, Sie), 3인칭 (sie)에서는 규칙 변화한다.

haben 동사의 사용

haben 동사는 문장에서 '가지고 있다' 의미의 본동사로 사용되지만 다른 기능으로도 사용될 수 있다. haben 동사는 sein 동사와 함께 현재 및 과거완료형을 만들때 조동사로 쓰이기도 하며, zu+동사부정형과 함께 필연성을 나타내는 표현구로 사용되기도 한다.

▷ haben 동사의 사용

haben	본동사 Ich habe einen Laptop. 나는 노트북 한 대를 가지고 있다.	+ 명사구 + 대명사
	조동사 Ich habe ihn gesehen. 나는 그를 보았다. Ich hatte ihn gesehen. 나는 그를 보았었다.	현재완료형 과거완료형
	양태 표현 Ich habe noch viel zu tun. 나는 여전히 할 일이 많다.	필연성

3 werden

werden 동사는 본동사로 '되다'라는 의미를 가진다. werden 동사는 어떤 상태의 진행을 나타내는 반면 sein 동사는 결과로서의 상태를 나타낸다.

werden (진행)
Es wird hell.
밝아지고 있다.
Es wird dunkel.
어두워지고 있다.

sein (결과로서의 상태)
Es ist Morgen.
아침이다.
Es ist Abend.
저녁이다.

werden 동사는 sein 동사와 같은 불완전 자동사로서, 문장에서 단독으로 오지 않고 주어를 보조해주는 수식어나 1격 보충어(Ergänzung im Nominativ)와 함께 온다.

▶ werden 동사가 오는 문장 구조

	1격 (Nominativ)		1격 (Nominativ)	부가어 (Angaben)
werden ~되다	Es	wird 되다		dunkel. 어두운
	Sie 그녀는	wird 되다	Lehrerin. (여)선생님	

werden 동사의 형태

werden 동사는 인칭에 따라 아래와 같이 변한다.

▶ werden 동사의 형태

	단수		복수	
1인칭	ich	werde	wir	werden
2인칭	du Sie	wirst werden	ihr Sie	werdet werden
3인칭	er / sie / es	wird	sie	werden

✎ werden 동사는 단수 2인칭 (du), 3인칭 (er, sie, es)에서는 불규칙 변화하나, 단수 및 복수 1 인칭, 복수 3인칭에서는 규칙 변화한다.

werden 동사의 사용

werden 동사는 문장에서 본동사의 기능으로 사용되는 것 외에도 가정법이나 수동태, 미래형을 만들 때에 조동사로 쓰이기도 하며, 또한 추측을 나타내는 양태 표현구로도 사용된다.

동
사

▶ werden 동사의 사용

werden ~되다	본동사 Ich werde reich. 나는 부자가 될 것이다. Ich werde Rennfahrer. 나는 카레이서가 될 것이다.	+ 형용사 + 명사
	조동사 Ich würde jetzt gern schlafen. 나는 지금 잤으면 한다. Hier wird ein Haus gebaut. 여기에 집이 세워진다. Ich werde euch bald besuchen. 곧 너희들을 방문할 것이다.	접속법 II식 수동태 미래형 I식
	양태 표현 Er wird (wohl) groß sein. 그는 (아마도) 클 것이다.	추측

동사

sein, haben, werden 동사형태는 아래와 같다.

▶ sein, haben, werden 동사의 형태

	인칭대명사	sein	haben	werden
현재형	ich	bin	habe	werde
	du Sie	bist sind	hast haben	wirst werden
	er, sie, es	ist	hat	wird
	wir	sind	haben	werden
	ihr	seid	habt	werdet
	sie/Sie	sind	haben	werden

Abschnitt 2 시제 · **Tempora**

언어마다 시간 개념의 구분은 다소 다를 수 있다. 그러나 일반적으로 어떤 사건이 일어난 시간은 화자가 사건에 대해 주장하는 시점을 기준으로 사건이 지금 일어나고 있는지, 그 전 혹은 그 후에 일어났는가에 따라 현재, 과거, 미래로 나누어진다. 독일어에서의 시간개념도 이러한 삼분법을 따르고 있다. 현재 사실은 동사의 현재형으로 나타낸다. 미래 사실은 일반적으로 미래 부사와 더불어 현재형 혹은 미래형인 werden 동사로 표현한다. 그리고 과거는 현재완료형이나 과거형 혹은 과거완료형으로 표현된다.

◉ 시제 구분에 따른 독일어 동사형

시제	과거	현재	미래
동사형	현재완료형 과거형 과거완료형	현재형	현재형 + 시간부사어 미래형 I식 미래형 II식

1 현재 Gegenwart

현재형 (Präsens)

독일어에서 현재 사실은 다른 언어에서와 마찬가지로 동사의 현재형으로 표현한다. 독일어의 현재형은 현재의 사건, 미래의 사건, 그리고 비시간적인 사건을 표현하는 등 매우 다양하게 사용된다.

동
사

▶ 현재형의 사용

현재의 사건	미래의 사건 (+미래부사)	과거부터 현재까지 지속되는 사건	비시간적 사실 혹은 진리
Wer ist das? 저 사람은 누구지? **Das ist Hee-Su.** 희수야. **Und was macht sie?** 그녀는 무엇을 하니? **Sie ist Studentin.** 그녀는 대학생이야.	**Ich komme morgen nicht.** 나는 내일 오지 않아. **Du kommst aber übermorgen, oder?** 그러나 너는 모레 오지?	**Ich wohne hier seit drei Jahren.** 나는 여기서 3년동안 살고 있어. **Arbeitest du?** 너 일하니? **Nein, ich studiere noch.** 아니, 아직 학생이야.	**Seoul ist die Hauptstadt von Korea.** 서울은 한국의 수도이다. **Die Erde dreht sich um die Sonne.** 지구는 태양 주위를 돈다.

✎ 독일어에서 현재형의 사용은 매우 다양하다. 현재의 사실을 표현할 때, 과거에서 현재까지 지속되는 사건을 표현하거나, 비시간적인 진리나 속담을 표현할 때에 사용된다. 이외에도 현재형은 미래 부사와 더불어 미래의 사건을 표현할 때에도 사용된다.

현재형의 형태

독일어의 동사는 동사의 어간에 모음교체 현상이 일어나는지 여부에 따라 규칙 동사와 불규칙 동사로 구분된다. 동사가 규칙 변화를 하는지, 불규칙 변화를 하는지 구분하기는 쉽지 않다.

▶ 동사의 현재 및 과거형에서의 규칙 변화 동사 및 불규칙 변화 동사

	대부분 불규칙	불규칙 혹은 규칙	대부분 규칙	항상 규칙	예 문
어간 -el, -er, -ig, -ier				X (현재·과거형)	klingeln, studieren
형용사와 명사에서 파생				X (현재·과거형)	verschönern, hassen, lieben, verschlechtern
어간 eu / äu				X (현재·과거형)	leugnen, läuten
어간 ä, ö, ü			X		lächeln, lügen
어간 o, u, au			X		lauten
어간 e	X				sprechen
어간 a	X				fahren

어간 ei	X (과거형)			beißen, reiten
어간 ie	X (과거형)			liegen
어간 -ing / -imm / -inn	X (과거형)			singen, schwimmen, gewinnen

동사

✎ 위의 표는 독일어 동사의 현재 및 과거형에서의 규칙 동사 및 불규칙 변화 동사를 설명하고 있다.

✎ 만약 동사의 어간이 -el, -er, -ig, -ier으로 끝나거나, 형용사 (schön: verschönern) 혹은 명사에서 파생된 동사(Auftrag: beauftragen)들은 현재형이나 과거형에서 규칙 동사에 속한다.

✎ beißen, reiten이나 liegen과 같이 어간이 -ei, -ie로 끝나는 동사들은 현재형에서 규칙 변화하지만 과거형에서는 불규칙 변화한다.

er beißt 물다 (biss), reitet 말을 타다 (ritt), er liegt 누워있다 (lag)

✎ singen, schwimmen, gewinnen과 같이 어간이 -ing, -imm, -inn으로 끝나는 동사들은 현재형에서 규칙 변화하지만 과거형에서는 불규칙 변화한다.

er singt 노래하다 (sang), er schwimmt 수영하다 (schwamm),
er gewinnt 이기다 (gewann)

1) 규칙 변화 동사의 현재형   어간   -(e)n

독일어 동사의 기본형태는 어간 + -e(n)이다. 동사의 어미변화를 통하여 행위의 주체가 누구인지, 그리고 사건이 언제 발생하였는지 등 시간의 정보를 표현할 수 있다.

lern-en (배우다)

Ich lerne Deutsch. 나는 독일어를 배워요.

Du lernst auch Deutsch. 너도 독일어를 배운다.

동
사

wohn-en (살다)

Ich wohne in einem Apartment.
나는 한 원룸아파트에서 살아요.

Tom, wohnst du auch hier?
톰, 너도 여기서 살지?

Wir wohnen im gleichen Apartment.
우린 같은 원룸아파트에 살죠.

arbeit-en (일하다)

Ich arbeite fleißig. 나는 열심히 일해요.

Er arbeitet auch mit. 그 또한 함께 일한다.

red-en (말하다)

Er redet mit dir, Inge. 그가 너와 말하는구나, 잉에.

Du redest mit ihm. 너는 그와 말을 한다.

Wir reden miteinander. 우리는 서로 이야기하고 있어.

heiß-en (불리우다)

Ich heiße Jan. 나는 얀이라고 해.

Er heißt Peter. 그는 페터야.

sitz-en (앉아 있다)

Nina sitzt auf dem Stuhl. 니나는 의자에 앉아 있다.

Du sitzt auch auf dem Stuhl. 너 또한 의자에 앉아 있다.

Wir sitzen aber nicht. 그러나 우리들은 앉아 있지 않다.

✎ 규칙 변화 동사의 현재형은 동사의 어간에서 모음교체현상이 일어나지 않고 행위의 주체에 따라 어미가 변화한다. 이것을 인칭어미(Personalendung)라고 부른다.

✎ 규칙 변화 동사의 어간이 -t, -d로 끝나면 단수 2인칭과 3인칭의 인칭어미에 -e를 첨가하고, -s, -ss, -ß, -z, -tz으로 끝나면 단수 2인칭과 3인칭의 인칭어미가 동일하다.

규칙 변화 동사의 현재형

					wohn-en	arbeit-en	heißen
단수	1인칭		ich	-e	wohn-e	arbeit-e	heiß-e
	2인칭		du	-st	wohn-st	arbeit-est	heiß-t
	2인칭 존칭형		Sie	-en	wohn-en	arbeit-en	heiß-en
	3인칭	남성	er	-t	wohn-t	arbeit-et	heiß-t
		여성	sie	-t	wohn-t	arbeit-et	heiß-t
		중성	es	-t	wohn-t	arbeit-et	heiß-t
복수	1인칭		wir	-en	wohn-en	arbeit-en	heiß-en
	2인칭		ihr	-t	wohn-t	arbeit-et	heiß-t
	2인칭 존칭형		Sie	-en	wohn-en	arbeit-en	heiß-en
	3인칭		sie	-en	wohn-en	arbeit-en	heiß-en

동사의 인칭어미는 동사의 어간의 끝에 어떠한 자음이 오는가에 따라 달라진다. 어간이 -t, -d, -m , -n으로 끝나는 동사는 단수 2인칭, 3인칭 그리고 복수 2인칭에서 발음상 인칭어미에 -e를 붙여준다.

er redet 말하다, atmet 숨쉬다, du rechnest 계산하다, findest 발견하다, leidest 고통받다

어간이 -ß, -s, -ss, -z, -tz으로 끝날 경우, 단수 2인칭과 3인칭의 형태가 동일하다.

er / du heißt 라고 불리우다, er / du reist 여행하다, er / du sitzt 앉아있다, er / du tanzt 춤추다, er / du siezt 존칭어를 쓰다.

어간이 -el일 경우 단수 1인칭에서 어간 -e를 생략한다.

ich bastle 조립하다, angle 낚시하다

-ß, -ss의 사용: 단모음과 결합될 경우 -ss를 사용하고 (du isst 먹다, lässt 하게 하다, vergisst 잊다 …) 장모음이나 복모음과 결합될 경우 -ß를 (ich aß, vergaß, wußte, weiß, er heißt) 사용한다.

2) 불규칙 변화 동사의 현재형 어간(모음교체) -(e)n

불규칙 변화 동사란 규칙 변화 동사처럼 주어에 따라 인칭어미변화를 하고, 동사의 어간에 모음교체현상이 일어나는 동사를 말한다. 이것을 강변화 동사라고도 한다.

13

a - ä

Das ist ein Auto. 이것은 자동차다.

Es fährt langsam. 자동차는 천천히 달린다.

(fahren - fährt)

e - i

Das ist Maria. 이 사람은 마리아다.

Sie isst zu Mittag. 그녀는 점심식사를 한다.

(essen - isst)

e - ie

Das ist Einstein. 이 사람은 아인슈타인이다.

Er liest viel. 그는 많이 읽는다.

(lesen - liest)

✎ 동사의 어간에 모음교체 현상이 일어나는 불규칙 변화 동사들은 단수 2인칭 및 3인칭에서만 a → ä로, 단모음 e → 단모음 i로, 그리고 장모음 e → 장모음 ie로 변화한다.

▶ 불규칙변화 동사의 현재형

				a → ä fahr-en	e → i helf-en	e → ie seh-en
단수	1인칭		ich	-e	fahr-e	helf-e	seh-e
	2인칭		du	-st	fähr-st	hilf-st	sieh-st
	2인칭 존칭형		Sie	-en	fahr-en	helf-en	seh-en
	3인칭	남성	er	-t	fähr-t	hilf-t	sieh-t
		여성	sie	-t	fähr-t	hilf-t	sieh-t
		중성	es	-t	fähr-t	hilf-t	sieh-t
복수	1인칭		wir	-en	fahr-en	helf-en	seh-en
	2인칭		ihr	-t	fahr-t	helf-t	seh-t
	2인칭 존칭형		Sie	-en	fahr-en	helf-en	seh-en
	3인칭		sie	-en	fahr-en	helf-en	seh-en

✎ 불규칙 변화 동사의 현재형에는 단수 2인칭, 3인칭에서 어간의 모음이 au가 äu로 변하는 동사 (laufen 달리다 → läuft), nehmen (취하다 → nimmt) 동사처럼 -eh → im으로 변화하는 동사, 그리고 o → ö로 변하는 동사도 있다(stoßen 부딪히다 → stößt).

◐ 불규칙 변화 동사의 현재형

a → ä, au → äu	e → i	e → ie
backen (bäckt) (빵을) 굽다	brechen (bricht) 부수다	empfehlen (empfiehlt) 권하다
braten (brät) (고기를) 굽다	essen (isst) 먹다	geschehen (geschieht) 발생하다
fahren (fährt) (타고) 가다	sich erschrecken (erschrickt)	lesen (liest) 읽다
fallen (fällt) 떨어지다	놀라다	sehen (sieht) 보다
fangen (fängt) 잡다	fressen (frisst) (동물이) 먹다	stehlen (stiehlt) 훔치다
halten (hält) 붙잡다	geben (gibt) 주다	
laden (lädt) 싣다, 쌓다	gelten (gilt) 유효하다	
laufen (läuft) 달리다	helfen (hilft) 돕다	
lassen (lässt) 시키다	messen (misst) 재다	
raten (rät) 조언하다	nehmen (nimmt) 취하다	
schlagen (schlägt) 치다, 때리다	sprechen (spricht) 말하다	
schlafen (schläft) 자다	sterben (stirbt) 죽다	
tragen (trägt) 들다	treffen (trifft) 만나다	
wachsen (wächst) 성장하다	vergessen (vergisst) 잊다	
sich waschen (wäscht) 씻다		

동사

✎ braten 굽다, raten 알아맞히다, gelten 유효하다 등과 같이 어간이 -t로 끝나는 동사들은 단수 3인칭에서 인칭어미 -t를 생략한다.
er brät, er rät, es gilt

✎ 어간 e를 가진 불규칙 동사 중 단음 e를 가진 동사들은 단수 2인칭 및 3인칭에서 i로 변하고, 장음 e를 가진 동사들은 단수 2인칭 및 3인칭에서 ie로 변한다.
essen 먹다, treffen 만나다 ; er isst, trifft
sehen 보다, lesen 읽다 ; er sieht, liest

✎ geben과 nehmen은 e가 장모음인데 i로 변한다.
geben 주다 ; er gibt
nehmen 가지다, 취하다; er nimmt

✎ 불규칙 동사의 어간이 -s로 끝나면 단수 2인칭과 3인칭의 동사 형태가 동일하다.
du / er isst 먹다, du / er wächst 자라다, du / er liest 읽다

2 과거 Vergangenheit

독일어에서 과거 사실은 동사의 현재완료형, 과거형 그리고 과거완료형으로 표현된다. 현재완료형과 과거형의 경우, 언제, 어떠한 동사형이 사용되는 가에 대해 정해진 규칙은 없다. 그러나 일반적으로 현재완료형은 일상회화인 구어체에서, 과거형은 문어체로서 문서에서 그리고 haben, sein 등의 기본 동사와 화법동사에서 주로 사용된다. 이에 반해 과거완료형은 자주 사용되지는 않으나 어떤 사건의 과거의 전시간성(Vorvergangenheit)을 표현하는 데 사용된다.

◉ 과거 사실을 표현하는 동사형태

동사 형태	현재완료형	과거형	과거완료형
사용	일상대화에서 주로 쓰임 (구어체)	문서에서 주로 쓰임 (문어체)	과거의 전시간성을 표현
예문	Na, wie war dein Urlaub in Köln? 그래, 쾰른에서 휴가는 어땠어? Es war wunderbar! Wir haben viele Museen besucht und uns den Kölner Dom angeschaut. 정말 멋졌어. 우리는 많은 박물관도 방문했고 쾰른 성당도 봤다.	Früher war ich Schüler. 예전에 나는 고등학생이었다. Ich machte mit 18 mein Abitur. 18살에 수능을 보았다. Ich hatte gute Noten. 나는 좋은 성적을 받았다.	Als ich ankam, war er schon da gewesen. 내가 거기 도착했을 때 그는 벌써 거기 있었다.

✎ 과거 사실을 표현할 때 현재완료형은 주로 일상 대화, 개인 편지 그리고 우편엽서 등과 같이 구어체에서 사용되며, 또한 지역적으로 독일 남부에서 많이 사용된다.

✎ 과거형은 신문이나 소설 등과 문서에서 혹은 haben, sein 등의 기본 동사와 화법동사에서 과거 사실을 표현할 때 주로 사용된다.

현재완료형 (Perfekt)

현재완료형은 haben, sein의 조동사와 과거분사형과 결합된 형태로서 현재까지 유효한 과거의 사실이나 현재 시각 전에 일어난 과거 사실을 표현하는데 사용되며, 무엇보다도 일상회화에서 과거 사실을 표현하는데 주로 사용된다.

전시간성　　　　　　12:30 Uhr (현재)

| 현재완료형 | → | 현재형 |

Wir haben um 12 Uhr angefangen Mittag zu essen.
우리들은 12시에 점심식사를 시작했다.
(그런데 아직도 식사중이다.)

동
사

전시간성　　　　　　　현재

| 현재완료형 | ← | 현재형 |

Er ist auf die Schule gegangen, wo er jetzt arbeitet.
그는 현재 근무하고 있는 학교로 갔다.

■ 현재완료형의 사용

✎ 독일어의 현재완료형은 과거형과 함께 과거 사실을 표현하나, 과거형과는 달리 대부분 일상회화에서 구어체로 사용된다.

Ich bin in die Stadt gegangen und habe meine Freunde getroffen.
나는 시내로 가서 거기서 내 친구들을 만났다.

✎ 독일어의 현재완료형은 현재 시점과 관련하여 완료된 과거 사실을 표현한다.

Seitdem sie ausgezogen ist, sehen wir uns nur selten.
그녀가 이사 간 이후로 우리들은 거의 보지 못한다.

✎ 독일어의 현재완료형은 종종 미래부사와 함께 미래완료형 대신 미래의 사실을 표현하는 데 사용된다.

In einer Woche habe ich das Projekt abgeschlossen.
일주일 후에 나는 이 프로젝트를 끝낼 것이다.

■ 현재완료형의 형태 　조동사(haben, sein) + 과거분사형

현재완료형은 haben 및 sein의 현재형의 조동사와 과거분사형으로 만들어진다.

Ich habe in der Stadtmitte meine Freundin getroffen und mit ihr Kaffee getrunken.
나는 시내에서 여자 친구를 만나 커피를 마셨다.

Ich bin dann nach Hause gefahren und gleich ins Bett gegangen.
그리고 집으로 와서 곧장 잠자러 갔다.

✎ 현재완료형에서 조동사 haben, sein은 문장의 두 번째에, 그리고 과거분사형을 문장의 끝에 위치한다.

■ 현재완료형에서의 조동사 haben과 sein

독일어의 많은 동사들이 현재 및 과거완료형에서 조동사 haben과 결합하는데, 예를 들어 타동사, -ieren동사 그리고 지속의 의미를 지닌 자동사들이 이 그룹에 속한다. 그리고 자동사 중 장소의 이동이나 상태 변화를 나타나는 동사 그리고 sein, bleiben, werden 등의 동사들만이 조동사 sein과 결합한다.

1) 조동사 haben과 결합하는 동사들

현재완료형에서 조동사 haben과 결합하는 동사들은 타동사, -ieren동사 그리고 지속성을 나타내는 자동사 및 지각동사들이다.

Ich habe ihr Blumen geschenkt. Sie hat sich darüber sehr gefreut.
나는 그녀에게 꽃을 선물했다. 그녀는 매우 기뻐했다.

Er hat studiert und arbeitet jetzt beim Film.
그는 공부를 이미 마쳤고 지금 영화사에서 일하고 있다.

Er hat heute nicht gearbeitet.
그는 오늘 일하지 않았다.

Er hat ausgeschlafen.
그는 푹 잤다.

Ich habe zwei Karten für einen Film reservieren lassen.
나는 극장표 두 장을 예약하게 했다.

Ich habe ihn mit meiner Frau gesehen.
나는 내 부인과 함께 영화를 봤다.

동
사

✎ lassen과 같은 사역동사나 화법동사의 현재완료형에서는 본동사와 화법동사 모두 부정형
이 온다. 그러나 과거사실을 나타낼 때 화법동사는 현재완료형 대신 과거형으로 많이 사
용된다.

2) 조동사 sein과 결합하는 동사들

독일어의 현재완료형에서 조동사 sein과 결합하는 동사들에는 세 부류의 자동
사들이 속한다. 첫 번째로는 장소의 이동을 나타내는 자동사, 두 번째로는 상태의 변
화를 나타내는 자동사, 그리고 sein, bleiben, werden 등의 동사들이 이에 속한다.

ⓐ 장소의 이동을 나타내는 자동사

Er ist zur Schule gegangen.
그는 학교로 갔다.

Peter ist nach Amerika ausgewandert.
페터는 미국으로 이민 갔다.

✎ 독일어의 자동사 중 fahren 자동차를 타고가다, gehen 걸어 가다, kommen 오다 등과 같
이 주체는 변하지 않고 장소의 이동을 나타내는 '가다' 동사들은 조동사 sein과 결합한다.
그러나 이러한 동사들이 재귀적으로 사용되거나 혹은 목적어를 취하면 조동사 haben과
결합한다.
Er hat einen roten Ferrari gefahren. 그는 빨간 페라리를 운전했다.

19

ⓑ 상태의 변화를 나타내는 자동사

auf die Welt kommen
태어나다 〈sein+변화〉

Das Kind ist auf die
Welt gekommen.
아이가 태어났다.

leben 살다
〈haben+지속〉

Er hat lange gelebt.
그는 오래 살았다.

sterben 죽다
〈sein+변화〉

Er ist an Krebs gestorben.
그는 암으로 사망했다.

einschlafen 잠들다 〈sein+변화〉
Das Baby ist gerade eingeschlafen.
아이가 방금 잠들었다.

schlafen 자다 〈haben+지속〉
Es hat lange geschlafen. 아이가 오래 잤다.

aufwachen 잠깨다 〈sein+변화〉
Es ist wegen des Lärms aufgewacht.
아이가 소음으로 깼다.

wach bleiben 〈sein+변화〉
Es ist wach geblieben. 아이가 깨어 있었다.

✎ 독일어의 자동사 중 상태의 변화를 나타내는 동사와 sein, werden, bleiben 동사들은 조동사 sein과 결합하고, 지속적인 의미의 schlafen 자다, leben 살다, wohnen 살다 등과 같은 자동사들은 조동사 haben과 결합한다.

Er hat lange (10 Stunden lang) geschlafen. 그는 오랫동안 (10시간 동안) 잤다.

✎ 이러한 지속의 의미를 지닌 자동사들은 일반적으로 lange 오랫동안, 2 Stunden 두 시간 동안, den ganzen Tag 하루종일 등과 같이 지속의 의미의 시간 부사들과 잘 결합된다.

ⓒ sein · werden · bleiben 동사

sein, werden, bleiben 동사들은 현재완료형에서 조동사 sein과 결합한다.

Heike ist als Kind klein gewesen. 하이케는 아이였을 때 작았다.
Sie ist erwachsen geworden. 그녀는 어른이 되었다.
Sie ist trotzdem klein geblieben. 그러나 그녀는 키가 작은 채로 머물렀다.

✎ werden 동사는 위의 예문처럼 '되다'의 의미로 본동사로 사용될 수 있으며, 이 경우 현재완료형에서 과거분사형이 geworden이 된다.

✎ werden 동사는 또한 수동태에서 조동사로서 사용될 수도 있다. 이 경우 현재완료형에서 werden의 과거분사형은 worden이 된다(87쪽 참조).

Der Hund wird (von Peter) gestreichelt. → Der Hund ist gestreichelt worden.
그 개가 (페터에 의해) 쓰다듬어 진다. → 그 개가 (페터에 의해) 쓰다듬어 졌다.

✎ 현재완료형에서 sein과 결합하는 동사들로는 passieren 생기다, geschehen 생기다, vorkommen 생기다, gelingen 성공하다, misslingen 실패하다 등이 있다.

Was ist passiert? 무슨 일이야?
Sein Versuch ist gelungen. 그의 시도가 성공했다.

현재완료형에서의 본동사와 조동사 haben과 sein과의 관계를 다시 한번 정리해 보면 아래와 같다.

◉ 현재완료형에서의 조동사 haben과 sein의 사용

조동사 haben과 결합하는 동사	조동사 sein과 결합하는 동사
① 타동사, 재귀동사, -ieren동사 (studieren, telefonieren), 화법동사 Ich habe das Buch gelesen. 나는 그 책을 읽었다. Ich habe mich schön erholt. 나는 잘 쉬었다. Er hat schon studiert. 그는 벌써 대학을 졸업했다. Ich habe Deutsch lernen müssen. 나는 독일어를 배워야만 했다. ② 자동사 중에서 장소의 이동이나 상태의 변화가 아닌 지속을 나타내는 동사 (leben, wohnen) Er hat lange gelebt. 그는 오래 살았다.	① 장소의 이동을 나타내는 자동사 (gehen, fliegen, rennen, reiten…) Ich bin nach Seoul gefahren. 나는 서울로 (차를 타고) 갔다. Er ist in den Bus eingestiegen. 그는 버스에 올랐다. ② 상태의 변화를 나타내는 자동사 (aufwachen, einschlafen…) Das Baby ist aufgewacht. 그 아이가 깨어났다. Sie ist gerade eingeschlafen. 그녀는 방금 잠이 들었다. Die Blumen sind verblüht. 그 꽃들이 시들었다.

동사

③ 비인칭 주어를 내포하는 문장
Es hat geregnet. 비가 내렸다.
Es hat geklingelt. 초인종이 울렸다.

③ sein, bleiben, werden 등의 동사
Er ist häufig bei mir gewesen.
그는 자주 우리 집에 있었다.
Ich bin in Hamburg geblieben.
나는 함부르크에 머물렀다.
Ihr seid berühmt geworden.
너희들 유명해졌구나.

✎ 현재 및 과거완료형에서 타동사, -ieren동사, 화법동사 그리고 대부분의 자동사는 조동사 haben을 취하고, 자동사 중 장소의 이동이나 상태 변화를 나타나는 동사 그리고 sein, bleiben, werden 등의 자동사들은 조동사 sein과 결합한다.

■ 현재완료형에서 과거분사형

독일어에서 과거분사형은 규칙 및 불규칙 동사 혹은 분리, 비분리동사 그리고 -ieren 동사에 따라 그 형태를 달리한다.

규칙 변화 동사 : -(e)t	불규칙 변화 동사 : -en
단순동사 : ge- -(e)t ▶ hat + gespielt / gearbeitet / gewohnt	단순동사 : ge- -en ▶ hat + getrunken / getroffen / gegessen ▶ ist + gegangen / gefahren / gefallen
분리동사 : -ge- -(e)t ▶ hat + aufgeräumt / eingekauft	분리동사 : -ge- -en ▶ hat + ferngesehen / stattgefunden ▶ ist + aufgestanden / umgezogen
비분리동사, -ieren 동사 : -(e)t ▶ hat + besucht / erzählt / erkannt ▶ hat + studiert / diskutiert, ist + passiert	비분리동사 : -en ▶ hat + bekommen / vergessen

✎ 독일어에서 과거분사형은 규칙 동사인 경우 -t로, 불규칙 동사인 경우는 -en으로 끝나며 어간에 모음교체현상이 일어난다.

✎ 단순 및 분리동사일 경우 전철 ge-와 함께 오며, 분리동사는 과거분사형 앞에 분리전철이 온다.

✎ 비분리동사 그리고 동사의 어미가 -ieren으로 끝나는 동사는 전철 ge-가 오지 않으며, 비분리전철은 동사어간과 결합하여 함께 온다.

1) 규칙 변화 동사의 과거분사형　　　　-(e)t

규칙 변화 동사의 과거분사형은 동사가 단순동사, 분리 및 비분리동사에 따라 그 형태를 달리한다. 이때 동사의 어간은 공통적으로 변하지 않고 어미가 -(e)t로 끝난다.

ⓐ 단순 동사의 과거분사형 ge-　　　　-(e)t

독일어의 단순 규칙 변화 동사는 동사의 어간에 ge-(e)t를 붙여서 과거분사형을 만든다.

	부정형	과거분사형	부정형	과거분사형
1	leben 살다 machen 하다 dauern 지속되다 lernen 배우다 wohnen 살다	hat gelebt hat gemacht hat gedauert hat gelernt hat gewohnt	arbeiten 일하다 enden 끝나다 warten 기다리다 öffnen 열다 regnen 비가 오다	hat gearbeitet hat geendet hat gewartet hat geöffnet hat geregnet

✎. 독일어의 규칙 변화 동사의 과거분사형은 부정형의 어간에 ge-t를 붙여서 만든다. 이때 동사의 부정형의 어간이 -d, -t, -n 등으로 끝나면 어간에 ge-et를 붙여서 과거분사형을 만든다.
　Sie hat für ihre Mathearbeit gelernt. 그녀는 수학시험 공부를 했다.
　Es hat den ganzen Tag geregnet. 하루 종일 비가 내렸다.

ⓑ 분리동사의 과거분사형　　　　-ge-　　　　-(e)t

독일어의 규칙 변화 동사 중 분리동사는 부정형의 어간에 ge-(e)t를 붙인 후 그 앞에 전철을 첨가하여 과거분사형을 만든다.

	부정형	과거분사형	부정형	과거분사형
2	ab|holen 마중가다 zu|machen 닫다 aus|suchen 고르다	hat abgeholt hat zugemacht hat ausgesucht	ab|warten 기다리다 an|reden 말을 걸다 nach|arbeiten (빼먹은 시간을) 보충하다	hat abgewartet hat angeredet hat nachgearbeitet

✎. 규칙 변화 및 분리동사는 부정형의 어간에 ge-t를 붙인 후 전철을 그 앞에 첨가하여 과거분사를 만든다. 부정형의 어간이 -d, -t, -n 등으로 끝나면 어간에 전철+ge-et를 붙여서 과거분사를 만든다.

Herr Kim hat seine Tochter vom Konzert abgeholt.
김 선생님은 딸을 콘서트에서 데리고 왔다.
Ein Journalist hat ihn auf der Straße angesprochen.
한 기자가 길에서 그에게 말을 걸었다.

ⓒ 비분리동사 및 -ieren동사의 과거분사형 ░░░-(e)t

독일어에서 규칙 변화 동사 중 비분리 전철을 수반하는 동사와 -ieren으로 끝나는 동사는 과거분사형에서 ge-가 생략된다. 이때 부정형의 어간은 변하지 않는다.

	부정형	과거분사형	부정형	과거분사형
3	besuchen 방문하다 übersetzen 번역하다 verantworten 책임지다 bereden 논의하다	hat besucht hat übersetzt hat verantwortet hat beredet	studieren (대학)공부하다 telefonieren 전화하다 abonnieren 정기구독하다 passieren 발생하다	hat studiert hat telefoniert hat abonniert ist passiert

Sie hat ihre Mutter lange nicht mehr besucht.
그녀는 엄마를 오랫동안 찾아뵙질 못했다.
Deshalb hat sie heute Morgen mit ihr telefoniert.
그래서 오늘 아침 엄마와 전화 통화를 했다.

2) 불규칙 변화 동사의 과거분사형 ░░░-en

불규칙 변화 동사의 과거분사형은 규칙 변화 동사와 마찬가지로, 단순동사, 분리 및 비분리동사에 따라 그 형태를 달리하며 동사의 어간에 공통적으로 -en을 붙인다. 이러한 과거분사형에는 동사의 어간에 모음교체 현상이 일어나지 않는 과거분사형과 모음교체현상이 일어나는 과거분사형이 있다.

ⓐ 단순동사의 과거분사형 ge-░░░(+/-모음교체)-en

독일어의 단순 불규칙 변화 동사는 부정형의 어간에 ge-en을 붙여 과거분사형을 만든다. 이러한 단순동사의 과거분사형에는 부정형의 어간과 과거분사형의 어간이 동일한 과거분사형과 부정형의 어간에 모음교체현상이 일어나는 과거분사형이 있다.

모음교체현상이 없는 과거분사형		모음교체현상이 있는 과거분사형	
부정형	과거분사형	부정형	과거분사형
geben 주다 fahren 타고가다 laufen 달리다 schlafen 잠자다 fallen 떨어지다	hat gegeben ist gefahren ist gelaufen hat geschlafen ist gefallen	bleiben 머무르다 steigen 오르다 scheiden 떼어놓다 leihen 빌려주다	ist geblieben ist gestiegen hat geschieden hat geliehen
		finden 발견하다 trinken 마시다	hat gefunden hat getrunken
		helfen 돕다 sprechen 말하다 treffen 만나다	hat geholfen hat gesprochen hat getroffen

(위 표 왼쪽 끝에 "1" 표기, 오른쪽 여백에 "동사" 탭)

✎ 모음교체현상이 일어나는 단순 불규칙 동사의 과거분사형은 위의 예들처럼 동사의 어간의 모음이 ei → ie로, i → u로 그리고 e → o로 교체되는 경우 외에도 아래와 같은 불규칙 동사들도 있다.

◉ 동사의 어간에 모음교체현상이 일어나는 단순 불규칙 동사의 과거분사형

	부정형	과거분사형	기타 동사들
i → u	binden 묶다 finden 찾다	gebunden gefunden	gelingen 성공하다, singen 노래하다
i → e	bitten 부탁하다 liegen 놓여있다	gebeten gelegen	sitzen 앉아있다
i → o	beginnen 시작하다 gewinnen 이기다	begonnen gewonnen	schwimmen 수영하다
ie → o	biegen 구부러지다 bieten 제공하다	gebogen geboten	fliegen 날다, fließen 흐르다, frieren 얼다
ei → i	leiden 견디다, 시달리다 schneiden 자르다	gelitten geschnitten	streiten 싸우다, vergleichen 비교하다
e → o	sprechen 말하다 empfehlen 추천하다	gesprochen empfohlen	

Ich habe meiner Tochter ein Buch gegeben.
나는 나의 딸에게 책 한 권을 주었다.

Sie hat es ihrer Freundin geliehen.
나의 딸은 그 책을 친구에게 빌려주었다.

ⓑ 분리동사의 과거분사형 　　　　-ge-　　　　(+/-모음교체)-en

독일어의 불규칙 변화 동사 중 분리동사는 부정형의 어간에 **ge-en**을 붙인 후 그 앞에 전철을 첨가하여 과거분사형을 만든다. 이때 동사의 어간에 모음교체현상이 일어날 수 있다.

	모음교체현상이 없는 과거분사형		모음교체현상이 있는 과거분사형	
	부정형	과거분사형	부정형	과거분사형
2	ab|geben 넘겨주다 ab|fahren 출발하다 an|fangen 시작하다 an|kommen 도착하다 fern|sehen TV보다	hat abgegeben ist abgefahren hat angefangen ist angekommen hat ferngesehen	ein|steigen 승차하다 ab|schreiben 베껴쓰다	ist eingestiegen hat abgeschrieben
			ab|finden 배상하다 aus|trinken 다 마시다	hat abgefunden hat ausgetrunken
			an|sprechen 말을 걸다 aus|helfen 임시로 돕다	hat angesprochen hat ausgeholfen

Ich habe endlich meine Masterarbeit abgegeben.
나는 드디어 내 석사논문을 제출했다.

Als der Bus ankam, bin ich eingestiegen.
버스가 도착했을 때 나는 버스에 올라탔다.

ⓒ 비분리동사의 과거분사형 　　　　(+/-모음교체)-en

독일어에서 불규칙 변화 동사 중 비분리 전철을 수반하는 동사는 과거분사형에서 **ge-**가 생략된다.

	모음교체현상이 없는 과거분사형		모음교체현상이 있는 과거분사형	
	부정형	과거분사형	부정형	과거분사형
3	bekommen 얻다 erhalten 보존하다 gefallen 맘에 들다 unterhalten 부양하다	hat bekommen hat erhalten hat gefallen hat unterhalten	entscheiden 결정하다 unterschreiben 서명하다	hat entschieden hat unterschrieben
			überspringen 뛰어넘다 überwinden 극복하다	hat übersprungen hat überwunden
			befehlen 명령하다 versprechen 약속하다	hat befohlen hat versprochen

Ich habe eine Antwort auf meinen Liebesantrag bekommen.

나는 프러포즈의 답을 받았다.

Ich habe meinen Mietvertrag unterschrieben.

나는 집 계약서에 서명했다.

3) 혼합 변화 동사의 과거분사형 ge-⬚⬚⬚⬚⬚(+/-모음교체)-(e)t

독일어에서 혼합 변화 동사는 현재형과 과거형에서 불규칙 동사처럼 어간에 모음교체현상이 일어나나 과거분사형에서는 규칙 변화 동사와 같이 **ge-(e)t**를 첨가한다.

	부정형	과거분사형	부정형	과거분사형
4	bringen 가져오다 kennen (경험으로) 일다 rennen (달려가다)	hat gebracht hat gekannt ist gerannt	denken 생각하다 nennen 명명하다 wissen (지식으로) 알다	hat gedacht hat genannt hat gewußt

Ich habe immer an mein Heimatland gedacht.

나는 항상 나의 조국을 생각했다.

Er hat zum Mittagessen Reisrollen mitgebracht.

그는 점심식사로 김밥을 가져왔다.

4) 예외인 경우

과거의 사실을 동사의 현재완료형을 사용하여 표현할 때, **hören** 듣다, **sehen** 보다, **lassen** 시키다 등의 지각 및 사역동사가 목적보어로서 또 다른 동사를 동반할 때 항상 **haben**과 결합되고 본동사는 부정형의 형태로 온다.

▶ 지각 · 사역동사의 현재완료형 : haben+동사의 부정형+지각 및 사역동사의 부정형

지각 및 사역동사가 목적보어로서 또 다른 동사를 동반할 때 현재완료형에서 동사 부정형이 온다.

Ich habe den Jungen singen hören. 나는 그 소년이 노래 부르는 것을 들었다.

Er hat Laura kommen sehen. 그는 로라가 오는 것을 보았다.

Wir haben das Haus wieder aufbauen lassen. 우리들은 집을 다시 지으라고 했다.

gehen 가다, **lernen** 배우다 등의 동사들이 **essen** 먹다, **spazieren** 산책하다, **schwimmen** 수영하다 등의 동사와 함께 관용어구로 사용될 때, 이러한 동사구의 현재완료형태는 **sein, haben**의 조동사와 **gehen** 및 **lernen** 동사의 과거분사형을 취한다. 이때 함께 동반되는 동사는 부정형의 형태로 온다.

▶ gehen · lernen · fahren 동사구의 현재완료형 :
　sein · haben + 동사부정형 + gehen · lernen · fahren의 과거분사형

> **gehen, lernen, fahren** 등의 동사가 다른 동사와 함께 동사구를 만들어 사용될 때 현재완료형에서 과거분사형과 동사 부정형이 함께 온다.
>
> Ich bin gestern Abend essen gegangen. 나는 어제 저녁 밥 먹으러 나갔다.
> Wir sind heute spazieren gegangen. 우리는 오늘 산책하러 갔다.

과거형 (Präteritum)

　독일어 동사의 과거형은 현재완료형과 더불어 과거 사실을 표현할 때 사용되는데, 현재완료형과는 달리 기사, 소설, 뉴스 등 주로 문어체에서 사용된다.

■ 과거형의 사용
　과거형은 대부분 동화나 소설, 기사와 같은 문어체 문장에 사용된다.

Als er gestern Abend aus dem Kino kam, regnete es.
그가 어제 저녁 극장에서 나왔을 때, 비가 왔다.
Eine arme Witwe lebte einsam in einer Hütte.
가난한 과부가 오두막에서 홀로 살았다.

　sein, haben, werden 등의 기본 동사와 **geben**, 그리고 화법조동사가 특별히 추측의 의미를 표현하는 경우 과거형으로 사용된다.

Wir waren zu Hause. 우리는 집에 있었지.
Er musste stinkreich gewesen sein. 그는 정말 갑부였음에 틀림없다 (추측).

　일상회화에서 현재와 연관되어 있는 사건으로서 다음과 같은 경우 관용적으로 과거형으로 쓰인다.

Wie war Ihr Name? 성함이 어떻게 되신다고 하셨죠?

Wer bekam das Steak? 스테이크 주문하신 분?

Nun hieß es (= man muss) aufpassen. 이제 조심해야만 한다.

동사 verlaufen 진행되다, stammen 유래하다, entstehen 생기다, angehen 상관있다, 혹은 gehen 및 kommen과 함께 오는 관용적 용법은 과거형으로 사용된다.

Die Demonstration verlief ohne Zwischenfälle.
데모는 별일 없이 진행되었다.

Es kam darauf an, was sein Arzt zu seiner Krankheit meinte.
의사가 그의 병에 대해 무엇이라고 말하느냐가 중요했다.

■ 과거형의 형태

독일어 동사의 과거형은 현재형과 마찬가지로 동사어간에 모음교체현상이 일어나느냐의 여부에 따라 규칙 및 불규칙 변화 동사 그리고 혼합 변화 동사로 구분되며, 이들은 공통적으로 단수 1인칭 및 3인칭의 형태가 동일하다.

Maria wohnte in Berlin. 마리아는 베를린에 살았다.

Sie studierte dort Medizin. 그녀는 거기서 의학을 공부했다.

Ich fuhr in die Stadtmitte. 나는 시내로 갔다.

Ich ging ins Kino. 나는 극장에 갔다.

Ich kannte hier ein gutes Restaurant.
나는 여기 좋은 음식점을 알았다.

✎ 규칙 변화 동사의 과거형에서는 모음교체현상이 일어나지 않고 (wohnen → wohnte, studieren → studierte), 불규칙 변화 동사에는 모음교체현상이 일어난다 (fahren → fuhr, gehen → ging).

✎ 혼합 변화 동사는 모음교체현상이 항상 일어나며, 규칙 변화 동사처럼 과거형 어미 -te를 어간에 첨가한다 (kennen → kannte).

29

1) 규칙 동사의 과거형 -te

독일어의 많은 동사가 과거형에서 규칙 변화하며, 동사어간에 과거형 어미 -te를 붙인다.

Er fragte einen Mann nach dem Weg zum Bahnhof.
그는 어떤 남자에게 기차역으로 가는 길을 물었다.

Er zeigte mir sehr höflich den Weg.
그는 나에게 길을 매우 친절하게 가르쳐 주었다.

Er redete wie ein Wasserfall.
그는 폭포수처럼 말을 많이 했다.

Ich wartete, bis er damit fertig wurde.
나는 그가 말을 끝날 때까지 기다렸다.

규칙 변화 동사의 과거형은 동사어간에 과거형 어미 -te를 붙이며, 동사어간이 -d, -t로 끝나는 동사는 -ete가 오며, 단수 및 복수 1인칭과 3인칭에서 그 형태가 동일하다.

▶ 규칙 변화 동사 과거형

				규칙 변화 동사		
			동사어미	lieben	lernen	arbeiten
단수	1인칭	ich	-te	lieb-te	lern-te	arbeit-ete
	2인칭	du	-test	lieb-test	lern-test	arbeit-etest
	2인칭 존칭형	Sie	-ten	lieb-ten	lern-ten	arbeit-eten
	3인칭 남성	er	-te	lieb-te	lern-te	arbeit-ete
	3인칭 여성	sie	-te	lieb-te	lern-te	arbeit-ete
	3인칭 중성	es	-te	lieb-te	lern-te	arbeit-ete
복수	1인칭	wir	-ten	lieb-ten	lern-ten	arbeit-eten
	2인칭	ihr	-tet	lieb-tet	lern-tet	arbeit-etet
	2인칭 존칭형	Sie	-ten	lieb-ten	lern-ten	arbeit-eten
	3인칭	sie	-ten	lieb-ten	lern-ten	arbeit-eten

동사

✎ 많은 독일어의 동사들은 과거형에서 규칙 변화하며 1인칭 및 3인칭 단수형에서 그 형태가 동일하다.

✎ 복수형에서 2인칭을 제외하고 동사의 형태가 동일하다.

✎ warten 기다리다, landen 상륙하다, atmen 숨쉬다, regnen 비가 오다, 등의 동사와 같이 어간이 -d, -t로 끝나는 규칙 변화 동사들은 과거형에서 -ete의 과거형 어미를 붙인다.

동사

2) 불규칙 변화 동사의 과거형

불규칙 동사의 과거형은 현재형과 마찬가지로 동사어간에 모음교체현상이 일어난다.

Ich ging ins Kino. 나는 극장에 갔다.

Er kam auch mit. 그도 함께 갔다.

Ich war jung. 나는 젊었다.

Er war auch jung. 그 또한 젊었다.

Wir waren Schüler. 우리들은 학생이었다.

▶ 불규칙 변화 동사의 과거형

			불규칙 변화 동사				
			gehen	kommen	sein	haben	werden
단수	1인칭	ich	ging	kam	war	hatte	wurde
	2인칭	du	gingst	kamst	warst	hattest	wurdest
	2인칭 존칭	Sie	gingen	kamen	waren	hatten	wurden
	3인칭 남성	er	ging	kam	war	hatte	wurde
	3인칭 여성	sie	ging	kam	war	hatte	wurde
	3인칭 중성	es	ging	kam	war	hatte	wurde
복수	1인칭	wir	gingen	kamen	waren	hatten	wurden
	2인칭	ihr	gingt	kamt	wart	hattet	wurdet
	2인칭 존칭	Sie	gingen	kamen	waren	hatten	wurden
	3인칭	sie	gingen	kamen	waren	hatten	wurden

✎ 불규칙 동사의 과거형은 단수 1인칭과 3인칭의 형태가 동일하며, 단수 2인칭에서만 어미 -st가 온다.

✎ 복수 1인칭, 2인칭 존칭 그리고 3인칭에서 어미 -en이 온다.

✎ sein, haben, werden 등의 기본 동사와 화법동사들은 일상회화에서 대부분 과거형으로 사용된다.

동사

불규칙 변화 동사의 과거형은 모음교체현상에 따라 다음과 같이 분류할 수 있다.

▶ 동사의 어간에 모음교체현상이 일어나는 동사들

a → u	fahren → fuhr, laden → lud, tragen → trug (schaffen, wachsen 등)
e → a	bewerben → bewarb, brechen → brach (empfehlen, erschrecken, gelten 등)
e → a[:]	essen → aß, fressen → fraß, geben → gab (lesen, messen 등)
ei → i	leiden → litt, schneiden → schnitt (streiten, vergleichen 등)
ei → i[:]	beweisen → bewies, bleiben → blieb (heißen, leihen, scheiden 등)
i → a	binden → band, finden → fand, beginnen → begann, gewinnen → gewann (gelingen, schwimmen 등)
ie → o	biegen → bog, bieten → bot (fliegen, fließen, frieren 등)

▶ 단자음 및 복자음, ss와 ß의 교체현상이 일어나는 동사들

f → ff	greifen → griff, kneifen → kniff, pfeifen → pfiff, schleifen → schliff, saufen → soff
ff → f	schaffen → schuf, treffen → traf
ll → i	fallen → fiel
mm → m	kommen → kam
t → tt	reiten → ritt
tt → t	bitten → bat
ß → ss	fließen → floss, (genießen, gießen, schließen, sprießen, verdrießen 등)
ss → ß	essen → aß, lassen → ließ, (fressen, messen, vergessen 등)

✎ 기본동사인 sein, haben, werden 등은 과거 사실을 표현할 때 일반적으로 과거형으로 쓰인다.

Du hattest ja Grippe. Geht es dir besser?
독감 걸렸다며, 좀 나아졌어?

Ja. Gott sei Dank. Sie war aber sehr schlimm.
응, 다행히도. 그러나 독감은 정말 지독했어.

Ich hatte hohes Fieber und Gliederschmerzen und musste im Bett bleiben.
고열이 나고 사지가 아프고 누워있어야만 했어.

Es gab aber im ganzen Haus keine Aspirin.
그런데 온 집안에 아스피린이 없었어.

3) 혼합 변화 동사의 과거형

혼합 변화 동사들은 규칙 변화 동사와 같이 -te의 과거형 어미를 붙이고, 항상 모음교체현상을 동반한다.

○ 몇몇 동사들은 과거형에서 어간의 모음만이 교체된다.
nennen 명하다 → nannte, kennen 알다 → kannte,
brennen (불에)타다 → brannte, rennen 달리다 → rannte

Er nannte seinen Hund Mongshil.
그는 자신의 개를 몽실이라고 불렀다.

Ich kannte hier ein gutes Restaurant.
나는 여기 좋은 음식점을 알았다.

○ 독일어의 동사 중 과거형에서 불규칙 변화 동사를 함께 가진 동사들이 있다.
senden 중계하다 → sendete, sandte, wenden (몸을) 돌리다 → wendete, wandte

KBS sendete das Finale der Fußballweltmeisterschaft heute live ab 23 Uhr.
KBS방송은 오늘 생방송으로 23시에 월드컵 결승전을 중계했다.

Er sandte das Packet mit der Post. 그는 소포를 우편으로 보냈다.

Maria war traurig und wendete den Blick zu Boden.
마리아는 슬퍼 시선을 땅으로 (아래로) 돌렸다.

Immer wenn ich Fragen hatte, wandte ich mich an meine Lehrerin.
질문이 있을 때마다 나는 항상 선생님께 문의했다.

○ 동사 중 과거형에서 어간의 자음과 모음이 함께 변화는 동사들이 있다.
denken 생각하다 → dachte, bringen 가져다 주다 → brachte

Sie brachte mich nach Hause. 그녀는 나를 집으로 데려다 주었다.

Er dachte an seine Mutter. 그는 엄마를 생각했다.

과거완료형 (Plusquamperfekt)

동사의 과거완료형은 대과거 (Vorvergangenheit)라고 하며 자주 사용되지 않으나, 과거의 사건 A와 B 중, 사건 B보다 사건 A가 먼저 일어났을 때, 사건 B는 대부분 동사의 과거형이나 현재완료형으로, 사건 A는 과거완료형으로 표현한다.

▶ 과거완료형의 사용

Es <u>hatte</u> schon <u>geschneit</u>, als ich gestern <u>ankam</u>.
과거완료형   과거완료형   과거형
사건 A(주문장)   후   사건 B(부문장)

내가 어제 도착했을 때, 눈이 벌써 와있었다.

Als ich gestern <u>ankam</u>, <u>hatte</u> es schon <u>geschneit</u>.
사건 B(부문장)   전   사건 A(주문장)

✎ 부문장이 먼저 오고, 주문장 나중에 올 때는 주문장에서 주어와 동사가 도치된다.

hatte + 과거분사	war + 과거분사
Als ich ankam, hatte die Party schon angefangen. 내가 도착했을 때 파티는 이미 시작했었다. Nachdem er sein Studium abgeschlossen hatte, konnte er beim Radio arbeiten. 그가 대학교를 마치고 난 후, 라디오 방송국사에 일을 할 수 있었다.	Als ich ankam, war der Gast schon da gewesen. 내가 도착했을 때, 손님이 벌써 도착해 있었다. Nachdem Maria mit ihrem Freund 2 Jahre zusammen gewohnt hatte, wollte sie ihn heiraten. 마리아가 남자친구와 2년간 함께 산 후에 그와 결혼하려고 하였다.

■ **과거완료형의 형태**   조동사(hatte, war) + 과거분사형

독일어의 과거완료형은 현재완료형과 마찬가지로 haben 및 sein 조동사와 과거분사형이 결합되어 만들어지나, 현재완료형과는 달리 조동사의 시제가 과거형으로 사용된다.

ich	hatte			war	
du	hattest	geliebt		warst	gefahren
er / sie / es	hatte			war	

과거분사형에서 **haben, sein** 중에 어떤 조동사와 결합하는지는 현재완료형의 경우와 동일하다.

3 미래 Futur

독일어로 미래의 사실은 일상회화에서 주로 동사의 현재형과 **morgen** (내일), **bald** (곧), **nächstes Jahr** (내년) 등과 같은 시간부사에 의해 표현되는데, 종종 문어적 텍스트에서 미래형 I식을 통해서도 표현된다. 이외에도 미래형 I식은 예언, 약속, 혹은 계획 등의 양태의미를 표현한다.

Er kommt morgen wieder.
그는 내일 다시 온다.

Er wird (wahrscheinlich) morgen wieder kommen.
그는 아마 내일 다시 올 거야.

- 독일어에서 일반적으로 미래의 사건을 표현할 때는 미래 시간부사와 함께 동사의 현재형으로 표현한다. 이때 확실한 미래의 사실을 나타낸다.

- 미래형 I식으로 미래의 사실을 표현하기도 한다. 미래형 I식은 'werden+동사의 부정형'으로 되어 있다.

- 미래형 I식은 조동사 **werden**이 문장의 두 번째에 오며, 동사의 부정형이 문장의 마지막에 위치한다.

- 미래형 I식은 미래의 사실을 표현하기 위해 사용되기 보다는 문서, 선거 공약, 일기 예보, 미래의 인구증가율, 혹은 미래학자들의 예견 등 어떤 사건에 대한 예언, 약속, 추측을 표현하는데 주로 사용된다. 이러한 경우 **bestimmt, wohl**과 같은 양태 부사와 함께 쓰인다.

- 미래형 II식은 'werden + 동사의 완료형'으로 되어 있으며, 미래의 완료된 사실을 표현하는데 사용된다.

Er wird morgen wieder gekommen sein.
그는 내일 다시 와 있을 거야.

▶ 미래 사실을 표현하는 동사형태

동사형태	현재형	미래 I식	미래 II식
사용	일상대화에서 주로 확실한 미래의 사실을 표현	미래의 사건, 어떤 사건에 대한 추측, 예언, 약속, 계획을 표현	주로 미래에 완료된 사건을 표현, 가끔 과거의 사건을 표현

✎ 미래형 II식이 번거로울 때, 종종 현재완료형이 사용될 수도 있다.

Abends ist der Reis wohl fertig gekocht. 저녁이면 밥이 다 되었을 것이다.

✎ 가끔 과거의 사건에 대해 보도할 때 미래형 II식이 사용될 수 있다.

Bei der Prüfung wird sie wohl an ihre Mutter gedacht haben.
시험 볼 때 아마도 그녀는 엄마생각을 했을 거야.

현재형

일상회화에서 미래의 사실은 주로 동사의 현재형과 미래 시간부사로 표현되며 이때 확실한 미래의 사건을 나타낸다.

Gehst du morgen zu deiner Mutter? 내일 엄마에게 갈거니?

Ich komme nicht mit, ich muss für meine Mathearbeit lernen.
(내일) 함께 못가. 수학시험공부를 해야 돼.

미래형 I식 (Futur I) 　조동사(werden) + 동사의 부정형

미래형 I식은 일반적으로 미래의 사실을 표현하기 보다는 추측, 의도, 혹은 미래사실에 대한 약속이나 예언, 기대 등의 부가적 양태의미를 표현하기 위하여 자주 사용된다. 이러한 경우 **wohl, vielleicht** 등의 양태의미를 지닌 부사들과 잘 결합된다.

미래의 사실	**Peter wird die Prüfung bestehen.** 페터는 그 시험에 붙을 거야.
현재 사실에 대한 추측	**Wo ist Maria?** 마리아는 어디에 있니? **Sie wird (wohl) zu Hause sein.** 아마도 집에 있을 거야.

| 강력한 요구 | **Du wirst jetzt gleich dein Zimmer aufräumen!**
지금 당장 네 방을 치워야 할 거다! |
| 확신 | **Paul wird jetzt (bestimmt) denken, ich liebe ihn.**
파울은 지금 (분명히) 내가 그를 좋아한다고 생각할 거야. |

1) 예언이나 계획의 의미로서 미래형 I식

미래형 I식은 예언(Prognose)이나 계획(Plan)을 표현할 때 사용된다.

Ich werde Kanzlerin von Deutschland sein.
나는 독일의 수상이 될 것이다.

In 10 Jahren werde ich bestimmt einen tollen Job finden und reich sein.
10년 후에 나는 분명히 멋진 직업을 얻고 부자가 될 것이다.

Nach dem Schulabschluss werde ich im Ausland studieren.
고등학교 졸업후에 나는 외국에서 공부를 할 것이다.

2) 약속의 의미로서 미래형 I식

미래형 I식은 약속(Versprechen)을 표현할 때 사용된다.

Mama, ich werde das nicht tun. 엄마, 다시는 그러지 않을게.

Ich werde morgen mein Zimmer aufräumen. 내일 내 방을 치울게.

Ich werde meine Hausaufgaben machen. 내 숙제를 할게.

3) 추측의 의미로서 미래형 I식

미래형 I식은 추측(Vermutung)을 표현할 때 사용된다.

Wo ist Peter? Der wird wohl im Stau stehen.
페터가 어디 있지? 그는 아마도 교통체증에 걸려있을 거야.

Wo ist Maria? Die wird beim Friseur sein.
마리아는 어디 있지? 그녀는 미장원에 있을 거야.

○ 미래형 I식이 추측의 의미로서 사용될 때 일반적으로양태 부사인 **wohl**, **wahrscheinlich** (아마도) 등과 함께 결합하여 사용된다.

동사

미래형 Ⅱ식 (Futur Ⅱ) ┃ 조동사(werden) + 완료형

미래형 Ⅱ식은 미래의 완료된 사건을 표현하기 위하여 사용되며 미래 의미의 부사와 함께 사용된다. 또한 과거의 사실에 대한 추측을 표현하기 위해서도 쓰인다.

▷ 미래형 Ⅱ식의 용법

미래의 완료된 사실	**Morgen wird sie in Deutschland angekommen sein.** 내일이면 그녀는 독일에 도착해 있을 것이다.
과거의 사실에 대한 추측	**Wissen Sie, wo Herr Kim ist?** 김선생님이 어디에 계신지 아십니까? **Er wird schon nach Hause gegangen sein.** 그는 (아마도) 벌써 집에 가 있을 겁니다.

● 현재사실에 대한 확신을 표현하는 또 다른 표현방법으로 현재형 혹은 현재완료형 + 확신을 나타내는 양태 부사 (sicher, bestimmt 분명히)가 있다.

Paul denkt jetzt (bestimmt), dass …
파울은 지금 분명 …라고 생각할 것이다.

Morgen hat er es (bestimmt) schon vergessen.
내일이면 그는 벌써 그 사실을 잊었을 것이다.

● 현재형 혹은 현재완료형이 wohl, wahrscheinlich, vermutlich (아마도) 등의 추측을 나타내는 양태 부사와 결합하여 추측의 양태를 표현하기 위해 사용되기도 한다.

Sie ist wohl zu Hause.
그녀는 아마도 집에 있을 것이다.

Sie hat das Problem vermutlich allein gelöst.
그녀는 이 문제를 아마도 혼자 해결했을 것이다.

Abschnitt **3** 분리 및 비분리동사 (Un) trennbare Verben

1 동사의 위치 Verbstellung im Satz

○ 독일어의 동사는 아래의 예문에서 보는 바와 같이 문장의 두 번째와 맨 뒤자리에 위치한다 (전철, 과거분사형, 동사원형). 문장의 두 번째 자리에 오는 동사는 행위자에 따라 인칭어미 변화한다.

	분리동사	비분리동사
현재형	Ich rufe dich an. 나는 너에게 전화한다.	Ich besuche dich. 나는 너를 방문한다.
현재완료형	Ich habe dich angerufen. 나는 너에게 전화했다.	Ich habe dich besucht. 나는 너를 방문했다.
과거형	Sie rief mich an. 그녀가 나에게 전화했다.	Sie besuchte mich. 그녀가 너를 방문했다.
과거완료형	Sie hatte mich angerufen. 그녀가 나에게 전화했었다.	Sie hatte mich besucht. 그녀가 너를 방문했었다.
화법조동사	Ich möchte dich anrufen. 나는 너에게 전화하고 싶다.	Ich möchte dich besuchen. 나는 너를(너의 집을) 방문하고 싶다.
의문문	Hat sie dich angerufen? 그녀가 너에게 전화했니?	Hat sie dich besucht? 그녀가 너를 방문했니?
명령문	Ruf mich mal an! 한번 전화해봐!	Besuch mich! 나를(나의 집을) 방문해!

2 전철 Präfixe

독일어에서 동사의 어간과 함께 오는 전철에는 동사의 어간과 분리되는가, 분리되지 않는가에 따라 분리전철과 비분리전철 그리고 분리 및 비분리겸용으로 사용되는 전철이 있다.

동
사

분리 및 비분리동사

Die Tulpe blüht auf.
튤립이 피기 시작한다.

Sie blüht.
튤립이 피어있다.

Sie verblüht.
튤립이 시들었다.

독일어 동사에는 동사어간+(e)n의 형태인 단순동사가 있고, 이러한 단순동사의 어간 앞에 분리 및 비분리전철이 함께 오는 분리 및 비분리동사가 존재한다.

● 독일어의 동사에서 분리전철은 동사어간과 분리되어 문장의 맨 뒤에 오고, 비분리동사는 동사의 어간과 결합되어 문장의 두 번째 자리에 온다.

▶ 독일어 동사의 종류

동사의 종류	예문
단순동사	Er kommt um 10 Uhr. 그는 10시에 온다.
분리동사	Er kommt um 10 Uhr an. 그는 10시에 도착한다.
비분리동사	Er bekommt ein Geschenk. 그는 선물을 받는다.

✎ 분리전철은 전치사(aufstehen, vorhaben), 부사(wiederholen, zurückfahren), 형용사(freihaben, wahrnehmen) 그리고 명사(danksagen, achtgeben)에서 파생될 수 있으며, 동사도 분리전철로 사용될 수 있다(einkaufen gehen, spazieren gehen).

✎ 비분리전철에는 be-, emp-, ent-, er- ge-, ver-, zer-, miss- 등이 있다.

■ 분리전철 및 분리동사

분리전철에는 전치사와 부사에서 파생되는 분리전철, 형용사에서 파생된 분리전철 그리고 명사에서 파생된 분리전철 등이 있다.

1) 전치사와 부사에서 파생된 분리전철과 분리동사

많은 분리전철들이 아래에서 보는 바와 같이 전치사나 부사에서 파생된다. 이러한 전철들은 동사의 어간과 함께 오며 동사의 의미를 더욱 구체화시킨다. (brennen 타고 있다 · ab|brennen 타버렸다, blühen 꽃이 피어 있다 · auf|blühen 꽃이 피다, stehen 서있다 · auf|stehen 일어나다 등)

◐ 전치사와 부사에서 파생된 분리전철

전철	가능한 전철의 의미	분리동사의 예
ab-	어떤 것에서 분리	abgeben (gibt ab) 교부하다 abholen (holt ab) 마중나가다
an-	가까이 접근하다 ~을 ~에 덧붙여 행하다	anfangen (fängt an) 시작하다 ankommen (kommt an) 도착하다 ankleben (klebt an) 풀로 ~을 붙이다
auf-	무엇을 열다 '위'로의 운동	aufmachen (macht auf) 열다 aufstehen (steht auf) 일어나다 aufräumen (räumt auf) 치우다
aus-	밖으로 / ~로 부터의 분리	auspacken (packt aus) 포장을 풀다 aussteigen (steigt aus) 내리다 ausreisen (reist aus) 출국하다
bei-	~에, ~을 행함	beitragen (trägt bei) 공헌하다 beitreten (tritt bei) 가입하다
ein-	안으로	einsteigen (steigt ein) 승차하다 einladen (lädt ein) 초대하다
fest-	고정시키는	festhalten (hält fest) 꽉 쥐다 feststellen (stellt fest) 규명하다
her-	화자방향으로 오는	herfahren (fährt her) 타고 오다 herkommen (kommt her) 이쪽으로 오다
hin-	목적지 방향으로 가는	hinfahren (fährt hin) ~로 차를 타고 가다 hinkommen (kommt hin) 거기로 가다
herein-	밖에서 안으로 들어오는	hereinkommen (kommt herein) 들어오다 hereintreten (tritt herein) 들어오다
hinaus-	밖으로 나가는	hinausgehen (geht hinaus) 밖으로 나가다 hinaustreten (tritt hinaus) 밖으로 나가다
los-	무엇에서 분리 / 시작하다	losfahren (fährt los) 출발하다 losgehen (geht los) 출발하다
mit-	~함께	mitkommen (kommt mit) 함께 오다 mitmachen (macht mit) 함께 하다

nach-	~뒤로의 방향 ~후에 ~을 행하다	**nachdenken** (denkt nach) 숙고하다 **nachsprechen** (spricht nach) 따라 말하다
vor-	앞으로의 방향 / 먼저 ~을 행하다	**vorschlagen** (schlägt vor) 제안하다 **vorstellen** (stellt vor) 앞에 세우다 **vorfahren** (fährt vor) 차로 먼저 가다/ 차를 앞으로 몰다 (빼다)
vorbei-	(옆으로) 스쳐 지나가는	**vorbeifahren** (fährt vorbei) (차로) 지나가다 **vorbeikommen** (kommt vorbei) 잠깐 들리다/ 지나가다
weg-	더 이상 없는	**wegbringen** (bringt weg) 옮기다/나르다 **weggehen** (geht weg) 떠나다
weiter-	계속하여	**weiterarbeiten** (arbeitet weiter) 계속 일하다 **weitermachen** (macht weiter) 어떤 행동을 계속하다
zu-	무엇을 닫다 / 목적한 곳으로 ~하다	**zumachen** (macht zu) 닫다 **zuhören** (hört zu) 경청하다 **zuschauen** (schaut zu) 구경하다 **zusenden** (sendet zu) 보내다
zurück-	방향을 되돌리다	**zurückbringen** (bringt zurück) 도로 가져오다 **zurückgeben** (gibt zurück) 돌려주다
zusammen-	함께	**zusammenarbeiten** (arbeitet zusammen) 함께 일하다

✎ 분리동사는 전철에 강세를 주며(anrufen), 어간의 의미가 구체화된다.
✎ 분리전철(trennbare Vorsilben)은 대부분 전치사 혹은 부사에서 나온다.

2) 여러 개의 전철로 이루어진 분리동사

여러 개의 전철(예: vor+be)로 이루어진 동사는 아래의 예문에서와 같이, 첫 번째 전철은 현재 및 과거형 그리고 부정형에서는 분리되지만, 완료형에서는 비분리 전철 (be-, er-)로 인해 과거분사형에서 -ge-를 붙이지 않는다.

Ich vorbereite gerade die Präsentation. (✗)
Ich bereite gerade die Präsentation vor. (○)
나는 지금 발표를 준비하고 있다.

Ich habe die Präsentation lange vorbereitet. (○)
나는 오랫동안 발표를 준비했다.

Ich habe nur zwei Tage Zeit, um mich auf sie vorzubereiten. (○)
발표 준비할 시간이 이틀밖에 없다.

○ 이 그룹에 속하는 동사로는 **miterleben** 함께 체험하다(erlebt mit, hat miterlebt), **zuerkennen** 승인하다(erkennt zu, hat zuerkannt), **vorbestellen** 미리 주문하다 (bestellt vor, hat vorbestellt) 등이 있다.

3) 형용사에서 파생된 전철과 분리동사

분리전철 중 frei, tot 등과 같은 형용사에서 파생된 전철이 있으며 이러한 전철 은 단순 동사와 결합하여 그 의미를 다양하게 한다.

◑ 형용사에서 파생된 분리전철

전철	전철의 의미	분리동사의 예
frei-	자유로운	**freilassen** (lässt frei) 풀어 주다 **freihaben** (hat frei) 시간이 있다
tot-	죽은	**totschlagen** (schlägt tot) 때려죽이다
hoch-	높은	**hochachten** (achtet hoch) 존경하다
nieder-	아래로	**niederschlagen** (schlägt nieder) 무찌르다

✎ 형용사에서 파생된 분리전철을 가진 분리동사로는 **übelnehmen** 나쁘게 생각하다, **offenstehen** 열려있다, **liebhaben** 좋아하다, **ernstnehmen** 진지하게 생각하다, **schwerfallen** 어렵다, **warmstellen** 따뜻하게 해놓다 등이 있다.

4) 명사에서 파생된 전철과 분리동사

명사에서 파생된 전철은 다음과 같다.

◑ 명사에서 파생된 분리전철

전철	전철의 의미	분리동사의 예
acht-	조심	**achtgeben** (gibt acht) 주의하다
dank-	감사	**danksagen** (sagt dank) 감사하다
heim-	집	**heimfahren** (fährt heim) 집으로 가다
teil-	부분	**teilnehmen** (nimmt teil) 참여하다

✎ 명사에서 파생된 분리전철로서 irre-, preis-, stand-: **irreführen** 잘못 인도하다, **preisge-ben** 넘겨주다, **standhalten** 굽히지 않다 등이 있다.

5) 동사 혹은 다른 문장성분과 결합한 분리동사

독일어의 분리동사에는 또 다른 단순동사나 과거분사형 혹은 명사 혹은 분사와
함께 사용되는 동사들도 있다.

▶ 동사 혹은 다른 문장성분과 함께 사용되는 분리동사

문장성분	의미	분리동사의 예
spazieren einkaufen	산책하다 쇼핑하다 (동사부정형)	spazieren gehen, einkaufen gehen (geht spazieren / einkaufen) 산책 / 쇼핑하러 가다
kennen	알다	kennen lernen (lernt kennen) 알게되다
geschenkt	선물 받은 (과거분사)	geschenkt bekommen (bekommt geschenkt) 선물받다
verloren	잃어버린	verloren gehen (geht verloren) 분실되다
Rad / Auto	바퀴 / 자동차 (명사)	Rad fahren, Auto fahren (fährt Rad / Auto) 자전거 / 차타다
Klavier / Fußball	피아노 / 축구	Klavier spielen, Fußball spielen (spielt Klavier / Fußball) 피아노 치다 / 축구하다
übereinander	위로 (부사)	übereinander legen (legt übereinander) 차곡차곡 놓다
rückwärts	뒤로	rückwärts fahren (fährt rückwärts) 뒤로 가다

✎ 다른 분리전철 동사와는 달리 위에 속하는 분리동사들은 새로운 정서법의 도입이후 두 부
분으로 분리되어 사용되며, 완료형에서도 두 번째 오는 동사를 과거분사형으로 만든다
(spazieren gegangen, kennen gelernt, Rad gefahren).

■ 비분리전철과 비분리동사

독일어에서 비분리전철의 수는 분리전철에 비해 제한되어 있으며 동사의 어간
과 결합되어 문장의 두 번째 자리에 온다.

Ich besuche meine Oma.
나는 할머니를 방문한다.

Ich habe sie lange vermisst.
나는 오랫동안 할머니를 그리워했다.

Er bekommt ein Geschenk.
그는 선물을 받는다.

Es gefällt ihm sehr gut.
선물이 매우 맘에 든다.

✎ 비분리전철과 결합된 비분리동사들은 분리동사와는 달리 일반적으로 그 의미가 추상화되며 타동사가 된다.

kommen 오다 · an|kommen 도착하다 · bekommen 얻다
suchen 찾다 · aus|suchen 고르다 · besuchen 방문하다

✎ 독일어에서 비분리전철에는 아래와 같이 be-, emp-, ent-, er- ge-, miss-, ver- zer- 등이 있다.

▶ 비분리전철

전철	전철의 의미	비분리동사의 예
be-	목표를 향한 행위, 행위의 결과	beginnen (beginnt) 시작하다, benutzen (benutzt) 사용하다 bezahlen (bezahlt) 지불하다
emp-		empfangen (empfängt) 받다, empfehlen (empfiehlt) 추천하다
ent-	weg, ab, aus의 의미	entlassen (entlässt) 해고하다, entscheiden (entscheidet) 결정하다
er-	어떤 행위의 결과	erfinden (erfindet) 발명하다, erklären (erklärt) 설명하다 erzählen (erzählt) 이야기하다
ge-		gefallen (gefällt) 마음에 들다, gehören (gehört) 속하다 gelingen (gelingt) 성공하다
miss-	잘못된	misslingen (misslingt) 실패하다 missverstehen (missversteht) 오해하다
ver-	완전히 다르게, 반대로, 잘못된	verändern (verändert) 변화시키다, verbrauchen (verbraucht) 소비하다, versalzen (versalzt) 너무 짜다 sich verlaufen (verläuft) 길을 잃다
zer-	망가진, 작게 조각나는	zerreißen (zerreißt) 잡아 찢다, zerstören (zerstört) 파괴하다

✎ 비분리동사는 어간에 강세를 주며(beginnen), 의미가 추상화되고 일반적으로 타동사가 된다.
✎ 독일어의 비분리전철에는 라틴어나 그리스어에서 파생된 전철로서 de(s)-, dis-, in-, re-도 있다.

동
사

dezentralisieren 분산하다, desorientieren 갈피를 못잡다, disqualifizieren 실격되다,
infizieren 전염시키다, inspizieren 검사하다, rekonstruieren 재구성하다,
reorganisieren 재조직하다

✎ 명사, 형용사 및 동사에서 파생된 전철 중 전철에 강세가 있으나, 분리되지 않고 과거 분사
에서 ge-를 갖는 동사가 있다.

frühstücken 아침식사하다, kennzeichen 특징짓다, sich langweilen 지루해 하다
(er frühstückt · hat gefrühstückt, er langweilt sich · hat sich gelangweilt). 이러한 동사군에
argwöhnen 두려워하다, handhaben 다루다, ohrfeigen 따귀를 때리다,
schlußfolgern 결론을 짓다 등이 속한다.

분리 및 비분리 겸용 동사

몇몇의 전철들은 분리 및 비분리 겸용으로 사용되는데, 분리전철로 사용될 때
는 다른 분리동사와 같이 동사어간의 의미가 구체적으로 변하나, 비분리전철로 사
용될 때는 그 의미가 추상적인 의미로 바뀌며 대부분이 타동사로 변한다.

전철		분리동사일 경우	비분리동사일 경우
durch-	durchlaufen	läuft durch 뚫고 달려가다	durchläuft 횡단하다
über-	übersetzen	setzt über 건너다	übersetzt 번역하다
um-	umfahren	fährt um (차로)치어 넘어뜨리다	umfährt 돌아가다
unter-	unterstellen	stellt unter 밑에 두다	unterstellt 종속시키다
wider-	widerspiegeln	spiegelt wider 반영하다	
	widersprechen		widerspricht 반대 의견을 말하다
wieder-	wiederholen	holt wieder 되찾다	wiederholt 반복하다

✎ 분리 전철로 사용될 때 분리동사는 자동사로서 전치사와 함께 오며, 구체적인 의미를 갖
는다.
Ein Fischer setzte uns ans andere Ufer über.
한 어부가 우리를 다른 쪽 강가로 건너게 해주었다.

✎ 비분리 전철로 쓰일 때, 비분리동사는 타동사로서 추상적인 의미를 갖는다.
Ich übersetze das Buch. 나는 그 책을 번역한다.

Abschnitt **4**   화법동사 · Modalverben

독일어에서는 화자의 주관적인 심적 태도를 화법동사 혹은 양태 부사를 사용하여 가능성, 필연성, 확신 등을 표현할 수 있다.

1 화법동사의 위치 Position der Modalverben im Satz

화법동사는 문장 두 번째 자리에 오며 인칭어미변화를 하며, 동사부정형은 문장의 끝에 위치한다.

사용 빈도	형태	사용 예
많음	현재형	Ich kann Deutsch sprechen. 나는 독일어로 말할 수 있다. Ich kann Deutsch. 나는 독일어를 할 수 있다.
	과거형	Ich konnte Deutsch sprechen. 나는 독일어로 말할 수 있었다.
적음	현재완료형	Ich habe Deutsch sprechen können. 나는 독일어를 말할 수 있었다. Ich habe Deutsch gekonnt. 나는 독일어를 할 수 있었다.
	과거완료형	Ich hatte Deutsch sprechen können. 나는 독일어로 말할 수 있었다.

🖎 독일어 문장에서 화법동사는 동사의 부정형과 함께 조동사로 사용될 수 있으며 또한 종종 본동사로서 사용될 수 있다.

🖎 화법동사는 과거 사실을 표현할 때 현재 및 과거완료형의 형태로 사용되기보다는 주로 과거 형태로 사용된다.

🖎 화법동사를 현재완료형으로 만들 때 조동사 haben이 사용된다. 만약 화법동사가 본동사로서 문장에서 동사의 부정형 없이 혼자 올 때는 "haben + 화법동사의 과거분사형"의 형태를 취하고, 본동사와 함께 올 때는 "haben + 동사의 부정형 + 화법조동사의 부정형"으로 사용된다.

2 화법동사의 사용 Gebrauch der Modalverben

객관적 양태

■ **können과 dürfen**

1) können

화법동사 **können**은 능력이나 가능성, 허락 그리고 간청 등의 의미를 가지고 있다.

Das Kind kann schon stehen.
그 아이는 벌써 설 수 있다. (능력)

Es kann aber noch nicht laufen.
그러나 아직 걷지 못한다. (능력)

Kann ich Sie zum Essen einladen?
당신을 식사에 초대해도 될까요? (제안)

Man kann hier gut essen.
여기서 맛있는 음식을 먹을 수 있다. (가능성)

화법동사 **können**은 다른 화법동사들과 마찬가지로 단수 1인칭, 2인칭, 3인칭에서 불규칙 변화하며 단수 1인칭과 3인칭 그리고 복수 1인칭 과 3인칭에서 그 형태가 동일하다.

▶ können 동사의 형태

	단 수		복 수	
1인칭	ich	kann	wir	können
2인칭	du	kannst	ihr	könnt
3인칭	er / sie / es	kann	sie / Sie	können

48

화법동사 **können**은 아래와 같은 의미로 사용된다.

▶ können의 사용

의미	예 문
능력	Ich kann gut Deutsch, aber nur etwas Französisch. 나는 독일어는 잘하는데 불어는 약간 한다. Er kann mit den Ohren wackeln. 그는 귀를 움직일 수 있다.
가능성	Man kann hier tolle Sachen kaufen. 여기서 좋은 물건을 살 수 있다. Sie kann mit diesem Job gleich anfangen. 그녀는 이 일을 당장 시작할 수 있다.
허락·금지	Mama, kann ich dein Auto nehmen? Ja, du kannst. 엄마, 제가 엄마의 차를 가져가도 돼요? 그래, 그래도 돼. Du kannst hier nicht parken. Hier ist Parken verboten. 여기 주차 못해. 주차금지구역이야.
부탁·간청	Kannst du bitte das Wasser reichen? 그 물 좀 주겠니? Kannst du mal beim Tischdecken helfen? 상 차리는 것을 좀 도와 줄 수 있니?
제안	Kann ich Ihnen noch einen Kaffee anbieten? 커피 한 잔 더 드릴까요?

✎ 화법동사는 본동사 없이 자주 사용된다.
   Ich kann gut Deutsch. 나는 독일어를 잘 할 수 있다.
✎ 간청이나 부탁을 할 때 화법동사는 'bitte', 'mal' 등의 불변화사와 함께 자주 온다.
✎ 공손한 부탁은 화법동사의 접속법 II식을 사용하여 표현한다.
   Könnten Sie mir das Wasser reichen? 물 좀 주시겠어요?

2) dürfen

화법동사 **dürfen**은 허가나 금지, 부탁이나 제안 등의 양태의미를 표현하기 위
해 사용된다.

Mama, darf ich ein Eis essen?
엄마, 아이스크림 먹어도 돼? (허가)

Hier darf man nicht parken!
여기에 주차하면 안된다! (금지)

화법동사 dürfen은 다른 화법동사와 마찬가지로 단수 1, 2, 3인칭에서 불규칙 변화하며, 단수 1인칭과 3인칭 그리고 복수 1인칭과 3인칭에서 그 형태가 동일하다.

동사

◐ dürfen 동사의 형태

	단수		복수	
1인칭	ich	darf	wir	dürfen
2인칭	du	darfst	ihr	dürft
3인칭	er / sie / es	darf	sie / Sie	dürfen

화법동사 dürfen은 아래와 같은 의미로 사용된다.

◐ dürfen 동사의 사용

의미	예 문
허락 · 금지	Mama, darf ich fernsehen? 엄마, TV봐도 되요? Nein, du darfst nicht. Mach zuerst deine Hausaufgaben! 아니, 안돼. 네 숙제를 먼저 해라!
부탁 · 간청	Darf / Dürfte ich Sie um einen Gefallen bitten? 부탁 하나 해도 될까요? Darf / Dürfte ich mich setzen? 여기 앉아도 될까요?
제안	Darf / Dürfte ich Ihnen die Stadt zeigen? 선생님에게 이 도시를 안내해드려도 될까요? Was darf's sein? 무엇을 드릴까요?

✎ 화법동사 dürfen이 허락과 금지의 양태의미를 표현하기 위해 사용되는 경우, 허락과 금지는 화자 자신에 의한 것이 아닌, 제 삼자에 의한 것이다. 위의 예문에서처럼 TV를 보는 것을 허락하는 것은 '엄마'이지 화자인 '나'가 아니다.

✎ 공손한 부탁을 위하여서는 가정법 II식을 사용하여 표현한다.

✎ 금지를 나타낼 때는 부정어 nicht, kein이 함께 온다.

화법동사 können과 dürfen의 양태의미를 비교해 보면 아래와 같다.

화법동사 können과 dürfen의 양태의미 비교

• 두 화법동사 können과 dürfen은 가능, 허락과 금지의 양태의미를 표현하기 위해 사용되는데, **dürfen**은 **können**에 비해 더 강한 허락이나 금지의 의미를 가진다.

• 이 두 화법동사의 가정법 II식으로 더욱 공손하고 정중한 부탁과 간청을 표현할 수 있다.

Kann / Darf ich mal den Kopierer benutzen? 복사기를 좀 사용할 수 있나요?
Könnte / Dürfte ich den Kopierer benutzen? (더욱 공손, 정중)

■ müssen과 sollen

1) müssen

화법동사 müssen은 의무, 명령, 필연성 등의 양태의미를 표현하기 위해 사용된다.

Hier ist die Bibliothek. 여기는 도서실이다.

Man muss leise sprechen. 조용히 해야만 한다.

Wir haben Ferien. 우리들은 방학이다.

Wir müssen nicht in die Schule gehen.
우리들은 학교에 갈 필요가 없다.

✎ 화법동사 müssen 해야만 한다의 부정형인 nicht müssen은 "할 필요없다"의 의미로서 필연성의 반대의 의미를 표현한다.

화법동사 müssen은 다른 화법동사들과 마찬가지로 단수 1, 2, 3인칭에서 불규칙 변화하며, 단수 1인칭과 3인칭 그리고 복수 1인칭과 3인칭에서 그 형태가 동일하다.

▶ müssen 동사의 형태

	단 수		복 수	
1인칭	ich	muss	wir	müssen
2인칭	du	musst	ihr	müsst
3인칭	er / sie / es	muss	sie / Sie	müssen

화법동사 müssen은 아래와 같은 의미로 사용된다.

▶ müssen 동사의 사용

의미	예 문
필연성 의무 명령	**Er hat morgen eine Aufnahmeprüfung. Er muss sich darauf vorbereiten.** 그는 내일 입학시험을 본다. 그는 입학시험을 준비해야 한다. **Wir müssen pünktlich sein. Der Prüfer sagt, das ist wichtig.** 우리들은 정시에 와야만 한다. 시험관이 꼭 그래야 한다고 말한다.
불필요성 (nicht와 kein과 결합)	**Wir haben Ferien. Wir müssen nicht früh aufstehen.** 우리는 방학이다. 우리들은 일찍 일어날 필요가 없다. **Dieses Formular müssen Sie nicht unterschreiben.** 이 서류에는 서명할 필요가 없다.

✎ 화법동사 müssen은 위의 예문에서와 같이 외부 상황에 의해 생겨난 필연성이나 혹은 내적 의무나 임무상황 등을 표현할 때 사용된다.

✎ 화법동사 müssen의 부정은 '…을 할 필요 없다'로서 다음 예문에서와 같이 'brauchen nicht zu + 동사부정형'으로 표현할 수 있다 (113-114쪽 참조).

Wir müssen nicht in die Schule gehen. 우리는 학교에 갈 필요가 없다.

= **Wir brauchen nicht in die Schule zu gehen.**

Dieses Formular müssen Sie nicht unterschreiben. 이 서류에 서명할 필요가 없다.

= **Dieses Formular brauchen Sie nicht zu unterschreiben.**

2) sollen

화법동사 sollen은 다른 이의 충고, 조언 혹은 도덕적 의무 등의 양태의미를 표현하기 위해 사용된다.

Der Arzt hat gesagt, ich soll nicht rauchen.
의사선생님 말씀이 담배를 피워서는 안된대.

Du sollst nicht stehlen.
도둑질해서는 안된다.

화법동사 sollen은 다른 화법동사들과 달리 단수 1, 2, 3인칭에서 모음교체현상이 일어나지 않으나, 단수 1인칭과 3인칭 그리고 복수 1인칭과 3인칭에서 그 형태가 동일하다.

▶ sollen 동사의 형태

	단 수		복 수	
1인칭	ich	soll	wir	sollen
2인칭	du	sollst	ihr	sollt
3인칭	er / sie / es	soll	sie / Sie	sollen

화법동사 sollen은 아래와 같은 기능을 가진다.

▶ sollen 동사의 사용

의미	예 문
충고·조언	Ihr sollt euer Zimmer endlich aufräumen. 너희들 방을 좀 치워라. Du bist erkältet. Du solltest viel Tee trinken. 감기 걸렸구나. 차를 많이 마시렴.
의무 계획	Mein Chef hat angerufen. Ich soll zurückrufen. 나의 상사가 전화했다. 그에게 전화해야 한다. Die Ware soll am 15. in Köln sein. 그 물건은 15일에 쾰른에 도착해야만 한다. Hier soll eine neue Schule entstehen. 이곳에 새로운 학교가 들어서게 된다.

✎ 화법동사 sollen은 dürfen과 마찬가지로 화자로부터가 아닌 제 삼자의 충고나 조언 혹은 명령을 표현한다.
Mein Chef hat angerufen. Ich soll zurückrufen. (Das sagt er zu mir.)
나의 상사가 전화했다. 나는 (그에게) 전화해야만 한다. (나의 상사가 나에게 말했다.)
✎ 정중한 표현을 할 때는 다른 화법동사들과 마찬가지로 가정법 II식을 사용한다.
✎ 화자가 간접적으로 알게 된 계획이나 사실을 전할 때 또한 sollen이 사용된다.

화법동사 müssen과 sollen의 양태의미를 비교해 보면 아래와 같다.

화법동사 müssen과 sollen의 양태의미
• 화법동사 müssen과 sollen는 공통적으로 필연성 혹은 의무 등을 나타내는데, sollen은 müssen과 달리 제 삼자의 충고나 의무의 의미를 표현한다. Ich muss viel Tee trinken. (Das weiß ich.) 나는 차를 많이 마셔야 한다. (그 사실을 나는 알고 있다.) Ich soll viel Tee trinken. (Das hat mir jemand gesagt.) 나는 차를 많이 마셔야 한다고 한다. (그 사실을 누군가가 나에게 말했다.)

동
사

> • sollen은 müssen과는 달리 문장 속에 표현된 사건이 이루어지지 않을 때가 많고 또한 구속력이 없다.
>
> **Ich musste Deutsch lernen.** 나는 독일어를 배워야 했다. (그리고 배웠다)
> **Ich sollte Deutsch lernen.** 나는 독일어를 배웠어야만 했는데. (배우지 않았다)

■ wollen과 möchten

화법동사 wollen과 möchten은 화자의 의지 혹은 소망 등의 양태의미를 나타낸다.

1) wollen

화법동사 wollen은 화자의 의지나 계획, 혹은 소망 등의 양태의미를 표현하기 위해 사용된다.

Wir wollen nach Amerika.
우리들은 미국으로 갈 계획이다.

Willst du meine Frau werden?
나의 부인이 되어 주겠니?

Ja, ich will. 응, 그럴게.

✎ 화자의 계획을 표현할 때, 두 화법동사 wollen과 möchten가 사용되는데, 화법동사 wollen은 확실한 계획을 표현할 때 사용된다.

화법동사 wollen은 다른 화법동사들과 마찬가지로 단수 1인칭과 3인칭 그리고 복수 1인칭과 3인칭에서 그 형태가 동일하다.

❯ wollen 동사의 변화

	단 수		복 수	
1인칭	ich	will	wir	wollen
2인칭	du	willst	ihr	wollt
3인칭	er / sie / es	will	sie / Sie	wollen

화법동사 wollen은 영어의 will과는 달리 미래의 시제의미로서 사용되는 것이 아니라 화자의 강한 소망이나 의지나 의도를 나타낸다.

◐ wollen 동사의 사용

의미	예 문
소망	**Ich will dich heiraten und deine Frau werden.** 나는 너와 결혼하여 네 부인이 되고 싶어.
의도·의향	**Sie will das Abitur machen und Medizin studieren.** 그녀는 (독일의) 수능을 보고 의학을 공부하려 한다.

2) möchten

화법동사 möchten은 화자의 의지나 계획 혹은 소망 등의 양태의미를 표현하기 위해 사용된다.

Wir möchten gern nach Amerika.
우리들은 미국으로 가고 싶다.

Ich möchte bitte ein Glas Wasser.
물 좀 마시고 싶어요.

✎ 화자의 계획을 표현할 때, 두 화법동사 wollen과 möchten이 사용되는데, 화법동사 möchten은 막연하고 비 구체적인 계획을 표현할 때 사용된다.

화법동사 möchten은 다른 화법동사와는 달리 동사 mögen의 가정법 II식의 형태에서 파생되었다.

◐ möchten 동사의 형태

	단 수		복 수	
1인칭	ich	**möchte**	wir	**möchten**
2인칭	du	**möchtest**	ihr	**möchtet**
3인칭	er / sie / es	**möchte**	sie / Sie	**möchten**

화법동사 möchten은 화자의 소망이나 혹은 물건을 구입하거나 음식점에서 음식을 주문할 때 공손한 표현으로 사용된다.

▶ möchten 동사의 사용

의 미	예 문
소망	Ich möchte gern nach Rom. 나는 로마에 가고 싶다.
의도 / 의향 (공손한 표현)	Ich möchte ein Stück Pizza und eine Cola, bitte. 피자 한 조각과 콜라 한 잔 주세요. Ich möchte einen Cheeseburger! 치즈버거 하나 주세요!

화법동사 wollen과 möchten의 양태의미를 비교해 보면 아래와 같다.

화법동사 wollen과 möchten의 양태의미
• 화법동사 wollen과 möchten는 공통적으로 의도, 계획 혹은 소망을 표현하나, 화법동사 wollen은 möchten보다 구체적인 계획과 강한 의지를 표현한다. • 식당에서 음식을 주문할 경우, 백화점에서 물건을 살 경우, 혹은 무엇을 부탁할 경우에 möchten을 사용하는 것이 더욱 공손히 들린다. Ich will / möchte Sie nicht stören, aber⋯ 나는 당신을 방해하지 않겠어요. ⋯ 하고 싶지 않아요. (möchte는 will 보다 친절한 어투에 사용)

3) mögen

화법동사 mögen은 본동사로서 자주 사용되며 또한 본동사와 함께 양태의미를 표현하기 위해 사용된다.

Ich mag Kaffee. 나는 커피를 좋아한다.

Kaffee mag er nicht. 그는 커피를 좋아하지 않는다.

Du magst Recht haben.
Sie mag zwischen 20 und 30 alt sein.

네가 맞을 수도 있겠다.
그녀는 20대에서 30대 사이일 것이다.

✎ 화법동사 mögen이 화자의 추측을 나타낼 때는 본동사와 함께 오며, 이 경우 mögen의 과거형으로도 표현될 수 있다.

▶ mögen 동사의 형태

	단 수		복 수	
1인칭	ich	mag	wir	mögen
2인칭	du	magst	ihr	mögt
3인칭	er / sie / es	mag	sie / Sie	mögen

동
사

화법동사 mögen은 주로 본동사로 사용되며 선호도를 표현한다. 또한 mögen 은 본동사와 더불어 조동사로 사용될 수 있는데, 이때 가능성이나 추측의 의미로 사용된다.

▶ mögen 동사의 사용

의 미	예 문
선호도	Ich mag ihn sehr gern. 나는 그를 매우 좋아한다. Er mag aber Autos. 그러나 그는 자동차를 좋아한다.
가능성 / 추측	Wo mag er nur sein? 그가 어디에 있으려나? (가능성) Das mag richtig sein. 그것이 옳을 수도 있겠다. (추측)

화법동사 möchten과 mögen의 양태의미를 비교해 보면 아래와 같다.

화법동사 möchten과 mögen의 양태의미
• 화법동사 möchten은 mögen동사의 가정법 II식인 möchten에서 파생되었다. • 화법동사 mögen은 협의의 의미로는 화법동사라고 할 수 없으나, 광의의 의미로서 화법동사에 속한다. • 화법동사 möchten은 일상회화에서 소망이나 의도 등의 양태의미를 표현하며, 화법동사 mögen은 추측이나 가능성의 양태의미를 표현하는데 자주 사용된다.

본동사로서 화법동사

독일어의 화법동사는 영어에서와는 달리 아래와 같이 본동사 없이 혼자 올 수 있다.

화법동사	사용 예
können	Ich kann Deutsch (sprechen). 나는 독일어를 할 수 있다.
dürfen	Ich darf mit dir ins Kino (gehen). 나는 너랑 극장에 가도 돼.
müssen	Ich muss jetzt nach Hause. 나는 지금 집에 가야만 해.
sollen	Was soll das? 이게 뭐하는 거야?
wollen	Ich will jetzt nicht! 나는 지금 하기 싫다!
möchten	Ich möchte eine Tasse Kaffee. 커피 한 잔 주세요.
mögen	Meine Tochter mag Pizza. 내 딸은 피자를 좋아한다.

동사

주관적 양태

독일어의 화법동사는 인식론적인 양태의미로서 문장이 표현하고 있는 명제에 대한 화자의 판단 및 심리적 태도를 나타낼 수 있다. 즉 화법동사를 통하여 어떤 명제에 대한 화자의 확신, 추측 혹은 소문 등을 표현한다. 이를 화자 주관적 양태라고 부른다.

Das muss / müsste doch Max sein.
저 아이는 막스임에 틀림없다.

Das kann / könnte doch Max sein.
저 아이는 (아마도) 막스 일거야.

Max will sieben Fremdsprachen sprechen.
막스가 (자신이) 7개 국어를 배우려고 한다던데.
(확실치 않지만 막스가 주장한 바에 따르면)

Max soll sieben Fremdsprachen sprechen.
막스가 7개 국어를 한다고 (누가) 그러더라.

(확실치 않지만 누가 막스에 대해 말하기를)

✎ 화법동사 müssen, können, dürfen이 화자 주관적인 양태의미로서 사용될 때, 명제가 얼마나 믿을만한가에 관한 화자의 확신의 정도를 표현하며, 이러한 경우 가정법 II식으로 표

현될 수 있다.

🖎 화법동사 wollen, sollen는 주관적인 양태의미로서 화자가 어떠한 경로를 통하여 정보를 얻었는가를 표현한다.

🖎 화법동사 wollen을 통하여 화자가 Max가 주장하는 것을 직접 들은 사실을 전할 때, 화법동사 sollen을 통하여서는 화자가 간접적으로 제삼자에게 들은 소식을 전하는 것을 나타낸다.

🖎 이러한 두 가지의 경우에 문장을 통해 표현된 사건이 '참'인가 하는 것은 문제 되지 않는다.

■ **주관적인 양태의미로서의 müssen, dürfen, können**

화법동사 müssen, dürfen, können 등은 주관적 양태의미로서 명제에 대한 화자의 판단, 추측, 추론, 혹은 가정 등을 표현할 수 있다.

◐ 주관적 양태로서의 müssen, dürfen, können의 사용

화법동사	확신	현재	과거
müssen / können	100% 확신	Frank muss krank sein. Frank kann krank sein. 프랑크는 아픈 것임에 틀림없다.	Frank muss krank gewesen sein. Frank kann krank gewesen sein. 프랑크는 아팠음에 틀림없다.
müssten	90% 확신	Er müsste verreist sein. 그는 여행간 것임에 거의 확실하다.	Er müsste verreist gewesen sein. 그는 여행갔었음이 거의 확실하다.
dürften	75% 확신	Das dürfte Maria sein. 얘는 아마도 마리아 일 것이다.	Das dürfte Maria gewesen sein. 얘가 아마도 마리아였을 것이다.
könnten	50% 확신	Max könnte dies erzählen. 막스가 이것을 이야기할 걸.	Max könnte dies erzählt haben. 막스가 이것을 이야기했을 거야.

🖎 명제에 대한 화자의 확신의 정도를 화법동사를 사용하여 차별화해서 표현할 수 있다.

🖎 명제에 대해 100% 확신할 때는 müssen이나 können의 직설법의 현재형을 취하고, 90%의 확신의 정도일 때는 müssen의 가정법 II식인 müssten을, 75%의 추측의 정도(아마도)일 경우는 dürfen의 가정법 II식인 dürften을 사용하며, 50%의 확률의 가능성을 나타낼 때는 können의 가정법 II식인 könnten을 사용한다.

○ 객관적인 양태의미 및 주관적 양태의미로서의 müssen, dürfen, können의 사용

현재시제에서 화법동사들은 객관적 의미의 양태로 사용되었는지, 혹은 주관적인 양태의미로 사용되었는지 구분하기 힘들며, 대화의 상황을 통해서만 알 수 있다. 그러나 과거시제에서는 구분할 수 있다.

	객관적 양태	주관적 양태
현재	Er muss viel Geld verdienen. 그는 돈을 많이 벌어야만 한다. (근거 : Er hat eine große Familie zu ernähren. 그는 부양할 대가족을 가지고 있다.) (필연성)	Er muss viel Geld verdienen. 그는 많은 돈을 버는 것이 틀림없다. (근거 : Er ist ein sehr bekannter Fernsehstar. 그는 매우 유명한 TV탤런트이다.) (주관적)
과거	Er musste viel Geld verdienen. 그는 돈을 많이 벌어야만 했다. (근거 : Er hatte eine große Familie zu ernähren. 그는 부양할 대가족을 가지고 있었다.) (필연성)	Er muss viel Geld verdient haben. 그는 많은 돈을 벌었음에 틀림없다. (근거 : Er war ein sehr bekannter Fernsehstar. 그는 매우 유명한 TV탤런트였다.) (주관적 : 확신)

동
사

✎ 화법동사 müssen이 객관적인 양태의미로서 사용될 때는 그 근거를 객관적인 사실에서 들 수 있으나, 주관적인 양태의미로서 사용될 때는 화자의 주관적인 근거에 달려 있다.

✎ 화법동사 müssen이 과거시제에서 객관적인 양태의미로 사용되었을 때는 "화법동사의 과거형 + 본동사의 부정형"으로, 주관적인 양태의미로 사용되었을 때는 "화법동사의 현재형 + 완료형"으로 구분되어 사용된다.

■ 주관적 양태의미로서의 wollen과 sollen

화법동사 wollen이 객관적 양태의미로 사용된 경우에 주어의 의도나 계획의 의미를 표현하나, 주관적 양태로 사용된 경우는 화자가 문장내의 주어가 스스로 주장하는 것을 들은 바를 전하는 사실을 표현하고 있다.

1) wollen과 sollen

두 화법동사 wollen 및 sollen은 주관적인 양태의미로서 어떤 경로로 화자가 정보를 얻었는가, 즉 직접 보았는가? 소문으로 들었는가? 를 표현한다.

○ wollen

화법동사 wollen은 화자의 주관적인 양태의미로서 화자가 문장의 주어가 직접 주장하는 것을 듣거나 보거나 한 사실을 전하는 것을 표현한다.

	객관적 양태	주관적 양태
현재	Maria will Deutsch lernen. 마리아는 독일어를 배우려고 한다. Maria will viel Geld verdienen. 마리아는 돈을 많이 벌려고 한다.	Maria will Deutsch lernen. 마리아가 독일어를 배우려고 한데. Maria will viel Geld verdienen. 마리아가 돈을 많이 벌려고 한데.
과거	Maria wollte Deutsch lernen. 마리아가 독일어를 배우려고 했다. Maria wollte viel Geld verdienen. 마리아가 돈을 많이 벌려고 했다.	Maria will Deutsch gelernt haben. 마리아가 독일어를 배웠다고 했대. Maria will viel Geld verdient haben. 마리아가 돈을 많이 벌었다고 했대.

🖋 화법동사 wollen이 현재시제에서 형태상으로 객관적 양태인지 혹은 주관적인 양태인지를 구분하기 힘들며, 다만 대화의 상황에서 구분할 수 있다.

🖋 화법동사 wollen이 과거시제에서 객관적인 양태의미로 사용되었을 때는 '화법동사의 과거형 + 본동사의 부정형'으로, 주관적인 양태의미로 사용되었을 때는 '화법동사의 현재형 + 완료형'으로 구분되어 사용된다.

🖋 화법동사 wollen이 객관적인 양태로 사용된 경우는 주어의 의도나 계획 등을 표현하나, 주관적인 양태인 경우 문장의 주체자가 주장한 바를 화자가 전하고 있음을 표현하고 있다.

○ sollen

화법동사 sollen이 주관적 양태의미로서의 사용될 때, 화자가 누군가에게 간접적으로 들은 이야기를 전하는 것을 표현한다.

	객관적 양태	주관적 양태
현재	Maria soll Schwester werden. 마리아는 수녀가 되어야만 한다. Sie soll deswegen sogar ins Kloster gehen. 그래서 그녀는 수도원 (수녀원)에 가야만 한다.	Maria soll (so sagt man) Schwester werden. 마리아는 (누군가가 말하기를) 수녀가 된다고 하던데. Sie soll deswegen sogar ins Kloster gehen. 그래서 수도원에 간다고 하던데.
과거	Maria sollte Schwester werden. 마리아는 수녀가 되어야만 했다. Sie sollte deswegen sogar ins Kloster gehen. 그래서 그녀는 수도원 (수녀원)에 가야만 했다.	Maria soll (so sagte man) Schwester gewesen sein. 마리아는 (누군가가 말하기를) 수녀였다고 한다. Sie soll deswegen sogar ins Kloster gegangen sein. 그래서 수도원 (수녀원)에 갔다고 하던데.

🖋 화법동사 sollen은 müssen과 마찬가지로 현재시제에서 형태론상으로는 객관적 양태로 사용되었는지 혹은 주관적 양태인지를 구분하기 힘들며, 다만 문맥상 정보를 통하여 알 수 있다.

✎ 화법동사 sollen이 과거시제에서 객관적 양태의미로 사용되었을 때는 '화법동사의 과거형 + 본동사의 부정형'으로, 주관적 양태의미로 사용되었을 때는 '화법동사의 현재형 + 완료형'으로 구분되어 사용된다.

✎ 화법동사 sollen이 객관적 양태의미로 사용된 경우 문장의 주어에 대한 제 삼자의 청유나 명령을 표현한다.

✎ 화법동사 sollen이 주관적 양태의미로 사용된 경우 화자가 문장의 주어에 대한 소문을 누군가에서 들어서 전하는 것임을 표현하고 있다.

동사

③ 화법동사의 형태 Bildung der Modalverben

화법동사의 현재형

화법동사들은 sollen만 제외하고 단수 1인칭, 2인칭, 3인칭에서 모음 교체 현상이 일어나며, 단수 1인칭과 3인칭에서 그리고 복수 1인칭과 3인칭에서 형태가 동일하다. 그리고 복수형에서는 규칙 변화한다.

▶ 화법동사의 현재형

	können	dürfen	müssen	sollen	wollen	möchten
ich	kann	darf	muss	soll	will	möchte
du	kannst	darfst	musst	sollst	willst	möchtest
er / sie / es	kann	darf	muss	soll	will	möchte
wir	können	dürfen	müssen	sollen	wollen	möchten
ihr	könnt	dürft	müsst	sollt	wollt	möchtet
sie / Sie	können	dürfen	müssen	sollen	wollen	möchten

✎ möchten은 원래 화법동사가 아니며 mögen 동사의 가정법 II식에서 파생되었으며 소망이나 주문, 물건을 살 때 공손한 표현으로 사용된다.

✎ mögen은 주로 본동사로 쓰이나 (Ich mag dich. 나는 너를 좋아한다.), 종종 가능성이나, 추측을 나타내는 화법동사로도 쓰인다 (Du magst Recht haben. 네가 맞을 수도 있겠다.).

화법동사의 과거형

화법동사의 과거형은 단수 및 복수 1, 3인칭의 형태가 각각 동일하며 모두 움라우트가 없다.

▶ 화법동사의 과거형

	können	dürfen	müssen	sollen	wollen	möchten
ich	konnte	durfte	musste	sollte	wollte	mochte
du	konntest	durftest	musstest	solltest	wolltest	mochtest
er / sie / es	konnte	durfte	musste	sollte	wollte	mochte
wir	konnten	durften	mussten	sollten	wollten	mochten
ihr	konntet	durftet	musstet	solltet	wolltet	mochtet
sie / Sie	konnten	durften	mussten	sollten	wollten	mochten

동
사

화법동사의 현재완료형

화법동사들이 과거사실을 나타낼 때 주로 과거형의 형태를 취하며, 현재완료형으로는 자주 사용되지 않는다. 화법동사들을 현재완료형의 형태로 만들 때 조동사 **haben**을 취하며 화법동사가 동사 부정형과 결합하는가의 유무에 따라 그 형태가 달라진다.

✎ 화법동사가 본동사와 함께 오는 경우, 'haben + 동사부정형 + 화법동사 부정형'
Ich habe nicht kommen können. 나는 올 수 없었다.
✎ 화법동사가 동사원형이 생략되어 본동사로 사용되는 경우, 'haben + 과거분사형'
Er hat Deutsch nicht gekonnt. 그는 독일어를 할 수 없었다.

동사

명령형 · Imperativ

1 **명령형의 사용** Gebrauch des Imperativs

독일어의 명령형은 청자에게 명령, 부탁, 충고, 조언, 권유 그리고 요청 등을 표현하는데 사용된다. 그러므로 명령형에는 **du** (너), **ihr** (너희들), **Sie** (당신)의 형태만이 있다.

Geh!

가라! (명령)

Kommt bitte her!

(너희들) 여기로 와줘! (부탁)

Hör doch mit dem Rauchen auf!

담배 좀 그만 피워라! (충고 / 조언)

Kommen Sie gut nach Hause!

집으로 잘 가세요! (소망)

✎ 명령형은 2인칭 단수 및 복수형인 du와 ihr형에서 주어가 생략된다.
✎ 2인칭 존칭형에서는 주어가 존재한다.

▶ 명령형의 사용

부탁 및 소망 (Bitte / Wunsch)	Lesen Sie bitte den Text! 텍스트를 읽으세요! Lies doch den Text! 텍스트를 읽으렴!
충고, 조언, 설명 (Ratschlag / Anleitung)	Iss nicht so viele Hamburger! 햄버거를 너무 많이 먹지 말아라! Seid bitte vorsichtig! (너희들) 조심해라! Schlagen Sie ein Ei in die Schale. 계란 한 개를 보울에 깨서 넣으세요!
권유, 요청, 명령 (Aufforderung)	Setzen Sie sich doch! 앉으세요! Schnallt euch bitte immer an! 애들아, 항상 안전벨트를 매렴!

🖋 서로 친한 사이에 요청이나 부탁을 할 때에는 1인칭 단, 복수형의 명령형을 사용한다.

Ruf an! / Ruft an! (너) 전화해! / (너희들) 전화해라!

🖋 공식적, 의례적인 사이에는 2인칭 존칭형의 명령형을 사용하여 표현한다.

Rufen Sie mal an! 전화 좀 하세요!

🖋 동사의 명령형을 통하여 요구나 명령을 할 때 종종 격하게 들린다.

Rauch nicht! 담배 피지마!
Seid (doch) leise! 조용히들 해라!

🖋 좀 더 완곡한 표현을 위하여서는 동사의 명령형에 doch, mal, nur, bitte의 양태 부사를 함께 사용한다.

Rauch doch nicht! 담배를 좀 피지 말아라!
Mach bitte das Fenster zu! 창문 좀 닫아 주렴!

🖋 충고·조언 또는 부탁할 때는 명령형을 쓰기보다는 의문형이나 würden, könnten, sollten 등의 가정법 II식을 사용하는 것이 더 부드럽고 공손한 표현이다.

Würden Sie bitte den Text lesen? 텍스트를 읽어 주시겠어요?
Könntest du mir bitte mal dein Wörterbuch leihen?
나에게 네 사전을 좀 빌려줄 수 있니?
Du solltest doch nicht so viele Hamburger essen.
햄버거를 너무 많이 먹지 말아야 하는데.

② 명령형의 형태 Bildung des Imperativs

독일어에서 2인칭 단수(du), 복수(ihr), 존칭(Sie)에 따라 동사의 형태가 달라지므로 이에 대한 명령형도 달라진다. 명령형에서 동사는 문장의 첫 번째 자리에 위치하며, 이때 주어는 2인칭의 존칭형을 제외하곤 언급하지 않으며 문장의 끝에 느낌표가 온다.

Ruf mich doch an! (너)
Ruft mich doch an! (너희들)
Rufen Sie mich an! (당신)
전화해라 / 하세요!

Öffne die Tür!
Öffnet die Tür!
Öffnen Sie die Tür!

문을 열어라 / 여세요!

Sprich laut!
Sprecht laut!
Sprechen Sie laut!
크게 얘기해라 / 하세요!

규칙 동사의 명령형

규칙변화 동사의 명령형에서는 동사의 어간에서 모음교체현상이 일어나지 않는다. 규칙변화 동사의 명령형은 2인칭 존칭형(Sie)에서 주어와 동사의 어순이 바뀌게 된다. 그리고 2인칭 단수형(du)에서는 인칭어미 -st가 생략되며 복수형(ihr)에서는 동사의 어간과 어미가 함께 온다. 2인칭 단수 및 복수의 명령형에서는 공통적으로 주어가 생략된다.

▶ 규칙변화동사의 명령형

직설법 (du)	명령형	직설법 (ihr)	명령형	직설법 (Sie)	명령형
Du rufst. 부르다	Ruf!	Ihr ruft.	Ruft!	Sie rufen.	Rufen Sie!
Du gehst. 가다	Geh!	Ihr geht.	Geht!	Sie gehen.	Gehen Sie!
Du trinkst. 마시다	Trink!	Ihr trinkt.	Trinkt!	Sie trinken.	Trinken Sie!

어간이 d, t, ig, m, n 등으로 끝나는 동사의 명령형

어간이 **d, t, ig, m, n** 등으로 끝나는 동사의 명령형은 동사의 어간에 **-e**를 첨가한다.

▶ 어간이 d, t, ig, m, n 등으로 끝나는 동사의 명령형

직설법 (du)	명령형	직설법 (ihr)	명령형	직설법 (Sie)	명령형
Du öffnest. 문열다	Öffne!	Ihr öffnet.	Öffnet!	Sie öffnen.	Öffnen Sie!
Du redest. 말하다	Rede!	Ihr redet.	Redet!	Sie reden.	Reden Sie!
Du arbeitest. 일한다	Arbeite!	Ihr arbeitet.	Arbeitet!	Sie arbeiten.	Arbeiten Sie!
Du lächelst. 미소짓다	Lächle!	Ihr lächelt.	Lächelt!	Sie lächeln.	Lächeln Sie!

✎ 어간이 **d, t, ig, m, n, el, er**로 끝나는 동사는 2인칭 단수형 du와 복수형인 ihr의 명령형에서 -e를 첨가한다.

Arbeite nicht so hart! Du solltest dich mal ausruhen.
일을 너무 하지마라! 좀 쉬는 것이 좋겠다.
Konzentriere dich besser darauf! 그것에 더 잘 집중해라!
Entschuldigt euch sofort bei eurer Lehrerin. 당장 너희 (여)선생님에게 사과해라!

✎ 어간이 **-el**로 끝나는 동사의 명령형은 **du-Form**에서 어간 -e를 생략하고 뒤에 -e를 첨가한다.

Lächle für das Foto! 사진 찍을 때 웃어라!

불규칙 변화 동사의 명령형

불규칙 변화 동사는 규칙 변화 동사와 같이 명령형에서 주어와 동사의 어순이 바뀌게 된다. 그리고 규칙변화 동사의 명령형에서와 마찬가지로 2인칭 단수형(du)에서는 인칭어미 -st가 생략되며 복수형(ihr)에서는 동사의 어간과 어미가 함께 온다. 2인칭 단수 및 복수의 명령형에서는 공통적으로 주어가 생략된다. 그러나 규칙 변화 동사와는 다르게 명령형에서 모음교체현상이 일어난다.

Fahrt doch langsam!
천천히들 운전해라!

Sprecht etwas leise!
너희들 좀 조용히 말 해라!

Iss doch frisches Obst!
싱싱한 과일을 먹어라!

✎ 불규칙 동사들 중 모음 a에서 ä로 변화하는 동사들은 명령형에서 모음교체를 하지 않는다.
Schlaf schön, mein Schatz! 잘 자거라, 내 아가!

▶ 불규칙변화동사의 명령형

직설법	du- 명령형	직설법	ihr-명령형	직설법	Sie-명령형
Du gibst. 주다	Gib!	Ihr gebt.	Gebt!	Sie geben.	Geben Sie!
Du liest. 읽다	Lies!	Ihr lest.	Lest!	Sie lesen.	Lesen Sie!
Du fährst. 운전하다	Fahr!	Ihr fahrt.	Fahrt!	Sie fahren.	Fahren Sie!

✎ 불규칙변화동사의 명령형에서 단음 -e는 i로, 장음 -e는 ie로의 모음교체하나, a가 ä로 모음교체하는 불규칙 동사들은 명령형에서 모음교체를 하지 않는다.

haben, sein 동사의 명령형

기본 동사 **haben, sein**은 명령형에서 불규칙 변화한다.

Hab keine Angst!
겁내지 말아라!

Seid nett!
(너희들) 친절해라!

Haben Sie Geduld!
좀 참으세요!

▶ haben, sein의 명령형

직설법	명령형	직설법	명령형	직설법	명령형
Du bist.	Sei!	Ihr seid.	Seid!	Sie sind.	Seien Sie!
Du hast.	Hab!	Ihr habt.	Habt!	Sie haben.	Haben Sie!

동사

동사

Abschnitt **6** 재귀동사 · Reflexive Verben

1 재귀동사의 사용 Gebrauch der reflexiven Verben

재귀동사는 행위, 사건 등이 주어 자신에 미치는 동사로 3격, 4격 재귀대명사를 목적어로 취한다. 재귀동사는 타동사와는 달리 주어와 목적어가 동일인물이다.

Tom wäscht Harris. (타동사 : 주어 ≠ 목적어) → Tom wäscht ihn.
Tom wäscht Tom. (재귀동사 : 주어 = 목적어) → Tom wäscht sich.

▶ 재귀동사의 사용

 Ich wasche sie. 나는 그녀를 씻긴다.

 Sie wäscht sich. 그녀는 스스로 씻는다.

Er hat sich verfahren.
그는 (차로) 길을 잃어 헤맸다.

Er liebt sie und sie ihn.
그는 그녀를 그리고 그녀는 그를 사랑한다.
Sie lieben sich. 그들은 서로 사랑한다.

✎ 재귀동사에는 재귀대명사만 목적어로 취하는 순수재귀동사와, 인칭대명사도 목적어로 취할 수 있는 비순수재귀동사가 있다.

✎ 재귀적으로만 사용되는 순수재귀동사들은 동사와 결합되어 관용어처럼 사용되고, 동사와 분리될 수 없다. 이때 재귀대명사에 특별한 의미가 부여되지 않으며, 재귀대명사가 생략되면 문법적으로 틀린 문장이 된다.
Ich freue mich. (O)   Ich freue. (X)

▶ 재귀대명사의 형태

	인칭대명사	4격 재귀대명사	3격 재귀대명사
단수	ich	mich	mir
	du	dich	dir
	Sie	sich	sich
	er / sie / es	sich	sich
복수	wir	uns	uns
	ihr	euch	euch
	sie/Sie	sich	sich

✎ 재귀대명사는 2인칭 존칭형과 3인칭 단수 및 복수형인 sich를 제외하고 인칭대명사 3격, 4격의 형태와 동일하다.

순수재귀동사 reine reflexive Verben

재귀적으로만 사용되는 순수재귀동사에는 4격 재귀대명사를 취하는 4격 순수재귀동사, 3격 재귀대명사를 취하는 3격 순수재귀동사가 있으며 이러한 재귀동사들은 종종 전치사와 함께 온다.

1) 4격 순수재귀동사

문장에서 재귀대명사가 유일한 목적어일 때 일반적으로 4격 재귀대명사를 사용한다. 이러한 동사들을 4격 순수재귀동사라고 하고 종종 전치사를 동반하기도 한다.

Ich beeile mich. 나는 바쁘다.

Er beeilt sich. 그는 바쁘다.

Sie freut sich über das Geschenk.

그녀는 선물을 받아 기뻐한다.

Ich freue mich auch.

나 또한 기쁘다.

4격 재귀대명사를 취하는 4격 순수재귀동사는 아래와 같다.

▶ 4격 순수재귀동사

sich 4격 aufregen über 흥분하다	sich 4격 erholen 휴식을 취하다
sich 4격 ärgern über 화내다	sich 4격 ergeben aus 결과가 나오다
sich 4격 auskennen 정통하다, 잘 알고 있다	sich 4격 erstrecken 길어지다, 기한을 갖다
sich 4격 auswirken auf 영향을 미치다	sich 4격 freuen auf / über 기대하다 / 기쁘다
sich 4격 bedanken für 감사하다	sich 4격 gedulden 참다
sich 4격 beeilen 서두르다	sich 4격 immatrikulieren 등록하다
sich 4격 befassen mit 다루다, 취급하다	sich 4격 interessieren für 관심이 있다
sich 4격 begnügen mit 만족하다	sich 4격 irren 헤매다, 잘못 이해하다
sich 4격 bemühen um 노력하다	sich 4격 konzentrieren auf 집중하다
sich 4격 benehmen 행동하다	sich 4격 nähern 가까이 가다
sich 4격 besinnen auf 기억하다	sich 4격 schämen 부끄러워하다
sich 4격 betrinken 만취하다	sich 4격 sehnen nach 갈구하다
sich 4격 bewähren 입증되다, 확증되다	sich 4격 sträuben 곤두서다
sich 4격 bewerben um 지망하다	sich 4격 verhalten 행동하다
sich 4격 distanzieren von 거리를 두다	sich 4격 verheiraten mit 결혼하다
sich 4격 eignen für 적합하다, 알맞다	sich 4격 verirren 길을 잘못들다
sich 4격 einsetzen für 전력을 다하다	sich 4격 verspäten 지각하다
sich 4격 einstellen auf 조절하다	sich 4격 wehren 방어하다
sich 4격 entscheiden für / gegen 결정하다	sich 4격 weigern 거부하다
sich 4격 ekeln vor 역겹다	

2) 3격 순수재귀동사

독일어에는 3격 재귀대명사만을 동반하는 3격 순수재귀동사가 있다. 그런데 이러한 순수재귀동사는 종종 4격 목적어와 함께 온다.

Sie bildet sich ein, ein Popstar werden zu können.
그녀는 팝스타가 될 수 있다고 착각한다.

Ich habe mir eine schöne Geschichte ausgedacht.
나는 아름다운 이야기를 생각해 냈다.

✎ 독일어에서 3격 재귀대명사만을 취하는 3격 순수재귀동사는 드물다.

✎ 대표적인 3격 재귀동사에는 sich + 3격 etwas aneignen 적용하다, sich + 3격 etwas ausdenken 생각해내다, sich + 3격 etwas einbilden 꾸며 내다, sich + 3격 etwas vorstellen 상상하다, sich + 3격 etwas überlegen 심사숙고하다 등이 속한다.

🖉 독일어에서 3격 재귀동사는 자주 4격 보충어와 함께 사용되며, 일반적으로 인물은 3격으로, 사물은 4격으로 쓰인다.

Ich stelle mir ein wunderschönes Haus vor. 나는 멋진 집을 꿈꾼다.
Stell dir mal vor, ich heirate! 상상할 수 있겠니, 나 결혼해!
Du bildest dir wohl ein, dass dein Arbeitsplatz sicher ist.
너는 너의 일자리가 안전하다고 착각하나 보구나.

위의 예문과 같이 4격 보충어로 명사구나 대명사가 될 수도 있고 **dass**-문장이나 부정문 (Infinitivsatz)이 될 수도 있다.

비순수재귀동사 1 (재귀적) unreine reflexive Verben

독일어의 많은 타동사들이 종종 재귀적으로 사용될 수 있다. 이러한 경우 문장의 주어와 목적어가 동일하나. 문장에 두 개의 목적어가 있을 때, 인물은 3격으로, 사물은 4격으로 쓰인다.

Sie schminkt sich.
그녀는 화장을 한다.

Sie schminkt die Frau.
그녀는 그 여자를 화장해준다.

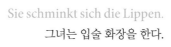

Sie schminkt sich die Lippen.
그녀는 입술 화장을 한다.

Er rasiert sich.
그는 (자신을) 면도한다.

Er rasiert mich.
그는 나를 면도해준다.

Er rasiert sich den Schnurrbart.
그는 자신의 콧수염을 면도한다.

✎ 타동사가 재귀적으로 사용되는 경우에 목적어와 주어는 동일한 인물을 뜻한다. 이때 재귀
대명사가 혼자 오면 4격으로 사용된다.

Er zieht sich an. 그는 옷을 입는다.　　Er zieht ihn an. 그는 그의 옷을 입힌다.
Er wäscht sich. 그는 자신을 씻는다.　　Er wäscht ihn. 그는 그를 씻긴다.

　　문장에서 사물이나 신체부위 등의 4격 목적어와 함께 오면, 3격 목적어는 '누구
의'라는 소속관계를 나타낸다. 이러한 목적어가 주어와 동일하면 3격 재귀대명사
를, 동일하지 않으면 3격 인칭대명사를 사용한다.

Er zieht sich den Mantel an.
그는 (스스로) 외투를 입는다.

Er zieht ihr den Mantel an.
그는 그녀의 외투를 입혀준다.

Er wäscht sich die Haare.
그는 (자신의) 머리를 감는다.

Er wäscht ihr die Haare.
그는 그녀의 머리를 감겨 준다.

✎ 이 그룹에 속하는 동사들로는 sich kämmen 머리빗다, sich hinlegen 눕다, sich rasie-
ren 면도하다, sich schminken 화장하다, sich setzen 앉히다, sich treffen 만나다, sich
vorbereiten 준비하다, sich waschen 씻다 등이 있다.

비순수재귀동사 2 (상관적) reziproke reflexive Verben

상관적 의미의 재귀동사란 다수의 사람이나 사물사이에 상관관계가 성립될 때 사용되는 동사를 말한다. 이러한 의미의 상관적 재귀동사는 항상 복수형으로 사용되며, '서로서로', '함께' 등의 의미를 가진다.

Maria liebt Peter. 마리아는 페터를 사랑한다.

Er liebt sie. 그는 그녀를 사랑한다.

Sie lieben sich. 그들은 서로 사랑한다.

Maria hilft Peter. Er hilft ihr.
마리아는 페터를 돕는다. 그는 그녀를 돕는다.

Sie helfen sich gegenseitig. 그들은 서로 돕는다.

상관적 의미의 재귀동사가 전치사와 함께 오는 경우에 전치사+**einander**를 사용한다.

Die Bücher lagen übereinander.
책이 위로 포개져 놓여 있었다.

Die Kinder spielen miteinander.
아이들이 서로 함께 논다.

✎ 전치사를 수반하는 대부분의 동사들은 순수한 재귀적 의미로서가 아닌 상호관계를 표현할 수 있다 (전치사+einander).

Die beiden Löwen kämpfen miteinander. 사자가 서로 싸우고 있다.
Er ist glücklich mit ihr und sie mit ihm. 그는 그녀랑 그리고 그녀는 그와 행복하다.
Sie sind glücklich miteinander. 그들은 서로 행복하다.

Abschnitt 7 부정형 · Infinitiv

독일어 동사의 부정형이란 인칭변화를 하지 않은 동사의 기본형을 말한다. 대부분의 동사들은 fragen, antworten 등과 같이 동사의 어간에 어미인 -en이 사용되며, sein, tun, 어간이 -er, -el로 끝나는 erinnern, lächeln 등의 소수의 동사만이 부정형 어미 -n을 사용한다. 동사 부정형은 zu 없이 오거나, 혹은 zu와 함께 올수 있다.

1 zu 없는 부정형 Infinitiv ohne zu

zu 없는 부정형의 사용

동사의 부정형은 화법조동사나 사역동사 혹은 지각동사 등과 함께 올 때 문장의 맨 뒤에 온다.

Ich muss gehen.
나는 가야만 한다.

Lass mich in Ruhe.
나를 내버려둬라.

Sie lernen schwimmen.
그들은 수영을 배운다.

위의 예문에서 보는 바와 같이 동사는 문장에서 두 번째와 맨 뒤에 위치하게 되는데 두 번째 오는 동사는 문장의 주어에 따라 인칭변화를 해야 하고 마지막에 동사의 부정형이 위치하게 된다.

▶ 부정형의 사용

부정형의 사용	사용 예
화법동사 및 사역동사 lassen과 함께	**Die Jungen wollen Fußball spielen.** 소년들이 축구를 하려고 한다. **Ich muss jetzt gehen.** 나는 지금 가야 한다. **Lass sie spielen!** 그들을 놀게 해라!
bleiben, gehen, fahren, helfen, lernen 동사와 함께	**Bleiben Sie ruhig sitzen!** 조용히 앉아 계세요! **Wir gehen / fahren einkaufen.** 우리는 물건을 사러 간다. **Sie lernt tauchen.** 그녀는 잠수를 배운다.
hören, sehen, fühlen, riechen 등의 지각동사와 함께	**Ich höre / sehe ihn kommen.** 나는 그가 오는 것을 듣는다 / 본다.
미래형 I식과 가정법 II식과 함께	**Ich werde dich bestimmt besuchen.** 나는 너를 분명히 방문할 것이다. (미래형 I식) **Ich würde gern Chinesisch lernen.** 나는 중국어를 배우고 싶다. (가정법 II식)
요청 혹은 명령할 때	**Bitte nicht rauchen!** 담배피지 마세요!
사용법, (요리)설명서	**Zwiebeln schälen und in Stücke schneiden.** 양파껍질을 벗기고 잘게 썬다.

독일어의 동사들 중 **sagen** 말하다, **fragen** 묻다, **antworten** 대답하다, **berichten** 보고하다, **erzählen** 이야기하다, **informieren** 정보를 주다 등의 의사소통 동사나, **wissen** 알다, **zweifeln** 의심하다, **vermuten** 추측하다, **kennen** 알다 등의 인지 동사 뒤에는 원칙적으로 zu + 부정사가 올 수 없다. 대신 4격 보충어나 부문장이 올 수 있다.

Ich frage ihn um eine Stelle. 나는 그에게 일자리 하나를 청한다.
Tom kennt Maria schon lange. 톰은 마리아를 오랫동안 알고 있다.

보통명사로의 부정형의 사용

독일어에서 부정형은 종종 보통명사로 사용할 수 있으며 성은 중성이다.

Das Leben ist schön.
삶은 아름답다.

Das Essen schmeckt mir gut.
음식이 맛있다.

동사

zu 없는 부정형의 형태

■ 현재형에서의 부정형

동사의 부정형은 현재형에서 조동사류 혹은 다른 동사들과 결합하여 문장의 맨 뒤에 온다. 이때 문장의 두 번째 오는 동사가 인칭어미변화 한다.

Ich will nach Deutschland gehen.
나는 독일로 가려고 한다.

Er bleibt sitzen.
그는 앉아 있다.

Ich gehe spazieren.
나는 산책 간다.

부정형	사용 예
현재형	Ich lasse mir die Haare schneiden. 나는 내 머리를 자르게 하다. Bleiben Sie bitte sitzen! 앉아 계세요! Ich höre ihn kommen. 나는 그가 오는 소리를 듣는다. Ich gehe jetzt einkaufen. 나는 쇼핑하러 간다.

■ 완료형에서의 부정형

현재완료형에서 zu 없는 부정형이 화법동사, 사역동사 혹은 지각동사와 함께 올 경우, 조동사 haben과 결합되며 화법동사, 사역동사, 지각동사의 부정형의 앞에 위치한다. 또한 bleiben, gehen 등 동사와 결합하여 동사구를 이루어 사용될 때는 조동사 haben, sein과 결합되며 현재형에서 두 번째에 위치한 동사가 과거분사형으로 문장의 맨 뒤에 위치하며 그리고 문장의 맨 뒤에 위치하였던 부정형은 그대로 과거분사형의 왼쪽에 위치하게 된다.

Ich habe sie kommen sehen.
나는 그녀가 오는 것을 보았다.

Ich bin schlafen gegangen.
나는 자러 갔다.

동
사

Ich habe Deutsch lernen müssen.
나는 독일어를 배워야만 했다.

▶ 현재완료형에서의 부정형

	haben + 부정형 + 부정형 (화법동사, 사역동사, 지각동사)	sein / haben + 부정형 + 과거분사형 (동사구)
현재 완료형	Ich habe zu dir kommen können. 나는 너에게 갈 수 있었다. Ich habe mir die Haare schneiden lassen. 나는 머리를 잘랐다. Er hat sie kommen sehen. 그는 그녀가 오는 것을 보았다.	Ich bin sitzen geblieben. 나는 앉아 있었다. Ich bin einkaufen gegangen. 나는 쇼핑하러 갔다.

2 zu 와 함께 오는 부정형 Infinitiv mit zu

독일어에서 zu + 동사부정형은 동사, 명사, 형용사, 분사 구문 그리고 접속사와
함께 올 수 있다.

Das Kind scheint noch wach zu sein.
그 아이가 아직 깨어 있는 듯하다.

Er hat Lust, mit mir zu gehen.
그는 나와 함께 가길 원한다.

Ich bin bereit, mit dir zu arbeiten.
나는 너와 함께 일할 준비가 되어 있다.

Statt zu arbeiten geht Hans jeden Tag aus.
일을 하는 대신 한스는 매일 외출한다.

✎ zu + 부정형은 위의 예문에서와 같이 영어의 to + 동사부정형처럼 독일어에서도 명사구, 형용사구, 부사구로 사용된다.

✎ 위의 예문에서와 같이 zu + 부정형 앞에 다른 문장성분들이 함께 오면 쉼표가 오고 그렇지 않을 경우 쉼표가 오지 않는다.

zu + 부정형의 사용

■ 동사와 함께 오는 zu + 동사부정형

독일어에서 동사들 중 감정, 의도, 어떠한 과정의 시작이나 끝, 혹은 허락을 나타내는 동사들이 zu + 부정형과 자주 결합한다. 이러한 동사구문은 문장내에서 명사구로서 목적어의 역할을 한다.

Ich freue mich, ihn wiederzusehen.
나는 그를 다시 보아서 기쁘다.

Ich hoffe, wieder gesund zu werden.
나는 내가 다시 건강해지길 바란다.

✎ 주문장과 부문장의 주어가 동일할 때는 dass-문장을 zu+부정형으로 대체시킬 수 있다. 단어의 반복을 막음으로 문장을 경제적으로 표현할 수 있다.

Ich freue mich, dass ich ihn wiedersehe. → Ich freue mich, ihn wiederzusehen.
Ich hoffe, dass ich wieder gesund werde. → Ich hoffe, wieder gesund zu werden.

✎ 분리동사와 함께 올 때, zu는 전철과 동사 사이에 위치한다.

✎ 위의 예문에서와 같이 finden, hoffen, sich freuen 동사가 zu + 부정형을 동반할 때 항상 쉼표가 온다.

✎ zu + 부정형만이 단독으로 올 때는 쉼표가 오지 않는다.

Ich habe Lust zu singen. 노래할 기분이 난다.

1) zu + 부정형과 결합되는 감정(Gefühl)을 나타내는 동사들

zu + 부정형과 결합되는 감정을 나타내는 동사는 아래와 같다.

Ich bedauere, nicht daran gedacht zu haben.
내가 그것을 생각하지 못했음이 유감스럽네요.

Ich hoffe, dich nochmal zu besuchen.
내가 너를 다시 방문하길 바란다.

✎ 이러한 감정을 나타내는 동사류에는 **sich freuen** 기쁘다, **bedauern** 유감이다, **befürchten** 두렵다, **hoffen** 바라다, **sich fürchten** 두려워하다, **gefallen** 맘에 들다, **meinen** 생각하다, **sich weigern** 거부하다 등이 속한다.

2) zu + 부정형과 결합되는 의도(Absicht)를 나타내는 동사

zu + 부정형과 결합되는 의도를 나타내는 동사는 아래와 같다.

Ich habe vor, ans Meer zu fahren.
나는 바다로 떠날 예정이다.

Sie versucht, möglichst viel zu arbeiten.
그녀는 가급적 많이 일하려고 한다.

✎ 이러한 의도를 나타내는 동사류에는 **beabsichtigen** 의도하다, **beschließen** 결정하다, **sich entschließen** 결심하다, **planen** 계획하다, **versuchen** 시도하다, **vorhaben** 계획하다, **sich vornehmen** ~할 작정이다 등이 있다.

3) zu + 부정형과 결합되는 과정의 시작이나 끝을 나타내는 동사
(ingressive und egressive Verben)

zu + 부정형과 결합되는 시작이나 끝을 나타내는 동사는 아래와 같다.

Sie fängt an, ihren Koffer zu packen.
그녀는 짐 싸기를 시작한다.

Sie hört auf, ein Lied zu singen.

그녀는 노래 부르기를 멈춘다.

✎ 과정의 시작이나 끝을 나타내는 이러한 동사류에는 **anfangen** 시작하다, **beginnen** 시작하다, **aufhören** 멈추다 등이 있다.

✎ 위에 언급된 동사류들 외에도 **zu** 와 결합되는 동사들은 **sich bemühen** 노력하다, **denken** 생각하다, **sich gewöhnen an** + 4격 익숙해지다, **scheinen** ~한 듯하다, **sich verlassen auf** + 4격 의지하다, **vergessen** 잊다, **versprechen** 약속하다, **einladen** 초대하다 등이 있다.

■ 명사와 함께 오는 zu + 부정형

zu + 부정형은 종종 명사와 함께 관용어구로서 자주 사용된다. 명사와 함께 오는 **zu** + 부정형은 문장 내에서 명사를 꾸며주는 형용사구의 역할을 한다.

Ich habe Zeit, das Buch zu lesen.

나는 책 읽을 시간이 있다.

Er hat Schwierigkeiten einzuschlafen.

그는 잠드는데 어려움이 있다.

✎ 다음과 같은 명사들이 **zu** +부정형과 같이 온다.

die Absicht 의도, die Angst 두려움 (vor + 3격), die Freude 기쁨, die Gelegenheit 기회, der Grund 근거 (für + 4격), die Möglichkeit 가능성, die Mühe 노력, das Problem 문제, die Schwierigkeiten 어려움, die Zeit 시간 등

■ 형용사나 분사구와 함께 오는 zu + 부정형

zu + 부정형은 종종 형용사나 분사구와 함께 관용어구로서 자주 사용된다. 이러한 형태의 **zu** + 부정형은 주로 문장의 주어나 목적어로서의 명사구의 역할을 한다.

Ich finde es interessant, mit dir zu lernen.

너와 함께 공부하는 것이 즐겁다.

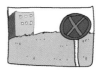

Es ist verboten, den Rasen zu betreten.
잔디에 들어가는 것은 금지되어 있다.

✎ 다음과 같은 형용사나 과거분사형이 이 그룹에 속한다.

bereit sein (zu + 3격) ~할 준비가 되다, entschlossen sein (zu + 3격) ~할 결심을 하다, erlaubt sein 허락되다, erfreut sein (über + 4격) 기쁘다, erstaunt sein 놀라다, gesund sein 건강하다, gewöhnt sein (an + 4격) ~에 적응하다, gut sein ~에 좋다, höflich sein ~에 예의바르다, interessant sein 흥미롭다, leicht sein 쉽다, nötig sein 필요하다, stolz sein (auf + 4격) sein 긍지가 있다, richtig sein ~이 옳다, überzeugt sein (von + 3격) 확신하다, wichtig sein 중요하다

✎ 이 부류에 속하는 zu+ 부정형은 종종 비 인칭 주어 es와 함께 결합되어 문장의 진짜 주어 역할을 한다 (199쪽 참조).

Es ist erlaubt, hier zu parken. 여기에 주차하는 것이 허락되었다.
Es ist wichtig, Deutsch zu lernen. 독일어를 배우는 것이 중요하다.

■ 접속사와 함께 오는 zu +부정형

zu + 부정형은 anstatt 대신, ohne 없이, um 위하여 등의 접속사와도 함께 결합하여 문장에서 부사구의 역할을 한다.

Ich sitze den ganzen Tag vor dem Computer, ohne mich zu bewegen.
나는 하루 종일 꼼짝도 하지 않고 컴퓨터 앞에 앉아 있다.

Ich lerne Deutsch, um in Deutschland zu studieren.
나는 독일에서 공부하기 위해 독일어를 배운다.

✎ ohne 혹은 um의 접속사와 함께 오는 문장구문을 ohne dass…나 damit의 문장으로 만들 수 있다 (290-291쪽 참조).

Ich sitze den ganzen Tag am Computer, ohne dass ich mich bewege.
Ich lerne Deutsch, damit ich in Deutschland studiere.

✎ 주문장과 부문장의 주어가 동일할 때는 문체상 zu + 부정형이 dass + 부문장, damit + 부문장 보다 더 낫다.

동
사

■ haben zu + 부정형과 sein zu + 부정형

zu + 부정형은 haben 및 sein 동사와 함께 결합되어 필연이나 가능 혹은 수동
의 의미를 가진다.

Ich habe viel zu tun.
나는 할일이 많다.

Das ist zu schaffen.
그것이 이뤄질 수 있다.

✎ 'haben zu + 부정형'은 일반적으로 능동의 필연성을 나타내는 것으로서 '화법동사 müs-
sen + 동사'의 부정형의 형태로 전환할 수 있다.

Ich habe viel zu tun → Ich muss viel arbeiten.

✎ 'sein zu + 부정형'은 수동의 필연성이나 가능성의 의미를 나타내며 '화법동사 können +
동사'의 부정형의 형태로 전환할 수 있다.

Das ist zu schaffen. → Das kann man schaffen.

zu + 부정형 동사

zu + 부정형과 함께 오는 동사들은 아래와 같다.

▶ zu + 부정형 동사

동
사

zu+부정형 동사	사용 예
anfangen / beginnen 시작하다	Es hat angefangen zu schneien. 눈이 오기 시작했다.
auffordern 요구하다	Ich fordere dich auf, den Müll wegzubringen. 나는 너에게 쓰레기를 치울 것을 요구한다.
aufhören 중지하다	Hör auf zu schreien! 소리 그만 질러!
beschließen / entscheiden 결정하다	Wir haben beschlossen, wieder zu arbeiten. 우리는 다시 일하기로 결정했다.
bitten 부탁하다	Ich bitte dich, hierher zu kommen. 너에게 와 줄 것을 부탁한다.
erlauben 허락하다	Mein Papa erlaubt mir nicht auszugehen. 나의 아빠는 내가 외출하는 것을 허락하지 않는다.
sich freuen 기뻐하다	Ich freue mich, dich zu sehen. 너를 보니 기쁘다.
(Angst · Zeit · Lust · Spaß) haben (두려움 · 시간 · 의욕· 재미)을 가진다	Ich habe Lust zu lernen. 공부할 의욕이 난다. Ich habe Zeit, Deutsch zu lernen. 나는 독일어 배울 시간이 있다.
hoffen 희망하다	Ich hoffe, bald gesund zu werden. 나는 내가 빨리 건강하게 되길 바란다.
verbieten 금지하다	Es ist verboten, den Rasen zu betreten. 잔디에 들어가는 것이 금지다.
vergessen 잊다	Ich habe vergessen einzukaufen. 나는 물건 사는 것을 잊었다.
versprechen 약속하다	Er hat versprochen, es nochmal zu versuchen. 그는 그것을 다시 한 번 시도할 것을 약속했다.
versuchen 시도하다	Er hat versucht zu parken. 그는 주차하기를 시도했다.
vorhaben 계획하다	Ich habe vor, nach Amerika zu fahren. 나는 미국으로 떠날 예정이다.
vorschlagen 제안하다	Ich schlage vor zu essen. 나는 식사할 것을 제안한다.

Abschnitt (8) 수동태 · Passiv

1 수동태의 사용 Gebrauch des Passivs

어떠한 사건은 행위자 혹은 행위중심의 두 가지 관점에서 관찰할 수 있다. 만약 "누가 행동을 하는가?"에서와 같이 행위자가 중요한 경우는 능동태를 사용하고, "무슨 일이 일어나고 있나?"와 같이 동작이나 행위가 중요한 경우는 주로 수동태를 사용한다.

Er bürstet den Hund.
그는 개를 솔질하고 있다. (능동태)

Der Hund wird gebürstet.
개가 솔질되고 있다. (수동태)

행위자가 중요 : 능동태	동작이나 행위 수행이 중요 : 수동태
Peter füttert den Hund. 페터는 개에게 먹이를 준다. **Man ruft die Krankenschwester.** 어떤 이가 간호사를 부른다.	**Der Hund wird von Peter gefüttert.** 개가 페터에 의해 먹여진다. **Die Krankenschwester wird gerufen.** 간호사가 호출된다.

✎ 독일어에서 어떤 일의 과정, 생산과정, 규칙, 지시, 일반적 사항 등을 기술할 때 수동태가 자주 사용된다. 이 경우 행위자가 중요하지 않을 때에는 언급되지 않고, 언급되어야 할 때 전치사 **von**이 사용된다.

Das Auto wird von mir repariert. 이 자동차는 (나에 의해) 고쳐진다.
Die Schuhe werden geputzt. 신발이 닦여진다.
Der Patient wurde vom Arzt operiert. 그 환자는 (의사에 의해) 수술받았다.

2 수동태의 형태 Bildung des Passivs 조동사(werden) + 과거분사형

수동태의 형태는 조동사 werden과 본동사의 과거분사형으로 되어 있다. 수동태 현재 및 과거형에서는 werden의 현재형 혹은 과거형과 본동사의 과거분사형이 결합되어 이루어진다.

▷ 수동태의 형태

인칭대명사	수동태의 현재형	수동태의 과거형
Ich	werde fotografiert. 사진 찍혀진다.	wurde fotografiert. 사진 찍혀졌다.
Du	wirst fotografiert.	wurdest fotografiert.
Er / Sie / Es	wird fotografiert.	wurde fotografiert.
Wir	werden fotografiert.	wurden fotografiert.
Ihr	werdet fotografiert.	wurdet fotografiert.
Sie/Sie	werden fotografiert.	wurden fotografiert

✎ 현재시제에서는 위의 예문에서처럼 수동태 현재형이 사용되고, 과거시제에서는 수동태 과거형이 주로 사용된다 : werden / wurden + 과거분사형

✎ 수동태 현재 및 과거완료형에서는 조동사 sein과 본동사의 과거분사형 그리고 werden의 과거분사형인 worden과 결합된다 : sein + 과거분사형 + worden

　Sie ist fotografiert worden. 그녀는 사진 찍혀졌다.

✎ 문장에서 조동사 werden은 두 번째 위치에 오고 과거분사형은 문장의 맨 끝에 온다.

독일어에서 4격 보충어를 가지고 있는 대부분의 타동사들은 수동태로 전환가능하며, 이 경우 능동문의 4격 보충어는 수동태의 문장에서 1격 보충어가 된다. 행위자가 중요하지 않을 때에는 언급되지 않고, 언급되어야 할 때 전치사 von이 사용된다.

▷ 능동태에서 수동태로의 변환

수동태에서의 주어 von +3격	① 능동태에서 4격 목적어는 수동태에서 주어가 된다. (4격 → 주어) ② 능동태에서의 주어는 수동태에서 von + 3격이 된다. (주어 → von+3격) Ein Passant hat den Unfall beobachtet. 한 행인이 그 사고를 목격했다. 　　주어　　　4격 목적어 Der Unfall wurde (von einem Passanten) beobachtet. (수동태) 그 사고가 (한 행인에 의해서) 목격되었다.

주어 생략 von + 3격의 생략	von + 3격은 당연하거나 중요하지 않을 때 종종 생략된다. **Der Mann wurde ins Krankenhaus gebracht.** 그 남자는 병원으로 이송되었다. **Er ist sofort (von einem Arzt) untersucht worden.** 그는 즉시 (의사에 의해서) 진찰을 받았다.

동
사

✎ 수동문에서 동작의 주체가 언급될 경우, von + 3격이나 durch + 4격을 사용한다. 동작의
주체자가 사람이냐 혹은 수단이냐에 따라 전치사 von 혹은 durch가 된다.

Der Brief wird von Peter geschrieben.

이 편지는 페터에 의해 쓰인다.

Der Brief wird Maria durch den Boten überbracht.

그 편지는 배달원에 의해 마리아에게 전달된다.

▶ von과 durch의 사용

von + 3격 (사람, 사물)	von + 3격 : 행위자 (사람 또는 사물) **Das Feuer wurde von der Feuerwehr gelöscht.** 불은 소방대에 의해 꺼졌다. **Die Frau wurde von einem Auto angefahren.** 부인이 자동차에 치었다.
durch + 4격 (수단, 원인)	durch + 4격 : 수단, 도구, 원인 즉 매개자 (간접수단) **Das Haus wurde durch ein Feuer zerstört.** 집은 화재로 파괴되었다. **Die Nachricht wurde ihr durch den Boten überbracht.** 배달원에 의해 그 소식이 그녀에게 전달되었다.

✎ 수동문에서 1격 보충어가 없을 때에는 문장의 첫 번째 자리에 가주어 es나 다른 문장성분
이 올 수 있다. 강조의 문장성분이 문장의 첫 번째 자리에 올 경우 es는 생략될 수 있다.

An die Gefallenen im Krieg wird gedacht.

전쟁의 무명용사가 생각난다.

Ihm wird geholfen.

그에게 도움이 주어진다.

▶ 주어 es의 사용

주어 es의 사용	① 수동문에서 1격 보충어가 없을 때 **Es wird lange über die Projekte verhandelt.** = **Über die Projekte wird lange verhandelt.** = **Lange wird über die Projekte verhandelt.** 그 프로젝트에 대해 오랫동안 토의된다. ② 행위자가 분명하지 않을 때 **Es wurde geraucht / getrunken / gegessen.** 담배가 피워졌다 / 마셔졌다 / 먹어졌다.

동
사

수동태에서의 화법동사 　화법동사 + 과거분사형 + werden

수동태가 화법동사와 함께 사용되는 경우 화법동사는 문장의 두 번째 자리에 오며 문장의 끝에는 본동사의 과거분사형과 조동사 werden의 부정형이 함께 온다.

Das Bett muss gemacht werden.
침대가 정리되어야 된다.

Badugi soll gebadet werden.
바둑이가 목욕시켜져야 된다.

과거사실을 표현할 때 수동태는 문체론 상 과거형이 더 선호되며 현재 및 과거 완료형이 사용되는 경우는 드물다.

Die Küche muss aufgeräumt werden. 부엌이 정리되어야만 한다.

Die Küche musste aufgeräumt werden. 부엌이 정리되었어야만 했다.

부문장에서의 수동태

부문장에서의 동사가 수동태인 경우, werden 동사와 과거분사형은 문장의 뒤쪽에 위치한다. 이때 문장의 맨 뒤에는 werden 조동사가, 그 왼쪽에는 과거분사형이 위치한다.

부문장에서의 수동태
Ich weiß, dass ich gerufen werde. 나는 내 이름이 불려질 것을 안다.
화법조동사와 함께
Ich weiß, dass die Küche aufgeräumt werden muss.   나는 내 부엌이 정리되어야만 하는 것을 안다.   **Ich wusste, dass die Küche aufgeräumt werden musste.**   부엌이 정리되었어야만 한다는 것을 알았다.

✎ 서술문에서는 동사의 위치가 문장의 두 번째와 마지막에 위치하게 되나, 부문장에서는 문장의 맨 뒤에 연이어 위치하게 된다. 이때 서술문에서 문장의 두 번째에 오는 동사가 문장의 맨 뒤에 위치하게 된다.

3 수동의 뜻을 가진 구문 Passivische Konstruktion

독일어에서 수동태의 형태는 아니지만 'sein + zu 부정형'의 형태는 수동의 의미를 가진다.

Der Apparat ist zu reparieren.

(= Der Apparat muss repariert werden.)

이 기계는 수선되어야만 한다.

Das Ziel ist in kurzer Zeit zu erreichen.

(= Das Ziel muss in kurzer Zeit erreicht werden.)

목표는 단 시일 내에 달성되어야만 한다.

▶ sein + zu 부정형의 사용

수동 / 가능성	**Der Apparat ist nicht zu reparieren.** 그 기계는 고칠 수 없다. = **Der Apparat kann nicht repariert werden.**
	Das ist zu machen. 그것은 만들어 질 수 있다/져야만 한다. = **Das kann / muss gemacht werden.**
	Der Redner war kaum zu verstehen. 그의 말은 도무지 이해할 수가 없었다. = **Der Redner konnte kaum verstanden werden.**

수동 / 필연성	Der Zimmerschlüssel ist beim Hotelportier abzugeben. 방 열쇠는 호텔안내인에게 반납할 수 있다. = Der Zimmerschlüssel kann / soll beim Hotelportier abgegeben werden.
	Das Ziel ist in kurzer Zeit zu erreichen. 목표는 빠른 시일 내에 달성되어야만 한다. = Das Ziel muss in kurzer Zeit erreicht werden.
수동 / 금지	Die Tür ist während der Fahrt nicht zu öffnen. 차가 달리는 동안 문이 열려서는 안 된다. = Die Tür darf während der Fahrt nicht geöffnet werden.

✎ 동사구 'sein + zu + 부정형'이 가능성을 의미한다면, 'können + 수동태'로 대치될 수 있다.

✎ 동사구 'sein +zu + 부정형'이 필연성을 의미한다면, 'sollen, müssen + 수동태'로 대치될 수 있다.

4 상태수동 Zustandpassiv

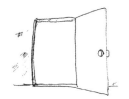
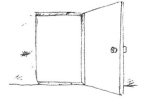

Die Tür wird geöffnet.
문이 열린다.

Die Tür wurde geöffnet.
Die Tür ist geöffnet worden.
문이 열렸다.

Die Tür ist geöffnet.
문이 열려 있다.

  독일어에서 **werden** + 과거분사형인 일반적인 동작수동(Vorgangspassiv)과는 달리, 상태수동(Zustandpassiv)은 어떤 사건이 완료되어 결과로서 생긴 새로운 상태가 지속될 때 사용된다. 상태수동형은 'sein + 과거분사형'의 결합으로 만들어진다.

◉ 동작수동과 상태수동의 사용

현재(동작) 수동	과거(동작) 수동	상태수동
Das Geschäft wird geöffnet. 가게 문이 열린다.	Das Geschäft wurde geöffnet. 가게 문이 열렸다.	Das Geschäft ist geöffnet. 가게 문이 (지금) 열려 있다.

✎ 어떤 사건이 일어나고 있을 때는 동작수동으로, 이 행위의 결과일 때는 상태수동을 사용한다.

✎ 한 문장을 상태수동형으로 만들기 위해서 우선 동작수동형으로의 전환이 가능하여야 하며, 둘째로 어떤 사건의 결과로서 생겨난 새로운 사태가 지속적인 의미의 특성을 가지고 있어야 한다.

✎ 상태수동문은 위의 예문처럼, 능동문과 동작 수동 문에 반해 전 시간성을 나타낸다.

상태수동으로 사용될 수 없는 동사들

모든 동작수동의 문장들이 상태수동문으로 전환될 수는 없다. 상태수동이 되기 위하여서는 어떤 사건의 결과로서 새로운 상태가 생겨나고, 이것이 지속적이라는 의미적 자질을 가져야만 한다. 이러한 의미에서 **anpassen** 적응하다, **anwenden** 사용하다, **ausüben** 연습하다, **beachten** 주의하다, **fortsetzen** 계속하다, **hören** 듣다, **überwachen** 관찰하다, **unterstützen** 지원하다, **wiederholen** 반복하다 등의 동사들은 상태수동으로 만들 수 없다.

Die Versuchsreihe wurde fortgesetzt. (O)
→ Die Versuchsreihe ist fortgesetzt. (X)
그 시도들은 계속되어져 있다.

Der Reis wurde gekocht. (O)
→ Der Reis ist gekocht. (O)
밥이 다 되었다.

첫 번째 문장의 동사 fortsetzen 지속하다는 상태 동사로서 어떤 사건의 결과로서 새로운 상태가 나올 수 없으나, kochen 끓다는 진행 동사로서 쌀이 끓은 결과로서 밥이 되어 있는 상태를 나타낼 수 있으므로 상태수동이 가능하다.

형용사의 의미로 사용되는 과거분사형으로서의 상태형 Zustandsform

독일어에서 상태 수동형과 동일한 형태의 동사의 상태형이 많이 존재한다. 이러한 상태형은 능동형 그리고 동작수동으로도 전환가능하며, 많은 경우 과거분사형이 형용사의 의미로 쓰인다.

Man sucht Unterkünfte für Studenten.
학생들이 묵을 숙박시설을 찾는다.

Unterkünfte für Studenten werden gesucht.
학생들이 묵을 숙박시설이 문의된다.

Unterkünfte für Studenten sind gesucht.
학생들이 묵을 숙박시설이 문의되고 있다.

이러한 상태형의 동사류에 다음과 같은 동사들이 속한다.

bedrohen (bedroht sein) 위협받다, begehren (begehrt sein) 갈망되다, betreffen (betroffen sein) 난관에 처하다, bewohnen (bewohnt sein) 살다, fragen (gefragt sein) 문의되다, fürchten (gefürchtet sein) 떨다, meinen (gemeint sein) 뜻하다, überfordern (überfordert sein) 무리하게 요구되다.

재귀동사에서 나온 상태재귀 Zustandsreflektiv 와 상태형

재귀동사 중 몇몇 동사들은 상태 수동형에 준하는 상태재귀와 상태형으로 만들 수 있다.

Die Kinder haben sich erholt. 아이들이 쉬었다. (상태재귀)
Die Kinder sind erholt. 아이들이 쉰 상태다.
Nicht jeder eignet sich für diesen Job. 아무나 이 직업에 적합하지 않다. (상태재귀)
Nicht jeder ist für diesen Job geeignet. 아무나 이 직업에 적합하지 않다.

이 그룹에 속하는 동사들은 다음과 같다.

sich bemühen um (bemüht sein) 노력하다, sich einstellen auf (eingestellt sein auf) 적응하다, sich empören (empört sein) 분노하다, sich entspannen (entspannt sein) 긴장을 풀다, sich entschließen zu (entschlossen sein) 결심하다, sich interessieren für (interessiert sein an) 관심이 있다, sich konzentrieren auf (konzentriert sein auf) 집중하다

동
사

Abschnitt **9** 가정법 Ⅱ식 · Konjunktiv Ⅱ

1 가정법 Konjunktiv

독일어에서는 다양한 동사 형태의 변화를 통하여 어떤 사건이 사실인지, 청유 및 명령을 하는 것인지 혹은 어떤 사람의 말을 간접적으로 전하는 경우인지, 그리고 비현실적이나 가정 사실 등을 말하는 것인지를 표현할 수 있다.

Er ist Arzt.
그는 의사이다.

Trink viel Tee!
차를 많이 마셔라!

Er sagt, er sei Arzt.
그는 의사이다.

Wenn er Arzt wäre, ...
그는 의사이다.

◐ 동사형태를 통한 다양한 서법

직설법 (Indikativ)		실제 사건, 행위, 상태 등을 객관적으로 서술하는 화법
명령법 (Imperativ)		명령, 경고, 충고, 청유 등을 표현하는 화법
가정법 (Konjunktiv)	Ⅰ 식	말을 간접적으로 옮길 경우의 화법
	Ⅱ 식	비현실적 혹은 가정 사실을 표현할 경우의 화법

[직설법과 가정법의 차이]
Er ist Arzt. 그는 의사이다. → 직설법 (사실)
Wäre er Arzt, 그가 의사라면, → 가정법 (비현실)

2 가정법 II식의 사용 Gebauch des Konjunktivs II

가정법 II식은 동사의 서법으로써, 이를 통해 공손한 부탁을 하거나 비현실적인 조건, 소망 등을 표현할 수 있다.

Würden Sie mir bitte helfen?
저를 도와주시겠어요? (부탁)

Wenn ich Zeit hätte, würde ich gern kommen.
시간이 있으면 갈텐데. (소망) (비현실적 조건)

Wenn ich ein Vogel wäre!
내가 새라면! (상상) (비현실적인 조건)

공손한 부탁 höfliche Bitte

가정법 II식으로 공손한 부탁을 표현할 수 있다.

Ich hätte gern 1kg Tomaten.
토마토 1kg을 주세요.

Wären Sie so nett,
mir Zucker zu bringen?

설탕 좀 주시겠어요?

Gibst du mir mal Zucker?
설탕 좀 줄래?

würden, hätte, wäre 혹은 화법동사들의 가정법 II식 형태들은 공손한 부탁을 표현하는 데에 자주 사용된다. 친구들이나 가까운 친지들에게 말하는 경우에는 du 가 주어인 본동사 및 화법동사의 직설법 형태 혹은 의문형을 통하여 표현되며, 이 두 경우 bitte, mal 등이 자주 사용된다.

▶ 공손한 부탁을 표현하는 가정법 II식

Ich möchte bitte noch ein Steak. 스테이크 일인분을 더 주세요. Würden Sie mir bitte helfen? 저를 도와주시겠어요? Ich hätte gern 1kg Tomaten. 토마토 1kg을 주세요. Könnten Sie mir Zucker reichen? 설탕 좀 가져다 주시겠어요?
주어가 du인 경우에는 직설법의 의문형 및 bitte, mal 등을 사용하여 공손하게 표현할 수 있다. Hilfst du mir bitte? / Hilfst du mir mal? 도와 줄래? Kannst du mir mal helfen? 좀 도와 줄래?

비현실적 조건과 가능성 irreale Bedingung und Möglichkeit

1) 현재의 비현실적인 조건과 가능성

가정법 II식은 비현실적인 조건이나 가능성을 표현 할 때도 사용되는데, 이때 현실의 조건과는 반대되는 입장이 암시되어 있다.

Ich habe Zeit. (직설법) 시간이 있어.
Ich kann ins Konzert gehen.
나는 콘서트에 갈 수 있다. (현재, 사실)

Wenn ich Zeit hätte, würde ich gern ins Konzert gehen.
시간이 있다면 기꺼이 콘서트에 갈텐데.
시간이 없어 갈 수 없음 (현재, 정중한 거절)

화자가 현재 어떤 일을 하기에 불가능한 상황에 있어서, 그 일을 하고는 싶으나, 그것이 가능하지 않을 때가 있다. 이럴 때 위의 예문에서처럼 가정법 II식을 쓴다.

▶ 현재의 비현실적인 조건이나 가능성을 나타내는 가정법 II식

현재	Gehen wir am Freitag ins Konzert? Ich habe zwei Freikarten. 금요일에 콘서트 갈래? 나 두 장의 초대권이 있는데.
현실 (real)	Wenn ich Zeit habe, komme ich gern. Ich rufe dich morgen an und gebe dir Bescheid. [= (Vielleicht 아마) ja] 만약 시간이 있다면 갈게. 내일 전화로 확답을 줄게.

비현실 (irreal) (= 가정법 II식) 공손한 거절 아쉬움	Vielen Dank für die Einladung. Wenn ich Zeit hätte, würde ich sehr gerne kommen. Aber ich schreibe morgen eine Mathearbeit. [= Nein] 초대해 줘서 고마워. 시간이 있다면 기꺼이 가고 싶어. 그러나 유감스럽게도 내일 수학시험이 있어. (현실의 불가능한 조건으로 인해 갈 수 없음)

✎ 화자의 현재 조건으로 어떤 일이 가능한 경우는 주로 직설법을 사용한다.

✎ 반면 어떠한 부득이한 상황으로 인하여 하고는 싶었으나 할 수 없는 경우(nein)는 hätte, wäre, würde, 혹은 '화법동사 + 동사부정형' 등의 가정법을 사용하여 아쉬움이나 공손한 거절을 표현할 수 있다.

2) 과거의 비현실적인 조건이나 가능성

Ich hatte keine Zeit. 시간이 없었어. (직설법)

Ich ging nicht ins Konzert. 나는 콘서트에 가지 않았다. (과거, 사실)

Wenn ich Zeit gehabt hätte, wäre ich gern ins Konzert gegangen.
시간이 있었다면 기꺼이 콘서트에 갔을텐데. (과거)

과거의 어떠한 불가능한 상황 때문에, 어떠한 일을 하고는 싶으나 가능하지 않을 때가 있다. 이 때 가정법 II식의 형태(hätte, wäre + 과거분사형)를 이용하여 그것을 표현할 수 있다.

◑ 과거의 비현실적인 조건이나 가능성을 나타내는 가정법 II식

과 거	Hast du gestern Abend das Fußballspiel Korea gegen Japan gesehen? 너는 어제 저녁에 한국과 일본의 축구경기를 보았니?
현실 (real)	Ja, natürlich habe ich es gesehen. 그럼. 당연히 그것을 보았지.
비현실 (irreal) (= 가정법 II식) 부정 (아니다)	Nein, leider nicht. Ich musste länger arbeiten. Wenn ich Zeit gehabt hätte, hätte ich es natürlich angeschaut. [= Nein] 아니, 유감스럽게도 보지 못했어. 나는 일을 오래 해야만 했어. 시간이 있었다면 당연히 그것을 보았을 거야. (하지 못함)

비현실적 소망 irrealer Wunsch

가정법 II식을 통하여 비현실적인 소망을 표현할 수 있다.

Ich bin Schauspieler.
나는 배우이다. (현재, 사실)

Wäre ich Schauspieler, (ich bin (es) aber nicht.)
내가 배우라면, (그러나 아니다.)

Ich flog oft nach Deutschland, weil ich Pilot war.
비행기 조종사여서 독일을 자주 갔다. (과거, 사실)

Wenn ich Pilot gewesen wäre, wäre ich doch oft nach
Deutschland geflogen. (Es war aber leider nicht real.)
만약 내가 비행기조종사였다면 독일을 자주 갔을텐데.
(그러나 그것은 사실이 아니었다.)

가정법을 통하여 소망을 표현할 때 종종 **doch, noch, bloß**가 함께 쓰인다.

▶ 가정법 II식을 통한 비현실적인 소망의 사용 예

사 실	소 망
Ich habe keine Zeit. 나는 시간이 없다. **Ich kann keine Fremdsprachen.** 나는 외국어를 할 수 없다.	**Wenn ich doch Zeit hätte!** 시간이 있으면! **Wenn ich doch (nur, bloß) Fremdsprachen** **könnte!** 내가 외국어를 할 수 있다면!

조언과 제안 Ratschlag und Vorschlag

가정법 II식을 통하여 조언이나 제안을 표현할 수 있다.

An deiner Stelle würde ich nicht so viel Geld ausgeben.
내가 네 입장이라면 돈을 그렇게 쓰지 않을 거야.

Wir haben noch Zeit.
Wir könnten doch noch Kaffee trinken gehen.
아직 시간이 있어. 우리는 커피를 마시러 갈 수 있을 거야.

○ 조언이나 제안을 할 경우 화법동사 **sollen**의 가정법 II식을 사용할 수도 있다.

Du solltest nicht so viel Geld ausgeben.
너는 돈을 그렇게 많이 쓰지 말아야 한다.

3 가정법 II식의 형태 Bildung des Konjunktivs II

○ 가정법에서 현재는 대부분 **würden** + Infinitiv 형태를 취하고 과거의 경우는
wäre / **hätte** + 과거분사형의 형태를 사용한다.

○ 가정법 II식의 형태는 과거형에서 파생되는데, 직설법 과거형에서와 같이 1, 3인
칭 단수의 동사형태가 동일하다. 가정법의 어미는 다음과 같다.

인칭대명사	ich	du	er / sie / es	wir	ihr	sie / Sie
인칭어미	-e	-(e)st	-e	-en	-(e)t	-en

○ 규칙 동사의 직설법 과거 형태와 가정법 II식의 형태가 동일하다.

Ich wohnte hier. 나는 여기서 살았다.
Wohnte ich doch hier. 내가 여기서 산다면.

직설법 과거형과 가정법 II식의 형태가 동일하므로 규칙 동사일 때에는
würden + 동사 부정형의 가정법 형태가 주로 사용된다.

동
사

● 불규칙 동사의 가정법 II식의 형태는 직설법 과거형의 어간에 -e를 붙인다. 이때
동사 어간의 모음 a, o, u는 변모음 ä, ö, ü로 변한다.

▷ 불규칙 동사의 가정법 II식 형태

직설법 3인칭 / 과거	geben gab	gehen ging	bleiben blieb	wissen wusste	kommen kam	lassen ließ
ich	gäbe	ginge	bliebe	wüsste	käme	ließe
du	gäb(e)st	gingest	bliebest	wüsstest	kämest	ließest
er / sie / es	gäbe	ginge	bliebe	wüsste	käme	ließe
wir	gäben	gingen	blieben	wüssten	kämen	ließen
ihr	gäb(e)t	ginget	bliebet	wüsstet	kämet	ließet
sie / Sie	gäben	gingen	blieben	wüssten	kämen	ließen

✎ 조동사 haben, sein과 화법동사를 제외하고 대부분의 동사들은 일상회화에서 würden +
동사 부정형의 가정법 II식 형태로 가정법을 표현한다.

▷ würden의 사용

불규칙 동사 : 주로 würden + 동사 부정형 (가정법 II식 형태는 상대적으로 적게 사용)	Ich würde gern in die Stadt fahren. (= Ich führe gern.) 시내에 가고 싶다.
규칙 동사 : 일상어에서 würden + 동사 부정형 (직설법과 가정법의 동사형태가 동일하므로)	Wir lebten gern in Italien. → Wir würden gern in Italien leben. 우리는 이탈리아에서 살고 싶다.

▷ würden의 가정법 II식의 형태

Ich	würde	fahren. (= Ich führe.)	Wir	würden	fahren.
Du	würdest	fahren.	Ihr	würdet	fahren.
Er / Sie / Es	würde	fahren.	Sie	würden	fahren.

✎ 조동사 sein, haben 그리고 화법조동사는 가정법으로 사용될 때 가정법 II식의 형태를 사
용한다.

Er wäre gern im Ausland. Er könnte dort arbeiten.
그는 외국에 있기를 바란다. 그리고 거기서 일을 하였으면 한다.

이들 동사의 가정법 II식 형태는 아래와 같다.

▶ sein, haben 및 화법동사의 가정법 II식 형태

	sein	haben	dürfen	können	müssen
직설법 과거 3인칭	war	hatte	durfte	konnte	musste
ich du er / sie / es	wäre wär(e)st wäre	hätte hättest hätte	dürfte dürftest dürfte	könnte könntest könnte	müsste müsstest müsste
wir ihr sie / Sie	wären wär(e)t wären	hätten hättet hätten	dürften dürftet dürften	könnten könntet könnten	müssten müsstet müssten

[특징] 가정법 II식에서 모음은 변모음을 가진다 (a → ä, o → ö, u → ü).

✎ 가정법 II식에서 수동태는 현재에서는 würden + Partizip II의 형태를, 과거에서는 wäre + Partizip II + worden의 형태를 취한다.

현재	Das Auto würde leicht verkauft, wenn der Preis nicht so hoch wäre. 가격이 너무 세지 않다면, 이 자동차는 쉽게 팔릴 텐데. 사실 : Das Auto ist zu teuer, deshalb wird es nicht leicht verkauft. 　　　(자동차가 너무 비싸서, 쉽게 팔리지 않는다.)
과거	Das Auto wäre leicht verkauft worden, wenn der Preis nicht so hoch gewesen wäre. 가격이 너무 세지 않았다면, 자동차는 쉽게 팔렸을 텐데. 사실 : Das Auto war zu teuer, deshalb wurde es nicht leicht verkauft. 　　　(자동차가 너무 비쌌기 때문에, 쉽게 팔리지 않았다.)

동
사

Abschnitt **10** **가정법 I 식** · **Konjunktiv I**

가정법 I식은 주로 어떤 사람의 말을 제 삼자가 전할 때나, 요리법, 사용설명서, 요구 등에 사용된다.

Er sagt, dass er heute keine Zeit habe.
그는 오늘 시간이 없다고 말한다.

Man nehme täglich vier Nasentropfen.
하루에 코에 약을 네 방울씩 집어 넣는다.

1 **가정법 I 식의 사용** Gebrauch des Konjunktivs I

간접화법의 표현으로서의 가정법 I 식

직접화법은 어떤 사람의 말을 직접적으로 인용하는 것을 말하고, 간접화법이란 제 삼자가 이 말을 전하는 것을 말한다. 아래의 예문에서 보는 바와 같이, 가정법 I 식은 주로 간접화법을 표현할 때 사용한다.

Der Politiker sagte, er nehme an der Konferenz teil.
정치인은 그가 컨퍼런스에 참석한다고 말했다.

Sie fragt, wann er komme.
그녀는 그가 언제 오는지 묻는다.

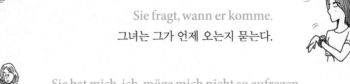

Sie bat mich, ich möge mich nicht so aufregen.
그녀는 흥분하지 말라고 나에게 부탁하였다.

🖎 평서문이나 의문문, 명령문의 형태로 언급된 말을 제 삼자가 전달할 때 주로 간접화법이
사용된다.

🖎 간접화법 문장에서 구조상의 공통적인 특성은 항상 주문장과 부문장으로 이루어진다는
것이다.

🖎 간접화법 문장의 주문장에서는 언급된 내용을 전달하고 있는 인물이 나오고, 항상 be-
richten 보고하다, sagen 말하다 등의 동사가 함께 온다. 부문장에서는 말을 전달하는 인
물과 그 내용이 나온다.

동
사

1) 평서문을 간접화법으로 전환할 때

가정법 I식은 아래의 예문에서와 같이 주로 신문과 같은 공식적 문서에서 누군
가에게 듣거나 혹은 보았던 이야기를 전달하기 위하여 빈번하게 사용된다.

„Ich habe keine Zeit."

"나는 오늘 시간이 없다."

Der Popstar sagt, dass er heute keine Zeit habe.

팝스타가 오늘 시간이 없다고 말한다.

🖎 직접화법에서는 화자가 문장의 주어이며, 일반적으로 1인칭이 주어로 사용된다. (ich, wir)

🖎 간접화법에서는 누군가가 언급한 내용을 화자가 전달하는 것이므로, 직접화법에서의 1인
칭 주어가 3인칭 주어로 전환되는 것이 일반적이다.
(ich → er / sie / es ; wir → sie ; Sie → ich / wir ; mein → ihr / sein)

🖎 부문장에서 종속 접속사 dass가 올 때, 동사는 맨 뒤에 오며, dass가 오지 않을 때는 주어
다음에 위치한다.

🖎 간접화법은 화자가 직접 본 것이 아닌 간접적으로 체험한 이야기를 전달하는 것이므로,
진술한 내용의 진실성 여부를 보장할 수 없다.

🖎 일상회화에선 대부분 간접화법이 아닌 직설법을 통해 다른 사람이 한 이야기를 전달한다.
Markus sagte, er hat heute keine Zeit. 마르쿠스가 오늘 시간이 없다고 말했다.

🖎 일반 동사의 직설법 형태와 가정법 I식의 형태가 동일할 경우는 가정법 II식이나 조동사
würden을 사용한다.

2) 의문문을 간접화법으로 전환할 때

제 삼자가 직접적으로 표현된 질문을 간접질문의 형태로 전달할 때, 의문사를 동반할 때는 의문사와 함께 오고, 그렇지 않을 때는 접속사 ob과 함께 온다.

Er fragt, wann sie anfangen wolle.

그는 그녀가 언제 시작하려는지 묻는다.

Er fragt, ob sie anfangen wolle.

그는 그녀가 시작하려는지를 묻는다.

▶ 의문문을 간접화법으로

의문문을 간접화법으로 전환할 경우	„Wann kommst du?" "너는 언제 오니?" „Kommst du heute?" "너는 오늘 오니?"	Sie hat gefragt, wann ich komme. 내가 언제 오는지 그녀는 물었다. Sie hat gefragt, ob ich heute komme. 내가 오늘 오는지를 그녀가 물었다.

✎ 의문사를 동반할 때는 의문사가 부문장의 맨 앞에 오며, 의문사가 없을 경우는 'ob (인지 아닌지)'이 온다.

✎ 부문장에서 동사는 문장의 맨 뒤에 위치한다.

✎ 일반 동사의 직설법의 형태와 가정법 I식의 형태가 동일할 경우는 가정법 II식이나 조동사 würden을 사용한다.

3) 명령문을 간접화법으로 전환할 때

간접화법으로 명령이나 청유를 표현할 때 화법조동사를 사용한다. 정중한 부탁을 할 때는 mögen을 사용하고, 요구나 명령을 할 때는 sollen을 사용한다.

▶ 명령문을 간접화법으로

명령문을 간접화법으로 전환할 경우	„Iss doch nicht so schnell!" "그렇게 빨리 먹지 마라!" „Räum jetzt endlich dein Zimmer auf" "이제 네 방을 좀 치워라!"	Er bittet mich, ich möge nicht so schnell essen. 그렇게 빨리 먹지 말라고 그가 나에게 청한다. Sie befahl mir, ich sollte mein Zimmer aufräumen. 그녀가 방을 치울 것을 나에게 명했다.

요구나 사용설명서에서의 가정법 Ⅰ식의 사용

요구나 사용설명서, 약 복용설명서 등과 같은 문어(文語)에 일반적으로 가정법 Ⅰ식이 사용된다.

Man nehme täglich drei Tabletten.
매일 세 알씩 복용한다.

Man schlage zwei Eier in eine Schüssel.
계란 두 개를 그릇에 깨뜨려 넣는다.

✎ 설명서 등의 문어(文語)에서는 일반주어 **man**이 사용되고 동사는 가정법 Ⅰ식을 취한다.

2 가정법 Ⅰ식의 형태 Bildung des Konjunktivs I

가정법 Ⅰ식의 현재형

가정법 Ⅰ식 현재형은 동사의 부정형에서 파생되며, 대부분 직설법의 현재형과 비슷하다. 가정법 Ⅰ식의 1인칭 및 3인칭 단수형어미는 동일하며, 2인칭 단수 및 복수형 어미에 -e를 덧붙인다. 그러나 이때 모음교체현상은 일어나지 않는다.

직설법 현재형 (규칙 / 불규칙 동사)		인칭어미	가정법 Ⅰ식		인칭어미
Ich hör-e.	Ich ruf-e.	-e	Ich hör-e.	Ich ruf-e.	-e
Du hör-st.	Du ruf-st.	-st	Du hör-est.	Du ruf-est.	-est
Er hör-t.	Er ruf-t.	-t	Er hör-e.	Er ruf-e.	-e
Wir hör-en.	Wir ruf-en.	-en	Wir hör-en.	Wir ruf-en.	-en
Ihr hör-t.	Ihr ruf-t.	-t	Ihr hör-et.	Ihr ruf-et.	-et
Sie hör-en.	Sie ruf-en.	-en	Sie hör-en.	Sie ruf-en.	-en

✎ 일반 동사들 중 가정법 Ⅰ식이 직설법과 형태가 동일할 때, 가정법 Ⅰ식은 가정법 Ⅱ식 형태나 조동사 **würden**을 사용한다.

Ich höre / Ich komme. (가정법 Ⅰ식)
= Ich würde hören / Ich käme / Ich würde kommen. (가정법 Ⅱ식)

✎ 가정법 I식과 II식은 일상회화에서 구별 없이 사용된다.

가정법 I식의 현재완료형

가정법 I식의 현재완료형은 조동사 haben 또는 sein과 과거분사형이 함께 결합하여 이루어진다.

▶ 가정법 I식의 현재완료형

Er	habe	
Sie (Pl.)	hätten	gewohnt.

Er	sei	
Sie (Pl.)	seien	gefahren.

✎ 조동사 sein의 경우는 가정법 I식을 사용하나, haben의 가정법 I식의 형태가 직설법과 형태가 동일할 때 위의 표와 같이 가정법 II식의 형태를 사용한다.

Ich habe / Wir haben (가정법 I식) → Ich hätte / Wir hätten (가정법 II식)

Abschnitt **11** 전치사를 수반하는 동사 · Verben mit Präpositionen

독일어에서 많은 동사들이 4격 보충어나 3격 보충어 외에 전치사의 보충어와 함께 온다. 이때 동사들은 전치사와 함께 관용어구를 이루어 사용되며 그 의미가 달라진다. 이러한 경우 전치사가 격의 정보를 주는데 대부분 3격 혹은 4격이 된다.

Ich denke an dich.
나는 너를 생각한다.

Sie spricht mit ihrem Mann über das Wetter
그녀는 남편과 날씨에 대해 이야기 한다.

Er dankt dem Polizisten für seine Hilfe.
그는 경찰의 도움에 감사한다.

✎ 몇몇 동사들은 여러 개의 전치사와 함께 올 수 있으며, 일반적으로 3격 전치사 뒤에 4격 전치사가 있다.

✎ 전치사와 함께 오는 몇몇 동사들은 일반적으로 전치사 앞에 3격 혹은 4격 목적어를 필요로 한다.

1 전치사를 수반하는 동사 Verben mit Präpositionen

전치사를 수반하는 동사들은 특정한 전치사와 결합되어 하나의 관용어구로 사용되는데, 이때 전치사의 격은 3격인지 4격인지 정해져 있다.

4격 지배 전치사와 결합하는 동사

auf, für, gegen, über, um 등의 4격 전치사들은 동사와 결합하여 관용어구를 이룬다.

Ich interessiere mich für Musik.
나는 음악에 흥미가 있다.

Er kümmert sich jeden Tag um seine
kranken Eltern.
그는 병환 중에 있는 그의 부모를 매일 돌본다.

✎ 여기에 속하는 동사구에는 achten auf + 4격 ~에 주의하다, sich ärgern über + 4격 ~에 대해 화가 나다, sich beklagen über + 4격 ~에 대해 불평하다, sich bewerben um + 4격 ~을 지원하다, sich beschweren über + 4격 ~에 대해 불평하다, jn um + 4격 et bitten ~에게 무엇을 청하다, jm garantieren für + 4격 ~에게 무엇을 보증하다, herrschen über + 4격 ~을 지배하다, sich interessieren für + 4격 ~에 흥미가 있다, es kommt auf + 4격 an ~이 문제다, sich konzentrieren auf + 4격 ~에 집중하다, rechnen auf + 4격 ~을 신뢰하다, sorgen für + 4격 ~을 돌보다, sprechen über + 4격 ~에 대해 이야기하다, sich unterhalten über + 4격 ~에 대해 담소하다, sich verlassen auf + 4격 ~을 믿다, verzichten auf + 4격 ~을 포기하다, warten auf + 4격 ~을 기다리다 등이 있다.

✎ 4격 전치사와 함께 오는 이들 동사들 중 많은 동사들이 재귀적(reflexiv)이다.

✎ 3·4격 전치사인 über는 관용어구에서 4격을 취한다.

3격 지배 전치사와 결합하는 동사

aus, bei, mit, nach, unter von, vor, zu 등의 3격 전치사들은 동사와 결합하여 관용어구를 이룬다.

Ich diskutiere gern mit meinem Lehrer.

나는 나의 선생님과 토론하기를 좋아한다.

Ich gratuliere dir ganz herzlich zum Geburtstag.

너의 생일을 진심으로 축하한다.

✎ 여기에 속하는 동사구에는 abhängen von + 3격 ~에 달려 있다, anfangen mit + 3격 ~을 시작하다, jn ärgern mit + 3격 ~에 화가 나다, beginnen mit + 3격 ~을 시작하다, sich beklagen bei + 3격 ~에게 불평하다, aufhören mit + 3격 ~을 그만두다, sich beschäftigen mit + 3격 ~에 열중하다, sich entschuldigen bei + 3격 ~에게 사과하다, sich erkundigen bei jm nach + 3격 ~에게 ~에 대해 문의하다, jn fragen nach + 3격 ~에게 ~에 대해 묻다, sich fürchten vor + 3격 ~을 두려워하다, gehören zu + 3격 ~에 속하다, et halten von + 3격 ~을 ~로 여기다, jn schützen vor + 3격 ~을 ~에게 보호하다, sich sehnen nach + 3격 ~을 그리워하다, sich streiten mit + 3격 ~와 싸우다, sich unterhalten mit + 3격 ~와 담소하다, jn warnen vor + 3격 ~을 ~에게 경고하다 등이 있다.

✎ 3격 전치사와 함께 오는 이들 동사들 중 많은 동사들이 재귀적이다.

3 · 4격 지배 전치사와 결합하는 동사

in, an 등의 3·4격 전치사는 동사에 따라 3격 혹은 4격이 되는데, 이에 대한 정해신 규칙이 없으므로 동사와 함께 암기하는 수 밖에 없다.

Ich denke an dich.

나는 너를 생각한다.

Er leidet an einer schweren Krankheit.

그는 중병을 앓고 있다.

✎ 4격 전치사 an과 함께 오는 동사구에는 sich anpassen an + 4격 ~에 적응하다, denken an + 4격 ~을 생각하다, sich / jn erinnern an + 4격 ~을 기억하다, sich gewöhnen an + 4격 ~에 적응하다, glauben an + 4격 ~을 믿다, schreiben an + 4격 ~에게 쓰다 등이 있다.

✎ 3격 전치사 an과 함께 오는 동사구로는 sich / jn erkennen an + 3격 ~을 ~으로 인식하다, leiden an + 3격 ~을 앓고 있다, jm liegt an + 3격 ~에 달려 있다, es liegt an + 3격 ~이 문제다, sich rächen an + 3격 ~에게 복수하다, schreiben an + 3격 ~을 집필하다, sterben an + 3격 ~으로 사망하다, zweifeln an + 3격 ~이 의심스럽다 등이 있다.

✎ 4격 전치사 in과 함께 오는 동사구로는 geraten in + 4격 ~에 빠지다, sich verlieben in +4격 ~와 사랑에 빠지다, sich vertiefen in + 4격 ~에 몰두하다 등이 있다.

✎ 3격 전치사 in과 함께 오는 동사구로는 es liegt in + 3격 ~에 놓여 있다, sich irren in + 3격 ~을 잘못 알다 등이 있다.

✎ 3·4격 전치사와 함께 오는 이들 동사들 중 많은 동사들이 재귀적이다 (72쪽, 300-304쪽 참조).

2 전치사의 목적어에 대한 질문과 대답

Fragen und Antworten zu Verben mit Präpositionen

전치사의 목적어 1 (의문문)

동사

관용어구의 전치사의 목적어에 대해 질문할 때 목적어가 사람인지 사물인지에 따라 그 형태가 달라진다.

An wen denkt er?

그는 누구를 생각하니?

Woran denkt er?

무엇을 생각하니?

✎ 사람에 대해 질문 할 때는 의문대명사 앞에 전치사가 온다 (Bei wem? An wen?).

✎ 사물에 대해 질문 할 때는 전치사가 wo와 결합한다 (wofür, wonach?). 그리고 전치사가 모음으로 시작할 때는 wo와 전치사 사이에 -r을 삽입한다.

	사람 : 전치사 + 의문 대명사	사물 : wo (r) + 전치사
질문할 경우	Er denkt an seine Freundin. 그는 그의 여자친구를 생각한다. 질문 : **An wen denkt er?** (사람) 그는 누구를 생각하니?	Er denkt an seine Arbeit. 그는 그의 일을 생각한다. 질문 : **Woran denkt er?** (사건) 그는 무엇을 생각하니?

전치사의 목적어 2 (평서문)

　관용어구의 전치사의 목적어에 대한 질문에 대답할 때 전치사가 함께 수반된다. 이때 전치사의 목적어가 사람인지 사물인지에 따라 그 형태가 달라진다.

Denkst du an deine Freundin?
네 여자친구를 생각하고 있니?

Ja, ich denke immer an sie.
응, 나는 항상 그녀를 생각한다. (사람)

Denkst du an deine Arbeit?
너의 일을 생각하니?

Ja, ich denke immer daran.
응, 나는 항상 그것을 생각한다. (사물)

✎ 사람에 대한 질문에 대답 할 때는 인칭대명사 앞에 전치사가 있다 (vor ihm, an ihn).

✎ 사물에 대한 질문에 대답 할 때는 전치사가 da와 결합한다 (damit, davon). 전치사가 모음으로 시작할 때는 da와 전치사 사이에 -r을 삽입한다 (daran, darauf).

	사람 : 전치사 + 대명사	사물 : da (r)- + 전치사
대답할 경우	Auf wen wartest du denn? 너는 도대체 누구를 기다리니? → Auf Franz. 프란츠. Ich warte auch schon seit zwei Stunden auf ihn. 나 역시 그를 두 시간이나 기다리고 있다.	Worüber sprecht ihr gerade? 너희들 지금 무엇에 관한 이야기를 하니? → Über den Film gestern Abend. 　어제 밤 영화에 대해. Den habe ich auch gesehen. Darüber wollte ich auch mit euch sprechen. 나도 그것을 보았어. 너희들과 그것에 대해 이야기 하려 했어.

동
사

전치사의 목적어 3 (부문장 동반)

독일어에서는 전치사구 목적어가 부문장을 통해 확장될 수 있다. da(r)-와 결합한 전치사는 대부분 주문장 끝이나 관계문 앞에 위치한다.

'da(r) + 전치사'는 뒤에 오는 부문장을 가리킨다.	• **Warum bist du denn so fröhlich?** 너는 왜 그리 기쁘니? **Ach, ich freue mich so sehr darauf, meine Mutter endlich wiederzusehen.** 응, 엄마를 다시 볼 수 있게 되어 매우 기쁘다. • **Wo warst du denn gestern Abend?** 어제 저녁에 너는 도대체 어디에 있었니? **Oh, entschuldige bitte! Ich habe nicht mehr daran gedacht, dass wir uns ja treffen wollten. Das tut mir wirklich leid.** 오 이런, 미안해! 우리가 만나기로 한 것을 내가 미처 생각하지 못했어. 정말로 미안해.
'da(r) + 전치사'는 선행문장을 가리킨다.	**Morgen fliege ich nach Deutschland. Ich freue mich schon so sehr darauf.** 내일 독일로 떠나. 그것에 대해 나는 매우 기뻐.

✎ 'da(r) + 전치사'는 주문장의 끝에 위치하며 뒤에 오는 부문장을 가리킨다.

✎ 'da(r) + 전치사'는 앞에 오는 선행 문장을 가리킬 수 있다.

동
사

<table>
<tr><td>Abschnitt</td><td>12</td><td>특별한 의미의 동사들   Besondere Verben</td></tr>
</table>

독일어의 동사 중 brauchen, werden, kennen, wissen, lassen은 특별한 의미
를 가지고 있으며 그 사용도 특별하다.

Du brauchst nicht zu kommen.
너는 올 필요 없다.

Ich kenne dich genau.
나는 너를 잘 알고 있다.

Ich weiß alles über Sie.
나는 당신에 대해 모든 것을 압니다.

1 brauchen (nicht) zu + Infinitiv

동사 brauchen은 문장에서 본동사로서 '필요하다'는 의미로 사용될 수 있으며,
또한 nur와 nicht / kein과 함께 결합하여 화법동사처럼 사용될 수 있다. 이때 동
사의 부정형은 zu와 함께 오며, '무엇인가 불필요하거나, 꼭 해야만 하는 것이 아닌
것'을 의미한다. 이것은 müssen nicht의 의미와 같다.

Zurzeit sind Schulferien.

요즘은 방학이다.

Sie braucht nicht in die Schule zu gehen.

그녀는 학교에 갈 필요가 없다.

Sie braucht nur ihr Tagebuch zu schreiben.

그녀는 일기만은 써야만 한다.

Du brauchst nicht zu kommen. Das Seminar fällt aus. 너는 올 필요 없다. 세미나가 휴강이다. → Du musst nicht kommen. Das Seminar fällt aus.	할 필요 없음 (nicht notwendig → nicht müssen)
Du brauchst nur zu klopfen, dann mache ich dir auf. 네가 문을 두드리기만 하면 내가 문을 연다. → Du muss nur klopfen, dann mache ich dir auf.	필연성 (notwendig → müssen)

동
사

nicht / kein brauchen + (zu) Infinitiv

화법동사로서 brauchen은 nicht / kein + zu 동사 부정형과 함께
"nicht müssen 할 필요가 없다"라는 의미를 가진다. 분리 전철과 함께 올 경우 분
리 전철+zu+동사 부정형 순으로 온다.

Er muss nicht früh aufstehen. → Er braucht nicht früh aufzustehen.
그는 일찍 일어날 필요가 없다.

Er muss nicht viel lernen. → Er braucht nicht viel zu lernen.
그는 많이 공부할 필요가 없다.

일상회화에서는 화법동사로서의 brauchen이 zu 없이 종종 동사부정형과 함께
온다.

Du brauchst dir keine Sorgen (zu) machen.
걱정할 필요가 없다.

brauchen ... nur + (zu) Infinitiv

화법동사로서 brauchen은 또한 nur + zu + 동사 부정형과 함께 오며,
'müssen 해야만 한다'의 의미를 가진다.

Er muss früher aufstehen. → Er braucht doch nur früher aufzustehen.
그는 좀 더 일찍 일어나야만 한다.

Du siehst sehr müde aus. Du brauchst doch nur weniger zu arbeiten.
네가 매우 피곤해 보인다. 일을 적게 해야만 한다.

2 kennen과 wissen

두 동사 kennen과 wissen은 '알다'라는 의미로 지식동사류에 속한다. 그런데 kennen은 인간의 경험에서 얻은 지식과 연관성이 있고, wissen은 어떤 사실에 대한 지식과 관련성을 가지고 있다. 그리고 kennen은 부문장과 결합될 수 없다.

Kannst du gut Karten spielen?
너 카드게임 잘해?

Naja, es geht.
응, 그저 그래.

Ich kenne zwar die Regeln, aber ich weiß nicht,
wie das Spiel funktioniert.
게임의 규칙들은 알고 있지만 어떻게 하는지는 몰라.

▶ kennen과 wissen 동사의 사용

Ich kenne die Situation genau. 나는 이 상황을 잘 안다. Er kennt den Spieler genau. 그는 그 선수를 잘 안다.	사물 및 사람에 대한 경험을 통한 지식 (Erfahrung) 목적어만 올 수 있다
Ich weiß das Gewicht der Erde. 나는 지구의 무게를 안다. Ich weiß, wie schwer sie ist. 나는 지구가 얼마나 무거운지 않다. Ich weiß alles über die Liebe. 나는 사랑에 대해 다 알고 있다. Wussten Sie von dieser Nachricht? 이 정보에 대해서 알았어요?	어떤 사실에 대한 지식 (Wissen) 부문장도 올 수 있다. 자세한 정보 (+über) 막연한 정보 (+von)

✎ kennen 동사는 타동사로서 4격 보충어만을 취할 수 있으나, wissen 동사는 부문장과 4격 보충어, 그리고 über와 von 전치사와 함께 올 수 있다.

✎ wissen 동사가 4격 보충어와 함께 쓰일 경우, kennen으로 바꿔 쓸 수 있다.

✎ Ich weiß den Preis der Fahrkarte. 차표 가격을 안다.
  = Ich kenne den Preis der Fahrkarte.

✎ wissen 동사가 전치사 über와 함께 올 경우 자세한 정보의 의미를, 막연한 정보와 관련 있을 때에는 von과 함께 사용된다.

동사

3 lassen의 사용 Gebrauch von lassen

동사 lassen은 '시키다'라는 사역의 의미 외에 계획, 허락, 금지 등의 다양한 의미로 사용된다. lassen은 문장 내에서 본동사로 쓰이거나, 본동사와 함께 조동사로 쓰일 수 있다. 이때 본동사는 부정형의 형태로 문장의 맨 뒤에 위치한다.

Ich lasse von meiner Mutter die Wohnung aufräumen.
나는 엄마가 집을 치우도록 한다. (사역)

Meine Mutter lässt mich nicht allein reisen.

나의 부모님은 내가 혼자 여행가는 것을
허락하지 않는다. (허락 / 금지)

Ich lasse mein Handy im Auto liegen.

나는 내 핸드폰을 차에 놔둔다. (무엇을 놔두기)

◉ lassen의 사용

Lass mich bitte in Ruhe. 나를 내버려둬!	요구, 요청
Die Frau lässt das Haus renovieren. 그 부인은 집을 개조하게 한다.	계획 (사역)
Der Polizist lässt den Dieb gehen. 경찰은 그 도둑을 가게 한다 (놔둔다).	허락
Lass das sein! 하지 마!	금지
Ich lasse mein Auto in der Garage stehen. 나는 내 자동차를 주차장에 놔두겠다.	무엇을 어떤 장소에 놔둠
Sie lässt ihn nicht gehen. 그녀는 그를 가지 못하게 한다.	무엇인가를 방해함

lassen 1 (사역)

lassen 1은 사역의 의미로서 '자신은 하지 않고 자신이 할 일을 다른 사람으로 하여금 하게 한다'는 것을 표현한다.

Ich lasse die Bluse (von meiner Mutter) waschen.
나는 브라우스를 (엄마가) 세탁하게 한다.
Er lässt sich die Haare (von einem Friseur) schneiden.
그는 (미용사에게) 머리를 자르게 한다.
Er hat seinen Mantel reinigen lassen. 그는 외투를 드라이 맡겼다.
Sie hat einen Tisch auf dem Namen Kim reservieren lassen.
그녀는 김의 이름으로 테이블을 예약했다.

사역의 의미로서 lassen 1에서 '누구에 의해'라는 말을 명시할 경우, 전치사구 'von + jm'을 사용한다.

lassen 2 (허락 및 금지)

lassen 2는 허락 및 금지의 의미로서 '누군가가 무엇을 하도록 허락한다 혹은 하지 못하게 한다'는 것을 표현한다.

Meine Eltern lassen mich nicht allein reisen.
나의 부모님은 나를 혼자 여행가는 것을 허락하지 않는다.
Der Lehrer lässt die Schüler im Unterricht schlafen.
선생님은 학생들이 수업시간에 잠을 자게 놔둔다.
Der Trainer lässt die Spieler nicht alleine trainieren.
감독은 선수들이 혼자 훈련을 하게 놔두지 않는다.

허락 및 금지를 표현하는 lassen 2에서는 4격 목적어인 jn (누구를)이 함께 온다.

lassen 3

lassen 3은 '무엇을 놔 두다'라는 의미로서 '누군가 어떤 것을 어떤 장소에 놔둔다'는 것을 표현한다.

Ich nehme meine Jacke nicht von zu Hause mit. Ich lasse sie zu Hause (liegen).
나는 내 자켓을 집에서 가지고 가지 않는다. 나는 그것을 집에 놔둔다.

Lass deinen Hund zu Hause schlafen! 너의 개를 집에서 자게 놔둬라!

Er hat leider die Theaterkarte auf dem Tisch liegen lassen.
그는 유감스럽게도 연극표를 책상에 두고 왔다.

'무엇을 놔둔다'는 의미의 lassen 3에서는 4격 목적어인 etwas (무엇을)가 함께 온다.

4 werden의 사용 Gebrauch von werden

werden은 본동사로서 '되다'의 의미로 사용되거나, 조동사로서 수동태(87쪽 참조)를 만들고, 미래형 I식에서는 약속, 예언, 추측 등의 양태의미로 자주 사용된다 (36-37쪽 참조).

Ich werde Arzt.
나는 의사가 될거야.

Wenn mein Auto repariert wurde,
dann werde ich angerufen.
내 자동차가 고쳐지면 전화 올거야.

Es wird (wohl) regnen.
(아마도) 비가 올거야.

✎ werden 동사가 수동태에서 사용될 때는 과거분사형과 결합되고, 미래형 I식에서는 동사의 부정형과 결합된다.

✎ 현재완료형에서 werden 동사가 본동사로 사용되었을 경우 과거분사형은 geworden이 되고, 수동태에서 조동사로 사용되었을 경우는 worden이 된다. 이때 조동사 sein과 결합한다.

Ich bin Arzt geworden. 나는 의사가 되었다.

Mein Auto ist repariert worden. 내 자동차가 고쳐졌다.

✎ werden은 미래형 I식에서 현재부정형과 결합하여 예언이나 계획, 약속 혹은 추측을 나타내기도 한다.

▶ 미래형 I식의 사용

Wir werden morgen bestimmt kommen. 우리들은 분명히 내일 올 것이다.	약속
Ich werde am besten jetzt gleich anfangen. 나는 지금 당장 시작해야겠다.	계획
Heute wird es wohl regnen. 오늘 비가 내릴 것 같다.	예언
Sie wird noch pünktlich da sein. 그녀가 정시에 거기에 갈 것이다.	추측 / 안심

동사

명사

명사란 우리의 현실세계에서 인물, 사물, 동물 등과 같은 구체적인 것이나 사랑, 행복 등과 같은 추상적인 것 그리고 역사적인 사실 등을 지칭할 때 사용된다.

독일어에서의 명사는 세 가지 성(남성, 여성, 중성), 두 개의 수(단수, 복수), 그리고 문장 내에서의 기능에 따라 4가지 격(1격, 2격, 3격, 4격)의 문법적 정보를 갖는다. 명사가 나타나는 언어 환경은 다음과 같다. 명사의 왼쪽에는 관사, 형용사(das große Hotel), 분사(die kommende Woche), 수(ein Euro)가 위치할 수 있으며, 명사의 오른쪽에는 2격 명사가 위치할 수 있다(das größe Hotel der Stadt). 명사 대신 대명사가 올 수 있고(das Hotel→es), 독일어 명사의 첫 글자는 언제나 대문자이다.

독일어에는 약 50만 개의 단어가 있다. 그 중의 약 절반이 명사이고, 동사는 약 1/4이며, 형용사는 1/6이라고 한다. 독일어 단어에는 파생어 및 합성어 또한 많이 있다.

◎ 파생어 및 합성어

파생어 및 합성어	예
기본단어에 접두사나 접미사가 결합하여 만들어진 명사들	Ge- + Berg 산 → das Gebirge 산맥 Haus 집 + -chen → das Häuschen 작은 집 erfahren 경험하다 + -ung → die Erfahrung 경험
동사, 형용사 그리고 분사형에서 파생된 명사들	leben 살아있다 → das Leben 생명 blau 푸른 → das Blau 청색 bekannt 유명한 → der/die Bekannte 아는 사람 reisend 여행하는 → der/die Reisende 여행자 angestellt 고용된 → der/die Angestellte 종업원
명사/동사와 명사가 결합하여 만들어진 명사들	Hand 손 + Tasche 가방 → Handtasche 핸드백 fahren 타고가다 + der Gast 손님 → der Fahrgast 승객 fahren 가다 + die Karten 표들 + der Automat 자동판매기 → der Fahrkartenautomat 승차권 자동발매기

1 성 Genus

독일어의 모든 명사는 남성, 여성, 중성의 세 개의 성 중 고정된 하나의 성을 가지고 있으며, 이는 정관사 der, die, das를 통해 표현된다.

der Tiger 호랑이

die Maus 쥐

das Pferd 말

✎ 생물학적인 근거에 따라 der Mann (남자)이 남성이고, die Frau (여자)가 여성이라는 것은 쉽게 이해할 수 있다. 그러나 der Löffel (수저), die Gabel (포크), das Messer (칼) 등과 같이 대부분의 명사들은 문법적 성을 따른다.

✎ 이러한 명사의 성을 인식할 수 있게 도움을 주는 규칙이 있으나 모든 명사에 적용되는 것이 아니므로 명사는 관사와 함께 알아두는 것이 바람직하다.

성의 구분 원칙

독일어 명사의 성은 생물학적인 근거, 명사의 후철, 혹은 의미에 따른 원칙들이 명사의 성을 인식할 수 있게 도움을 준다.

1) 생물학적인 성징에 따른 원칙

독일어에서 명사의 성은 생물학적인 근거에 따라 구분할 수 있다. 남성의 성징을 가진 Vater, Sohn, Student 등은 남성명사이고, 여성의 성징을 가진 Mutter, Tochter, Studentin 등은 여성명사이다.

der Mann 남자   die Frau 여자   das Kind 어린아이

명사

✎ 남성명사 : der Vater 아버지, der Opa 할아버지, der Onkel 삼촌,
   der Student 대학생, der Lehrer 선생님, der Fahrer 기사 등

✎ 여성명사 : die Mutter 엄마, die Oma 할머니, die Tante 아줌마,
   die Studentin 여학생, die Lehrerin 여선생님, die Fahrerin 여기사 등

✎ 예외로 das Mädchen 소녀, das Fräulein 아가씨, das Kind 어린아이 등은 중성명사이다.

2) 의미에 따른 원칙

독일어 명사의 성은 또한 날씨, 방위, 달 등의 자연현상이나 자동차, 색, 금속 등 인간과 밀접한 관계를 가지고 있는 사물들의 의미에 따라 구분된다.

der Sommer 여름   die Yamaha 야마하   das Gold 금

◉ 남성명사에 속하는 명사들은 아래와 같다

요일, 달, 계절, 하루시간	**der Sonntag** 일요일, **der Mai** 오월, **der Sommer** 여름, **der Morgen** 아침 (예외: **die Nacht** 밤)
많은 동물들	**der Affe** 원숭이, **der Tiger** 호랑이, **der Elefant** 코끼리, **der Hund** 개 (예외: **die Maus** 쥐, **das Känguru** 캥거루, **das Zebra** 얼룩말)
날씨	**der Regen** 비, **der Schnee** 눈, **der Donner** 천둥, **der Wind** 바람
방위	**der Osten** 동, **der Süden** 남, **der Norden** 북
주류	**der Wein** 와인, **der Schnaps** 소주, **der Wodka** 보드카, **der Whisky** 위스키 (예외: **das Bier** 맥주)
자동차, 특급열차	**der Benz** 벤츠, **der Sonata** 소나타, **der VW** 폴크스바겐, **der ICE** 특급열차

▷ 여성명사에 속하는 명사들은 아래와 같다

많은 식물들	die Tulpe 튤립, die Tanne 전나무, die Rose 장미, die Fichte 소나무
오토바이, 배, 비행기	die Yamaha, die Titanic, die Lufthansa
숫자	die Sieben 7, die Tausend 1000

▷ 중성명사에 속하는 명사들은 아래와 같다.

| 색 이름 | das Rot 빨강, das Blau 파랑, das Schwarz 검정 |
| 금속, 화학성분 | das Gold 금, das Eisen 철, das Natrium 나트륨 |

3) 명사의 후철에 따른 원칙

독일어에서 명사의 성은 아래의 표와 같이 명사의 후철이 무엇인지에 따라 다르다. 예를 들어 -er이면 대부분이 남성명사이고 -e이면 여성명사, -chen이면 중성명사가 된다.

der Koffer 가방

die Lampe 램프

das Zentrum 중심가

▷ 명사의 후철 및 전철에 따른 원칙

	남성 (maskulin)	여성 (feminin)	중성 (neutral)
100~90%	-ismus Realismus 현실주의	-ung Rechnung 계산	-chen Mädchen 소녀
	-ling Liebling 내 사랑 Schmetterling 나비	-heit, -keit Freiheit 자유 Höflichkeit 공손함	-lein Tischlein 소탁자
	-or Motor 엔진	-age, -itis Blamage 비난 Bronchitis 기관지염	-tum Eigentum 소유
	-ig Honig 꿀, Essig 식초	-schaft Freundschaft 우정	

명사

	-ist, -and **Polizist** 경찰 **Optimist** 낙관주의자 **Doktorand** 박사과정	-ion, -ät, -ie, -ei, -ik **Nation** 나라 **Universität** 대학 **Bäckerei** 빵집 **Demokratie** 민주주의 -ur, -enz **Kultur** 문화 **Konkurrenz** 경쟁	Ge- **Gemüse** 야채 **Gedicht** 시 **Geschirr** 식기
80% 이상	-er, -el, -ich **Koffer** 가방 **Deckel** 뚜껑 **Teppich** 양탄자	-e **Lampe** 램프 **Karte** 카드	-um **Zentrum** 중심지 -nis **Geheimnis** 비밀
	-en **Besen** 빗자루 **Rasen** 잔디 **Ofen** 오븐		-ment **Instrument** 도구

✎ -ant / -ent / -ist / -at / -loge로 끝나는 라틴어나 그리스어의 외래어는 n-변화 남성명사이다.

✎ 전철 Ge-로 시작되는 집합명사는 일반적으로 중성명사이다.

파생 명사

독일어에서 파생명사의 성은 동사 혹은 형용사에서 파생되었는가에 따라 달라진다.

1) 동사에서 파생된 명사

동사에서 파생된 명사들은 그 형태에 따라 서로 다른 성을 가진다.

● **남성명사** : 동사에서 파생되어 축약 형태를 가진 대부분의 명사들은 남성명사이다.

der Schluss 결론 (schließen), der Fluß 강 (fließen), der Gruß 인사 (grüßen), der Gang 보행 (gehen), der Steig 탑승 (steigen)

● **여성명사** : 동사에서 파생된 명사 중 동사 어근에 후철이 -t, -e 인 명사들은 대부분 여성명사이다.

die Fahrt 타고가기 (fahren 타고가다), die Arbeit 일 (arbeiten 일하다), die Antwort 대답 (antworten 대답하다), die Frage 질문 (fragen 질문하다), die Gabe 재능 (geben 주다)

○ **중성명사** : 동사에서 파생된 명사 중 동사의 부정형의 형태를 가진 명사들은 중성명사이다.

das Essen 음식 (essen 먹다), das Leben 삶 (leben 살다)

2) 형용사에서 파생된 명사

형용사에서 파생된 명사들은 일반적으로 중성명사가 되며, 후철로 -e가 첨가된다.

das Gute 선함 (gut), das Beste 최상의 것 (best)

성에 따라 의미가 달라지는 명사

명사 중 동일한 낱말인데도 성에 따라 그 의미가 달라지는 명사들이 있다.

남성	여성	중성
der Band 책의 권	die Band 음악밴드	das Band 띠
der Kunde 소식	die Kunde 소비자	
der See 호수	die See 바다	
	die Steuer 세금	das Steuer 핸들
der Leiter 부장	die Leiter 사닥다리	
der Tor 바보		das Tor 큰 문
der Verdienst 수입		das Verdienst 성과

성 구분 없이 사용되는 명사

독일어 명사 중 성의 구분 없이 여성 및 남성에게 사용하는 남성 및 중성명사가 있다. 또 신조어로서 이름이나 친족 명사에 -i 어미를 붙여 사용하는 경우가 있고, 몇몇 축약어에도 -i 어미를 붙여 자주 사용한다.

성 구분 없이 사용되는 명사

성 구분 없이 여성과 남성에게 사용하는 남성 및 중성명사	Mensch (m) 인간, Gast (m) 손님, Boss (m) 상사, Lehrling (n) 견습생, Staatsoberhaupt (n) 국가 원수, Mitglied (n) 회원
이름과 친족 명사에 -i 어미를 붙여 친밀함을 표현	Vati (Vater (m)) 아빠, Mutti (Mutter (f)) 엄마, Omi (Oma (f)) 할머니, Anni (Anne (f)), Wolfi (Wolfgang (m))
몇몇 축약어에 -i 어미를 붙여 사용하며 복수형으로도 자주 사용	der / die Promi (=Prominente), der/die Blondi (Blondine), der / die Wessi (=Westdeutsche), der / die Azubi (=Auszubildende)

독일어 명사의 성에 대한 규칙을 다시 한 번 표로 요약하면 다음과 같다.

명사의 성

	유형	예
남성	① 남성과 많은 동물	der Vater 아버지, der Affe 원숭이 (예외: die Maus)
	② 요일, 달, 계절, 하루시간	der Montag 월요일, der Mai 5월, der Winter 겨울, der Morgen 아침
	③ 날씨 / 방위	der Regen 비, der Schnee 눈 / der Osten 동쪽, der Norden 북쪽
	④ 주류	der Wein 와인, der Schnaps 소주 (예외: das Bier 맥주)
	⑤ (남성) 직업	der Arzt 의사, der Lehrer 교사
	⑥ 자동차, 특급열차	der VW, der BMW, der Mercedes, der ICE, der Orientexpress
	⑦ 동사의 축약 형태의 명사	der Schluss (schließen) 결론, der Fluß (fließen) 강, der Gruß (grüßen) 인사, der Gang (gehen) 보행
여성	① 여성	die Tante 고모, die Mutter 어머니 (예외: das Mädchen 소녀, das Weib 여성)
	② 많은 식물 / 나무	die Rose 장미, die Tulpe 튤립, die Tanne 전나무
	③ -in (여성 직업) ④ -frau (여성 직업)	-in: die Ärztin 의사, die Lehrerin 교사, -frau: die Bürokauffrau 사무원, die Bankkauffrau 은행직원
	⑤ 동사에서 파생된 -t, -e 명사	fahren 타고가다 - die Fahrt 타고가기 / arbeiten 일하다 - die Arbeit 일 / geben 주다 - die Gabe 재능

⑥ 오토바이, 비행기, 배	die Yamaha, die Concorde, die Europa
⑦ 숫자	die Sechs 6, die Tausend 1000

중성	① 동사와 형용사에서 파생된 명사	essen 먹다　　　　　　 - das Essen 식사 gut 좋은　　　　　　　 - das Gute 선
	② 색 이름	das Blau 파란색, das Weiß 하얀색
	③ 금속, 화학성분	das Eisen 철, das Gold 금, das Helium 헬륨

명사

2 수 Numerus

　명사가 한 개 이상일 때 복수형을 취한다. 이때 모든 명사의 복수형 관사는 die 가 되므로 명사의 성은 더 이상 중요하지 않다. 독일어에서는 복수형이 있는 명사 와 복수형이 없는 명사로 나눌 수 있다. 복수형이 있는 명사들은 명사의 성이나 명 사의 후철에 따라 -e, -er, (e)n, -s 등의 복수형 어미를 취한다. 반면, 복수형이 없는 명사들로는 추상명사, 물질명사, 집합명사가 있는데 항상 단수형으로 사용된다.

복수형이 있는 명사

1) 단수형과 복수형이 동일한 명사

　명사 중 -er, -en, -el, -chen, -lein, -sel의 후철로 끝나는 남성 및 중성명사들의 복수형은 단수형과 동일하며, 어근에 a, o, u가 있으면 대부분 모음교체현상이 일어 난다.

◎ 단수형과 복수형이 동일한 명사

복수형 어미	단수	복수	유형
(¨)-	das Zimmer der Garten der Apfel das Rätsel	die Zimmer die Gärten die Äpfel die Rätsel	-er, -en, -el, -chen, -lein, -sel 명사

2) 복수형 어미 -e를 취하는 명사

대부분의 남성 및 중성명사, -s로 끝나는 남성 및 중성명사 그리고 약간의 여성명사가 복수형 어미 -e를 가진다. 그리고 명사가 a, o, u를 내포하고 있으면 대부분 모음교체현상이 일어난다.

◐ 복수형어미 -e를 취하는 명사

복수형 어미	단수	복수	유형
(¨)-e	der Tisch das Ereignis die Maus	die Tische die Ereignisse die Mäuse	대부분의 남성명사 및 중성명사 복수형에서 복자음이 오는 명사들 단모음의 여성명사

✎ -s로 끝나는 남성 및 중성명사는 복수형에서 -s의 복자음을 취하며 복수형어미 -e를 취한다 (der Bus, die Busse).

✎ 복수형어미 -e를 취하는 여성명사는 항상 모음교체현상이 일어난다 (die Kuh, die Kühe).

3) 복수형 어미 -er를 취하는 명사

대부분의 단모음 중성명사와 몇몇 남성명사는 복수형 어미 -er를 가진다. 그리고 명사가 a, o, u를 내포하고 있으면 대부분 모음교체현상이 일어난다.

◐ 복수형어미 -er를 취하는 명사

복수형 어미	단수	복수	유형
(¨)-er	das Kind der Mann	die Kinder die Männer	대부분의 단모음 중성명사 몇몇 남성명사 (der Geist, Geister)

✎ 대부분의 단모음 중성명사는 복수형 어미 -er을 가진다 (das Buch, Bücher; das Lied, Lieder).

4) 복수형 어미 -(e)n을 취하는 명사

대부분의 여성명사, 많은 외래어, 그리고 -in으로 끝나는 여성명사는 복수형 어미 -(e)n을 취한다. 그리고 모든 -n변화 남성명사가 이 그룹에 속한다.

복수형 어미	단수	복수	유형
-n	die Lampe	die Lampen	대부분의 여성명사
-en	die Uhr	die Uhren	대부분의 여성명사
-en	die Bäckerei	die Bäckereien	-ei로 끝나는 여성명사
-en	die Universität	die Universitäten	많은 외래어
-en	das Gymnasium	die Gymnasien	-a, -um으로 끝나는 외래어
-en	die Firma	die Firmen	
-en	der Student	die Studenten	모든 'n-변화' 남성명사

🔖 -e로 끝나는 여성명사는 대부분 복수형 어미 -n을 취한다 (die Karte, Karten).

🔖 -ei로 끝나는 여성명사는 복수형 어미 -en을 취한다 (die Schneiderei, Schneidereien).

🔖 외래어, 특히 라틴어에서 나온 -as, -us로 끝나는 명사는 대부분 복수형 어미 -en을 갖는다 (der Atlas, Atlanten; die Praxis, Praxen; der Kaktus, Kakteen; der Globus, Globen).

🔖 -a로 끝나는 몇몇 외래어는 -en을 복수형 어미로 갖는다 (die Firma, Firmen; das Thema, Themen).

5) 복수형 어미 -s를 취하는 명사

대부분의 영어나 프랑스어에서 유래한 외래어, -a, -i, -o로 끝나는 명사, 그리고 축약어는 복수형 어미 -s를 취한다.

복수형 어미	단수	복수	유형
-s	das Auto	die Autos	-a, -i, -o로 끝나는 명사
	der LKW	die LKWs	축약어
	das Team	die Teams	영어와 불어에서 온 외래어

🔖 der Opa, der Azubi, 혹은 das Radio 등 -a, -i, -o로 끝나는 명사들은 복수형 어미 -s를 취한다.

🔖 예외로 외래어 das Lexikon, das Praktikum은 복수형 어미로 -a를 취한다 (die Lexika, die Praktika).

복수형 어미를 다시 한 번 정리해 보면 다음과 같다.

복수형 어미	단수	복수	유형
(¨)-	das Zimmer der Garten der Apfel	die Zimmer die Gärten die Äpfel	-er, -en, -el, -chen, -lein, -sel로 끝나는 명사
(¨)-e	der Tisch das Ereignis die Maus	die Tische die Ereignisse die Mäuse	많은 남성명사 및 중성명사 복수형에서 복자음이 오는 명사들 몇몇 단모음 여성명사
(¨)-er	das Kind der Mann	die Kinder die Männer	단모음 중성명사 몇몇 남성명사
-n -en -en -en -en -en	die Lampe die Uhr die Universität das Gymnasium die Firma der Student	die Lampen die Uhren die Universitäten die Gymnasien die Firmen die Studenten	대부분의 여성명사 대부분의 여성명사 많은 외래어 -a, -um으로 끝나는 외래어 모든 'n-변화' 남성명사
-s	das Auto der LKW das Team	die Autos die LKWs die Teams	-a, -i, -o로 끝나는 명사 축약어 영어와 불어에서 온 외래어

복수형이 없는 명사

독일어의 명사 중 추상명사(Abstrakta), 물질명사(Stoffnamen), 집합명사(Sammelnamen)는 복수형이 없고 항상 단수형으로 사용된다.

1) 추상명사 (Abstrakta)

추상명사란 셀 수 없는 명사로서 성질, 상태 또는 일반적인 개념을 나타낸다. 아래의 명사가 이 그룹에 속한다.

추상명사	das Geld 돈, der Spaß 농담, der Stress 스트레스, der Sport 운동, die Musik 음악, die Gewalt 무력, die Ordnung 질서, das Glück 행운, das Vertrauen 신뢰, die Erziehung 교육, die Kommunikation 의사소통, die Jugend 청소년기, das Alter 나이, das Eigentum 소유권, der Unterricht 수업, der Hunger 배고픔, der Durst 갈증, die Umwelt 환경, das Wetter 날씨, der Verkehr 교통, der Urlaub 휴가, die Gesundheit 건강
	das Wandern 방랑, das Suchen 수색, das Sprechen 말하기, das Essen 먹기

2) 물질명사 (Stoffnamen)

물질명사란 셀 수 없는 명사로서 물질, 척도를 나타내는 단위 및 수량명사 등을
나타낸다. 아래의 명사가 이 그룹에 속한다.

물질명사	**das Gold** 금, **der Strom** 전기, **der Essig** 식초, **der Kaffee** 커피, **der Tee** 차, **der Reis** 쌀, **das Fleisch** 고기, **der Regen** 비, **der Schnee** 눈, **der Nebel** 안개
단위명사	**3 Kilo Kartoffeln** 3킬로 감자, **10 Pfund Äpfel** 10파운드 사과, **30 Euro** 30유로 (예외: **10 Tonnen** 10톤)

✎. 물질명사는 셀 수 없는 명사로서 일반적으로 Grad, Pfund, Kilo, Flasche 등의 단위명사
   와 함께 사용된다 (3kg Fleisch, 2 Flaschen Bier).
✎. 단위 및 수량명사 중 Tonne, Million 등의 여성명사는 복수형어미 -(e)n을 취한다.

3) 집합명사 (Sammelnamen)

집합명사란 셀 수 없는 명사로서 여러 개의 개체가 모인 집합체를 의미하며, 항
상 단수형으로 쓰인다.

집합명사	**das Gepäck** 여행가방, **das Getreide** 곡물, **die Polizei** 경찰, **die Familie** 가족, **die Bevölkerung** 주민, **das Publikum** 관객, **das Geschirr** 식기

복수형으로만 사용되는 명사

독일어의 명사 중 일부 지명이나, 사람들의 집단, 그리고 몇몇 주요 명사들은 항
상 복수형으로만 쓰인다.

일부 지명	**die USA** 미국, **die Niederlande** 네덜란드, **die Alpen** 알프스산맥, **die Anden** 안데스산맥
인간 집단	**die Eltern** 부모, **die Leute** 사람들, **die Geschwister** 형제자매
몇몇 주요 명사	**die Kosten** 비용, **die Kenntnisse** 지식, **die Papiere** 서류, **die Jeans** 청바지, **die Ferien** 방학, **die Flitterwochen** 신혼여행, **die Lebensmittel** 생필품, **die Spirituosen** 알콜음료, **die Textilien** 섬유류, **die Finanzen** 재정, **die Personalien** 인적사항

3 격 Kasus

격의 사용

　명사는 문장 내의 다른 문장 성분과의 관계 속에서 여러 가지 기능을 갖는다. 이러한 기능은 주격(1격), 직접 목적격(4격), 간접 목적격(3격) 그리고 소유격(2격)의 네 개의 격에 의해 표현되며, 이것은 명사를 수반하는 문장성분인 관사나 형용사 변화에 의해 나타난다. 이것을 명사변화(Deklination)라고 한다.

1격 (Nominativ) ~이, ~가 [질문] Wer? (=사람) 　　　 Was? (=사물)	**Herr Kim ist Kameramann.** 김 선생님은 카메라맨이다. **Er arbeitet beim Fernsehen.** 그는 방송사에서 일한다.
4격 (Akkusativ) ~을 [질문] Wen? (=사람) 　　　 Was? (=사물)	**Ich habe eine Tante.** 나는 이모 한 분이 있다. **Ich esse einen Hamburger.** 나는 햄버거를 먹는다.
3격 (Dativ) ~에게 [질문] Wem? (=사람)	**Das Geschenk gefällt ihm.** 그 선물이 그의 마음에 든다.
2격 (Genitiv) ~의 [질문] Wessen?	**Das ist das Ferienhaus meiner Eltern.** 그것은 부모님의 별장이다.

　독일어에서 격의 문법적 정보는 동사 및 전치사, 혹은 다른 명사에 의해 주어진다.

Er gibt ihr Blumen.
그는 그녀에게 꽃을 준다.

Er denkt an seine Freundin.
그는 그의 여자 친구를 생각한다.

Das ist die Tochter meiner Freundin.
저 아이는 내 친구의 딸이야.

○ 예를 들어 동사 **geben**(주다)은 3개의 보충어를 취하는 동사로서, 주격 보충어(er), 3격 보충어(ihr)와 4격 보충어(Blumen)를 갖는다. 문장 내에서 보충어의 격과 수는 동사의 의미 속에 내포되어 있다.

○ 전치사 또한 동사처럼 전치사의 목적어에 격의 정보를 주는 기능을 한다.

1) 동사의 격 지배

독일어에서는 동사가 1격 보충어만을 취하는 동사인지, 혹은 목적격을 취하는 동사인지에 대한 문법적 정보가 동사고유의 의미 속에 내재되어 있다 (261-265쪽 참조).

격	1격 (주격)	동사	3격 (간접 목적격)	4격 (직접 목적격)
	Ich 나는	**liebe** 사랑한다		**Peter.** 페터를
	Peter 페터는	**schenkt** 선물한다	**mir** 나에게	**ein Buch.** 책을
	Das 이것은	**gefällt** 맘에 든다	**mir.** 나에게	

✎ 위의 예문에서 보는 바와 같이 동사는 격에 대한 정보를 준다.

✎ 독일어 문장에서는 문장성분들의 위치제약이 영어에 비해 적기 때문에 동사가 문장을 이해하는 데에 중요한 역할을 한다.

Peter (목적어) liebe ich (주어). 페터를 내가 사랑한다.

2) 전치사의 격 지배

한 문장에서 전치사구는 독립 구문으로서 일반적으로 동사의 영향을 받지 않는다. 그러므로 독일어의 전치사구에서 격의 정보는 전치사가 주게 된다 (221-226쪽 참조).

	전치사	명사구 (격)	
Peter freut sich 페터는 선물에 기뻐한다. Maria schenkt ihm ein iPad 마리아는 그에게 핸드폰 대신 아이패드를 선물한다.	über statt	das Geschenk. eines Handys.	4격 2격

명사

3) 명사의 격 지배

명사가 격을 정하는 경우는 일반적으로 2격으로 명사와 명사간의 소유관계를 표현한다. 2격 명사는 일반적으로 또 다른 명사의 오른쪽에서 수식하는 역할을 한다.

Opa Klaus ist der Vater meines Vaters.
클라우스 할아버지는 나의 아버지의 아버지시다.

Diese Musik ist „das Phantom der Oper".
이 음악은 '오페라의 유령'이다.

Marias Katze heißt Miao.
마리아의 고양이의 이름은 미아오이다.

- 수식하는 역할을 하는 2격의 남성 및 중성 명사의 경우 관사 변화와는 별도로 명사에 -(e)s를 첨가하고, n-변화 남성 명사에는 -(e)n을 첨가한다.
- 고유명사의 소유격은 관사를 쓰지 않고, 명사에 -s를 어미로 첨가한다.

ⓐ 일반 명사의 소유격

일반 명사의 소유격은 일반적으로 관사에 의해 표현되는데 수식하는 명사는 뒤에 오며, 이때 이 명사가 남성 혹은 중성명사이면 명사에 -(e)s를 첨가하고, n-변화 남성명사에는 -(e)n을 첨가한다. 여성명사일 때는 아무것도 첨가하지 않는다.

	명사	2격 (소유격)
Das ist	der Bruder	meines Mannes.
Er erbt	das Haus	seiner Tante.
Der Professor gratuliert zum	Geburtstag	seines Studenten.

ⓑ 고유명사의 소유격

고유명사의 소유격은 관사없이 명사 뒤에 -s를 붙여서 2격을 표시한다. 일상어에서는 이것을 von + 3격으로 대체할 수 있다 (Heesus Eltern = die Eltern von Heesu).

명사

Marias Eltern sind nett.
마리아의 부모님은 친절하다.

Paris' Wahrzeichen ist der Eiffelturm.
파리의 상징은 에펠탑이다.

○ 일상에서는 이미 언급한 바와 같이 **von** + 3격으로 자주 사용된다.

Die Eltern von Maria sind nett. 마리아의 부모님들은 친절하다.

Andreas Talent = das Talent von Andrea 안드레아의 재능

○ -s, z, x, ß로 끝나는 고유명사는 -s 대신 생략부호를 첨가한다.

Alex' Ideen 알렉스의 아이디어 Paris' Wahrzeichen 파리의 상징

명
사

---

4 **명사 변화** Deklinaiton

독일어에서 단수 명사의 성과 격의 정보는 주로 관사에서 나타나며 명사 자신
은 격에 따라 조금만 변화한다. 이러한 격에 따른 명사의 변화는 아래와 같이 세 가
지 유형으로 분류할 수 있다.

명사의 유형

1) 유형 1

대부분의 남성 및 모든 중성명사가 유형 1에 속한다. 이 부류의 명사들은 일반
적으로 명사의 2격에 -(e)s를 첨가하거나, 3격에 -e를 붙이는 경우도 있다 (im
Grunde). 단수 여성명사는 모든 격에서 어미를 첨가하지 않는다. 모든 명사의 복수
3격에는 -n을 어미로 첨가한다.

	남성	중성	여성	복수
1격	der / ein Mann	das / ein Kind	die / eine Frau	die Männer / Kinder / Frauen
4격	den / einen Mann	das / ein Kind	die / eine Frau	die Männer / Kinder / Frauen
3격	dem / einem Mann	dem / einem Kind	der / einer Frau	den Männern / Kindern / Frauen
2격	des / eines Mannes	des / eines Kindes	der / einer Frau	der Männer / Kinder / Frauen

✎ 유형 1에 속하는 남성과 중성 2격 단수 명사는 어미 -s 혹은 -es를 가진다.
(des Vaters, des Kindes)

✎ 여러 음절로 된 남성과 중성명사의 2격에는 주로 -s를 어미로 첨가한다.
(des Onkels, des Fahrers)

✎ 단음절로 된 남성과 중성 단수 명사, 혹은 -s, -ss, -ß, -tsch, -x, -z, -tz로 끝나는 명사의
2격은 발음상의 이유로 -es를 어미로 붙인다.
(des Buches, des Hauses, des Gastes, des Flusses, des Reflexes)

✎ -nis로 끝나는 명사의 2격은 -s를 첨가하고 그 뒤에 -es를 어미로 붙인다.
(des Zeugnisses, des Ergebnisses)

✎ 모든 명사는 3격 복수에서 어미 -n을 가진다 (den Vätern, den Müttern).
하지만 명사의 복수형이 -s로 끝나는 경우는 예외이다 (den Autos, den Chefs).

2) 유형 2-1 (n-변화 명사)

n-변화 명사는 단수 2, 3, 4격과 복수 1, 2, 3, 4격에서 -(e)n을 가진다.

▶ n-변화 명사의 변화

단수 1격	der Mensch
단수 2, 3, 4격	des / dem / den Menschen
복수 1, 2, 3, 4격	die / der/ den / die Menschen

✎ n-변화 명사는 유형 2에 속하며, -e로 끝나는 모든 남성명사와 몇몇 남성명사가 n-변화 명
사에 속한다.

✎ 또한 -ant / -ent / -ist / -at / -loge / -graf로 끝나는, 직업 등을 나타내는 라틴어나 그리
스어의 외래명사도 이 그룹에 속한다.

✎ n-변화 명사의 수는 제한되어 있을 뿐만 아니라, 그 성 또한 모두 남성이기 때문에 쉽게 인
식할 수 있다.

명
사

◈ -e로 끝나는 모든 남성명사

-e로 끝나는 모든 남성명사	der Junge 소년, des Jungen / der Kollege 동료, des Kollegen der Kunde 손님, des Kunden / der Zeuge 증인, des Zeugen
-e로 끝나는 동물 남성명사	der Hase 토끼, des Hasen / der Löwe 사자, des Löwen der Affe 원숭이, des Affen / der Rabe 까마귀, des Raben
-e로 끝나는 국적 명사	der Bulgare 불가리아인, des Bulgaren der Chinese 중국인, des Chinesen der Deutsche 독일인, des Deutschen der Däne 덴마크인, des Dänen

✎ -e로 끝나는 남성 국적 명사에는 der Franzose 프랑스인, der Grieche 그리스인, der Pole 폴란드인, der Russe 러시아인 등이 속한다.

◈ 몇몇 남성명사

몇몇 남성명사	der Bauer 농부, des Bauern / der Herr 신사, des Herrn der Kamerad 동무, des Kameraden der Nachbar 이웃사람, des Nachbarn

✎ 위에 언급된 명사 외에 der Architekt 건축가, der Philosoph 철학자, der Ökonom 농업가, der Fotograf 사진사 등이 있다.

◈ 라틴어나 그리스어에서 유래한 남성명사

-ant	der Demonstrant 시위자, des Demonstranten
-ent	der Präsident 대통령, des Präsidenten
-ist	der Polizist 경찰관, des Polizisten
-at	der Demokrat 민주주의자, des Demokraten
-loge	der Biologe 생물학자, des Biologen
-graf	der Fotograf 사진사, des Fotografen

✎ -ant로 끝나는 남성명사로는 Praktikant 실습생

✎ -ent로 끝나는 남성명사로는 Student 학생, Referent 발표자

✎ -ist로 끝나는 남성명사로는 Idealist 이상주의자, Journalist 기자

✎ -at로 끝나는 남성명사로는 Bürokrat 관료, Diplomat 외교관

✎ -oge로 끝나는 남성명사로는 Pädagoge 교육자, Theologe 신학자, Psychologe 심리학자

명
사

3) 유형 2-2

n-변화 명사에 속하는 명사로서, 명사변화는 유형 2-1의 명사와 동일하나, 2격에서 -en과 함께 -s를 첨가하는 명사를 말한다.

2격 어미가 -ns인 몇몇 남성 추상명사	der Buchstabe 문자 / 자모, des Buchstabens der Friede 평화, des Friedens der Gedanke 생각, des Gedankens der Glaube 믿음, des Glaubens der Wille 의지, des Willens der Name 이름, des Namens das Herz 심장 / 마음, des Herzens

✎ das Herz는 n-변화에 속하는 유일한 중성명사이다.

조어 Wortbildung

독일어에서 조어는 문장 구조를 간단하게 하는 중요한 역할을 하는데, 합성어와 파생어로 분류된다. 두 개 혹은 여러 개의 낱말들을 결합하여 새로운 단어를 만들 수 있으며, 이것을 합성어라고 한다. 또한 다른 품사에서 파생되어 새로운 낱말이 만들어질 수 있는데, 이것을 파생어라고 한다. 이러한 파생어에는 동사 혹은 형용사에서 파생된 명사가 있고, 다른 품사에 명사형 어미를 붙여서 만들어지는 명사도 있다.

Das ist ein Bonbon gegen Husten. = Das ist ein Hustenbonbon.
이것은 기침에 좋은 캔디이다.

Es gibt viele Reisenden. 많은 여행객들이 있다.

● 합성어의 성과 품사는 마지막에 오는 낱말에 의해 결정된다.

합성명사의 주요한 결합방식은 다음과 같다.

1) 합성어 Komposita

독일어에서 낱말과 낱말의 결합방식은 아래와 같이 명사와 명사, 동사와 명사, 형용사와 명사 그리고 부사와 명사 등이 있다.

◐ 독일어의 합성어

결합방식	예
명사 + 명사	der Zimmerschlüssel 방 열쇠 = das Zimmer 방 + der Schlüssel 열쇠 der Hotelzimmerschlüssel 호텔방 열쇠 = das Hotel 호텔 + das Zimmer 방 + der Schlüssel 열쇠 der Fachmann (남) 전문인 die Fachfrau (여) 전문인 der Kaufmann (남) 상인 die Kauffrau (여) 상인
명사 + s / es + 명사	das Geburtsdatum 생일 (= das Datum der Geburt) = die Geburt 출생 + s + das Datum 날짜 der Geburtsort 출생지 (= der Ort der Geburt) = die Geburt + s + der Ort der Gesundheitsminister 보건부장관 = die Gesundheit 건강 + s + der Minister장관
명사 (여성) + (e)n+명사	die Sonnenbrille 선글라스 (= die Brille gegen die Sonne) = die Sonne 태양 + n + die Brille 안경
동사어간 + 명사	das Fahrrad 자전거 = fahren 타고가다 + das Rad 바퀴 das Wohnhaus 주택 = wohnen 거주하다 + das Haus 집 der Liegewagen 침대칸열차 = liegen 눕다 + der Wagen 차
형용사 + 명사	das Hochhaus 고층건물 = hoch 높은 + das Haus 집 der Schnellzug 급행열차 = schnell 빠른 + der Zug 기차
부사 + 명사	die Hinfahrt 가는 길, die Rückfahrt 오는 길 = hin, zurück 가는, 오는 + die Fahrt 운행
전치사 + 명사	die Unterschrift 서명 = unter 아래의 + die Schrift 필적

✎ 위의 예문과 같이 합성어에서는 일반적으로 앞의 단어가 뒤에 오는 단어의 의미를 구체화하는 기능을 하며, 합성어의 성과 품사는 마지막에 오는 명사의 성을 따른다.
(das Kinderzimmer 어린이 방 = das Zimmer der Kinder 어린이들의 방)

✎ 두 단어가 합성될 때는 두 단어를 그대로 결합하는 경우가 있고 (die Weinflasche 와인병), 두 단어 사이에 -n, -s, -e를 첨가하는 경우도 있다.

✎ 어미 -heit, -keit, -ung 뒤에, 혹은 -t 뒤에 낱말이 올 때 발음상 -(e)s을 첨가한다.
(der Arbeitsmarkt 인력 시장, die Erfahrungswissenschaft 경험과학)

✎ b, d, g, f가 어간에 있는 많은 동사의 경우 어간 뒤에 -e를 첨가한다.
(der Liegewagen 침대칸 열차)

2) 파생어 Ableitung

독일어에서 파생명사는 동사나 형용사에서 파생될 수 있다.

ⓐ 동사에서 파생된 명사

앞에서 살펴본 바와 같이 동사에서 파생된 명사에는 동사 부정형에서 파생된 중성명사(das Leben), 동사어간에서 축약된 남성명사(der Flug), 혹은 동사어간에 -t 나 -e를 붙여 만든 여성명사(die Fahrt, die Frage)가 있다 (124-125쪽 참조).

ⓑ 형용사와 분사에서 파생된 명사

형용사와 분사에서 파생된 명사는 형용사 어미변화를 한다.

형용사에서 파생된 명사 : der Jugendliche 청소년, das Schönste 가장 아름다운 것, der Bekannte 친지

분사에서 파생된 명사 : der Reisende 여행자

형용사의 명사화	der / die Arbeitslose 실직자, der / die Bekannte 아는 사람, der / die Blonde 금발머리 남자 / 여자
현재분사의 명사화	der / die Abwesende 결석자, der / die Anwesende 참석자
과거분사의 명사화	der / die Angestellte 사원, der Beamte / die Beamtin 공무원

ⓒ 명사형 어미를 첨가하여 만든 명사

독일어 명사는 다른 품사의 낱말에 접미사를 붙여 명사를 만들 수 있다 (123-125쪽 참조).

- -er, -ling, -ismus, -ist 등의 접미사를 첨가하여 남성명사를 만들 수 있다.
  der Füller, der Lehrling, der Realismus, der Optimist

- -ar / -är, -nis, -sal, -sel, -tum, -ment 등의 접미사를 첨가하여 남성 또는 중성 명사를 만들 수 있다.
  der Missionär, das Geheimnis, das Medikament

- -e, -ei, -t, -heit / -keit, -schaft, -ung, -anz / -enz, -ik, -tion 등의 접미사를 첨가하여 여성명사를 만들 수 있다.

명사

독일어에서 관사는 명사와 함께 옴으로써 동반자의 기능을 수행하며, 관사의
어미 변화를 통하여 함께 오는 명사의 성, 수, 격의 문법적 정보를 나타낸다. 관사에
는 부정관사, 정관사, 소유관사 그리고 부정관사 (Negationsartikel) 등이 속한다.

Da ist eine Frau.
저기 한 여자가 있다.

Die Frau ist meine Lehrerin.
그녀는 나의 선생님이다.

Sie hat kein Kind.
그녀는 아이가 없다.

○ 위의 예문에서 보는 바와 같이 ein, mein, kein은 부정관사류에 속하며, 단수형
  에서는 ein과 같이 부정관사 어미변화한다.

관사는 위에서 언급한 바와 같이 명사 앞에 단독으로 오거나 혹은 형용사 및 분
사형과 함께 명사를 동반할 수 있다. 이때 관사와 형용사의 어미변화가 명사의 성·
수·격에 관한 문법적 정보를 준다.

ein / mein / kein Auto	das Auto	관사 + 명사
ein / mein / kein rotes Auto	das rote Auto	관사 + 형용사 + 명사
ein / mein / kein gestohlenes Auto	das gestohlene Auto	관사 + 과거분사 + 명사

명사

1 정관사류의 사용 Gebrauch des bestimmten Artikels

정관사류에 속하는 관사로는 **der, dieser, jeder, mancher** 등이 있다. 이들 정관사류는 일반적으로 이미 알고 있는 사람 혹은 사물을 구체적으로 지시할 때 사용한다. 이들은 명사와 함께 동반기능 (Begleiter)으로 사용될 수 있고, 명사를 대신하는 대용기능 (Stellvertreter)으로 사용될 수도 있다 (191-195쪽 참조).

Der Mann ist mein Lehrer.
저 남자는 나의 선생님이다.

Dieses Buch habe ich.
나는 이 책을 가지고 있다.

Er kennt jede Straße.
그는 모든 길을 알고 있다.

정관사류 1 (der, die, das)

● 정관사 **der, die, das**는 이미 알고 있거나, 언급된 사람이나 사물을 지시할 때 사용된다.

Ist das Brot frisch?
그 빵은 신선하니?

Das ist das höchste Gebäude der Welt.
그것이 세계에서 가장 높은 건물이다.

Heute ist der 1. Mai.
오늘은 5월 1일이다.

● 정관사는 명사의 성을 나타내는 데 사용된다 (121쪽 참조).

der Mann (남자)   die Frau (여자)   das Kind (중성)

● 정관사는 텍스트에서 한 번 언급되었거나 이미 알고 있는 사람이나 사물을 지칭할 때 사용된다.

Der Mann ist doch mein Bodyguard. 저 남자가 나의 경호원이야.

Der neue Ferrari von Daniel ist wirklich super!
다니엘의 새 페라리는 정말 멋지다!

Das ist das klare Ostseewasser. 이것이 그 맑은 발트 해이다.

● 정관사는 최상급과 날짜, 서수 앞에 사용된다.

Seoul ist die größte Stadt in Korea. 서울이 한국에서 제일 큰 도시다.

Ich habe am 27. August Geburtstag. 나는 8월 27일에 생일이다.

● 정관사는 유일무이한 사물이나 지명 혹은 건축물을 지칭할 때 사용한다.

여성형, 복수형의 나라이름 :

die Schweiz, die Türkei, die USA (pl.), die Niederlande (pl.)

어떤 지역 및 지형의 이름 :

die Alpen, der Bodensee, der Rhein, der Schwarzwald

유명한 건축물 :

das Brandenburger Tor 브란덴 부르크의 문, der Eiffelturm 에펠탑

● 정관사는 관공서명, 역사적 사건 등을 지칭할 때 사용한다.

관공서명 : das Arbeitsamt 노동청, das Rathaus 시청

역사적 사건이나 연대기 : die Novemberrevolution 11월 혁명

● 정관사는 일상회화에서 이름을 언급할 때 사용된다.

Der Markus ist aber dick geworden. 글쎄, 마르쿠스가 뚱뚱해졌더라.

정관사류 2 (dieser, solcher)

정관사류 dieser, -e, -es (이것), solcher, -e, -es (그것)는 동반기능으로 명사와 함께 오며 정관사어미 변화한다. dieser, -e, -es는 정관사 der, die, das보다 공간적으로나 시간적으로 가까운 것을 표현하고, solcher, -e, -es는 비슷한 부류의 사람 및 사물을 지칭할 때 사용된다. 이들은 또한 대명사로서 대용적 용법으로 사용될 수 있다 (193-194쪽 참조).

> Wie findest du den Laptop?
> 너는 이 노트북을 어떻게 생각하니?
>
> Dieser Laptop gefällt mir gut. (동반기능)
> 이 노트북이 내 맘에 든다.
>
> Solche Freunde musst du schätzen, obgleich sie arm sind. (동반기능)
> 비록 그들이 가난하더라도, 너는 그러한 친구들을 존중해야만 한다.
>
> Solches sollte nicht möglich sein. (대용기능)
> 그러한 것은 가능하지 않을 것 같아요.

정관사류 3 (jeder, mancher)

jeder, -e, -es (각자)는 단수형으로만 명사를 수반하는 동반기능으로 사용되며 정관사 어미변화한다. jeder의 복수 형태로 사용되는 부정대명사는 alle (모든)이다.

> Zum Fotofreundetreffen soll jedes Mitglied seine Kamera mitbringen.
> 사진을 좋아하는 사람들의 모임에 회원들은 각자 자기의 사진기를 가지고 와야만 한다.

mancher는 문장에서 명사와 함께 수식어로 사용되거나 혹은 명사를 대신하는 대용적 용법으로 사용될 수 있다. mancher는 단수형이라도 '많은, 상당수의'의 뜻으로 자주 쓰인다 (206쪽 참조).

> Manche Leute finden Deutsch schwer.
> 많은 사람들이 독일어를 어렵게 생각한다. (동반기능)

jeder와 mancher가 대용적 용법으로 사용될 때는 부정대명사가 된다.

2 정관사류의 형태 Bildung des bestimmten Artikels

정관사 및 이에 속하는 부류들은 정관사와 동일한 어미변화하며, 이때 어미변화는 뒤에 오는 명사의 성, 수, 격에 의해 결정된다.

▶ 정관사류의 형태

	단수			복수
	남성	여성	중성	남 · 여 · 중성 공통
1격	der + Mann dieser jeder mancher	die + Frau diese jede manche	das + Kind dieses jedes manches	die + Männer diese alle manche
4격	den + Mann diesen jeden manchen	die + Frau diese jede manche	das + Kind dieses jedes manches	die + Männer diese alle manche
3격	dem + Mann diesem jedem manchem	der + Frau dieser jeder mancher	dem + Kind diesem jedem manchem	den + Männern diesen allen manchen
2격	des + Mannes dieses jedes manches	der + Frau dieser jeder mancher	des + Kindes dieses jedes manches	der + Männer dieser aller mancher

	단수			복수
	남성	여성	중성	남 · 여 · 중성 공통
1격	-er	-e	-es	-e
4격	-en		-es	-e
3격	-em	-er	-em	-en
2격	-es		-es	-er

✎ 2격 남성과 중성명사에는 -(e)s를 첨가하고, 3격 복수형에서는 -n을 첨가한다.

3 부정관사류의 사용 Gebrauch des unbestimmten Artikels

　부정관사류에 속하는 관사로는 **ein, kein, mein**이 있다. 이 중 부정관사 **ein**은 처음 언급되거나, 새로운 사람이나 사물 혹은 특정하지 않은 일반 사물이나 사람을 지칭할 때 사용한다. 부정관사류는 정관사류와 같이 명사와 함께 동반기능으로 사용될 수도 있고, 명사를 대신하는 대용기능으로 사용될 수도 있다 (200-201쪽 참조).

Er ist ein guter Lehrer.
그는 좋은 선생님이다.

Sie hat kein Geld.
그녀는 돈이 없다.

Das ist meine Mutter.
저분이 나의 엄마야.

부정관사 (ein, eine, ein)

　부정관사 **ein, eine, ein** (하나, 어떤 한 …)은 텍스트에서 처음으로 언급되거나, 정해지지 않은 불확실한 사람이나 사물을 처음으로 언급할 때, 혹은 이들의 일반적 특징을 나타날 때 사용된다. 부정관사는 복수형이 없다.

Ich kaufe einen Computer.
나는 컴퓨터 한 대를 산다.

Da geht eine Frau.
저기 어떤 한 여자가 간다.

Daniel hat sich ein neues Auto gekauft.
다니엘이 새 차 한대를 샀다.

Das ist ein schöner See!
이것은 정말 아름다운 호수로군!

부정관사 (kein, keine, kein)

　부정관사 kein, keine, kein (하나가 … 아닌)은 ein (하나, 어떤)의 부정어로서 부정관사 어미변화한다. 그러나 부정관사 kein은 복수형에서 정관사 복수형 어미를 취한다.

　Ich habe keinen Bruder, aber eine Schwester.
　나는 남자형제는 없으나 여자형제가 있다.

　Peter hat keine Geschwister. Er ist ein Einzelkind.
　페터는 형제자매가 없다. 외동아들이다.

소유관사 (mein, meine, mein)

　소유관사 mein, meine, mein (나의)은 소유관계를 나타내며, 명사와 함께 동반기능으로 사용되고, 대용기능으로도 사용된다 (189-190쪽 참조). 이러한 소유관사는 부정관사 kein과 마찬가지로 복수형에서 정관사 복수형 어미를 취한다.

Das ist mein Kuli.
이것은 내 볼펜이다. (동반기능)

Wo ist deiner?
네 것은 어디 있니? (대용기능)

Das ist mein Haus.
이것은 나의 집이다.

Wo ist deins?
너의 집은 어디니?

Das ist meine Uhr.
이것은 내 시계다.

Seine ist auch hier.
그의 것 또한 여기 있다.

● 소유관사가 대용기능으로 명사를 대신하여 사용되면 소유대명사가 되고 이때 정관사 어미변화한다. 이를 통하여 생략된 명사의 성, 수, 격의 정보를 제공한다.

　　소유관사가 동반기능으로 사용되어 명사와 함께 오면 앞서 언급된 사람 혹은 사물에 따라 소유관사가 결정되고 소유관사의 어미는 함께 동반되는 명사의 성, 수, 격에 의해 결정된다. 소유관사의 어미는 부정관사 어미변화를 한다.

er / es → sein : **Die Uhr gehört Herrn Kim.** 그 시계는 김 선생님의 것이다.
　　　　　　 = **Das ist seine Uhr.** 그것은 그의 시계이다.

sie → ihr : **Das Buch gehört Frau Kim. = Das ist ihr Buch.**

　　독일어에서 동반기능을 하는 소유관사의 형태는 아래와 같다.

◗ 소유관사의 형태

인칭대명사	ich	du	er	sie	es	wir	ihr	sie (Pl.)	Sie
소유관사	mein-	dein-	sein-	ihr-	sein-	unser-	euer-	ihr-	Ihr-

✎ 소유관사가 단수명사와 함께 올 때 부정관사 어미변화와 동일하고, 복수명사와 결합할 때는 정관사 복수어미와 동일하다

◗ 동반 기능으로서의 소유관사 형태

	단 수			복 수
	남성	여성	중성	남·여·중성 공통
1격	mein Freund	meine Freundin	mein Haus	meine Häuser
4격	meinen Freund	meine Freundin	mein Haus	meine Häuser
3격	meinem Freund	meiner Freundin	meinem Haus	meinen Häusern
2격	meines Freundes	meiner Freundin	meines Hauses	meiner Häuser

✎ 소유관사 어미가 단수형 명사와 함께 올 때 부정관사 어미변화하고 복수형 명사를 동반할 때는 정관사 어미변화한다

Das ist meine Tasche. (1격, 단수, 여성)
Ich kenne ihren Sohn (4격, 단수, 남성) und ihre Töchter. (4격, 복수)

✎ 소유관사가 대용기능으로 사용될 때는 소유대명사가 되며, 정관사 어미변화한다.

Da ist ein Computer. Der ist meiner. 저기 컴퓨터가 있다. 이것은 나의 것이다.
Da ist eine Kamera. Die ist ihre. 저기 카메라가 있다. 이것은 그녀의 것이다.

4 부정관사류의 형태 Bildung des unbestimmten Artikels

ein, kein, mein 등의 부정관사 및 이에 속하는 부류들이 동반기능으로 단수형 명사를 수식하여 사용될 때는 부정관사 ein과 동일한 어미변화를 하나, 복수형 명사와 함께 올 때는 정관사 어미변화한다. 이러한 관사 어미변화를 통하여 동반되는 명사의 성, 수, 격의 정보가 제공된다.

▶ 부정관사류의 형태

	단 수			복 수
	남성	여성	중성	남 · 여 · 중성 공통
1격	ein kein mein irgendein	eine keine meine irgendeine	ein kein mein irgendein	- keine meine irgendwelche
4격	einen keinen meinen irgendeinen	eine keine meine irgendeine	ein kein mein irgendein	- keine meine irgendwelche
3격	einem keinem meinem irgendeinem	einer keiner meiner irgendeiner	einem keinem meinem irgendeinem	- keinen meinen irgendwelchen
2격	eines keines meines irgendeines	einer keiner meiner irgendeiner	eines keines meines irgendeines	- keiner meiner irgendwelcher

명사

Das ist Grammatik aktuell

	단수			복수
	남성	여성	중성	남·여·중성 공통
1격	-	-e	-	-e
4격	-en			
3격	-em	-er	-em	-en
2격	-es		-es	-er

✎ 부정관사 irgendein은 부정관사 ein과 비슷한 의미로서 '어떤 부정확한 것 혹은 불확실한 것'을 의미한다. 다른 부정관사류와 마찬가지로 명사를 수식하는 동반기능으로 사용되고, 명사를 대신하는 기능으로도 사용된다 (204-205쪽 참조).

Aus irgendeinem Grund will er nichts sagen.
어떤 이유에서 인지 그는 말하려 하지 않는다.

✎ 부정관사 irgendein의 복수형은 irgenwelche이며 정관사 어미변화 한다.

Wenn ich zu Hause irgendwelche Probleme habe, bin ich schlecht gelaunt.
나는 집에 무슨 문제가 있으면 기분이 나쁘다.

✎ 전철 irgend-는 또한 의문대명사와 결합하여 사용될 수 있다.

irgendwann 언젠가, irgendwo 어디에선가, irgendwohin 어딘가가 있다.

5 관사를 취하지 않는 경우 Nullartikel

독일어에서 관사를 사용하지 않는 경우는 다음과 같다.

관사를 취하지 않는 경우	예
부정관사의 복수	Haben Sie Kinder? 당신은 자녀가 있나요?
이름 (고유 명사)	Das ist Peter. 얘는 페터이다.
불가산 명사 (물질·집합·추상명사·병명)	Ich habe Schmerzen. 나는 통증이 있다. Brauchst du noch Geld? 돈이 아직도 필요하니?
신문이나 잡지 등에서의 기사 제목	Panik im Twin-Building 쌍둥이빌딩에서의 공포
책 제목	„Krieg und Frieden" 전쟁과 평화

명사

150

명사와 동사로 된 관용적 표현구	**Wäsche waschen ist heute kein Problem.** 오늘날 빨래하는 것은 문제가 아니다. **Zähne putzen nicht vergessen!** 양치질 잊지 마라!
종종 전치사와 함께 사용되는 관용구	**Lass mich in Ruhe.** 나를 내버려둬! **Zu Beginn des Spiels war nichts los.** 게임의 시작은 별 볼일 없었다.
사물 / 품목 나열하기 (광고)	**Zu verkaufen : kleines Haus mit zwei Zimmern, Küche und Garten** 매매 : 방 두 개, 부엌, 정원이 딸린 작은 집
도시명, 국명, 대륙 (예외 : Schweiz, Türkei, USA 등)	**Ich lebe in Seoul / Tokio / Paris.** 나는 서울 / 도쿄 / 파리에 산다.
전치사가 없는 시간부사	**Wir sind gestern Abend angekommen.** 우리는 어제 저녁 도착했다.
직업	**Er ist Arzt.** 그는 의사이다.
국적	**Sie ist Engländerin.** 그녀는 영국인이다.
종교	**Sie ist Jüdin und er ist Moslem.** 그녀는 유대교인이고 그는 이슬람교인이다.
중량·길이 등 표시 (척도)	**Bring bitte zwei Kilo Kartoffeln mit!** 2킬로의 감자를 가지고 와줘!
물질·재료	**Die Bluse ist aus Baumwolle.** 이 블라우스는 면제품이다.
관용적 표현 (숙어·속담)	**Ende gut, alles gut.** 끝이 좋아야 모든 것이 좋다.

✎. 명사 앞에 형용사나 수식어가 함께 오는 경우 정관사나 부정관사를 사용할 수 있다.

Er ist Arzt. 그는 의사이다.
Er ist ein guter Arzt. 그는 좋은 의사이다.
Er hat früher in Berlin gelebt. 그는 이전에 베를린에 살았다.
Er hat früher im geteilten Berlin gelebt. 그는 이전에 분단된 베를린에 살았다.

명사

Abschnitt 3 · 형용사 · Adjektive

형용사란 사람이나 사물의 특성이나 특징을 표현할 때 사용된다. 형용사는 기능상 **sein**과 **werden**과 함께 술어로 사용될 수 있을 뿐만 아니라, 명사를 수식하는 수식어로도 쓰일 수 있다.

Der Apfel ist rot. Das ist ein roter Apfel.
이 사과는 빨갛다. 이것은 빨간 사과이다.

Das Handy ist teuer. Das ist ein teures Handy.
이 핸드폰은 비싸다. 이것은 비싼 핸드폰이다.

Die Tasche ist grün. Das ist eine grüne Tasche.
이 가방은 녹색이다. 이것은 녹색 가방이다.

● 형용사가 첫 번째 예문에서와 같이 술어로 사용되면 형용사 어미변화를 하지 않으나, 수식어로 사용되면 형용사 변화를 한다. 이때 형용사 자체가 변하는 것이 아니라 형용사 어미가 변화하며 이것을 통해 명사의 성, 수, 격의 정보를 준다.

1 형용사 변화 Deklination der Adjektive

형용사가 명사 앞에서 수식어로 사용될 때, 형용사가 혼자, 정관사 혹은 부정관사와 함께 오느냐에 따라 다음과 같이 세 가지 종류의 형용사 변화로 분류할 수 있다.

Da ist eine dicke Frau. 여기 뚱뚱한 여자가 있다.

Die dicke Frau ist immer glücklich. 이 뚱뚱한 여자는 항상 기쁘다.

Sie hat blaue Turnschuhe an. 그녀는 파란 운동화를 신고 있다.

▶ 형용사변화의 형태

형용사 + 명사	→ 강변화 어미
정관사(류) + 형용사 + 명사	→ 약변화 어미
부정관사(류) + 형용사 + 명사	→ 혼합변화 어미

✎ 형용사의 어미는 함께 오는 관사와 함께 명사의 성, 수, 격에 대한 정보를 준다.

✎ rosa, pink, lila, orange와 같은 색을 나타내는 외래어 형용사는 형용사 어미변화를 하지 않는다. (ein rosa Bonbon 핑크색 사탕 하나)

✎ 그러나 이러한 형용사에 -farbig라는 접미사를 붙이면 형용사 어미변화 한다.
(ein rosafarbiges Bonbon 핑크색 사탕 하나)

형용사 변화 Ⅰ식 (강변화)

형용사가 관사 없이 명사와 함께 오는 경우 형용사는 남성 및 중성명사의 2격을 제외하고 정관사어미 변화한다. 이러한 형용사 어미변화를 통하여 형용사가 수식하고 있는 명사의 성, 수, 격의 정보를 준다.

blauer Himmel 파란 하늘 (-er)

helles Licht 밝은 빛 (-es)

glühende Sonne 작열하는 태양 (-e)

glänzende Sterne 반짝이는 별들 (-e)

● 형용사 어미는 정관사의 뒷부분 알파벳과 동일하다: **der, -er; die -e; das, -es**

▷ 형용사 변화 I식 – 형용사 + 명사

	남성	중성	여성	복수
1격	-er	-es	-e	-e
4격	-en	-es	-e	-e
3격	-em	-em	-er	-en
2격	-en	-en	-er	-er

✎ 형용사 변화 I식은 대부분 정관사 어미와 동일하나 2격 남성 및 중성명사는 -es 대신에 -en을 사용한다.
blauen Himmels, hellen Lichtes, glühender Sonne, glänzender Sterne

✎ 명사 앞에 여러 개의 형용사가 올 경우, 이 형용사들은 동일한 형용사 어미변화를 한다.
blauer, klarer Himmel 푸르고 밝은 하늘

✎ **einige, etliche, mehrere** 등의 몇몇 부정관사 또는 수량명사들은 형용사처럼 수식어로 사용될 수 있다. 이러한 부정관사 또는 수량명사들은 형용사 변화 I식처럼 어미가 변한다.
einige gute Fragen 몇몇의 좋은 질문들
mehrere interessante Angebote 여러 개의 흥미로운 제안들

형용사 변화 Ⅱ 식 (약변화)

형용사가 정관사류와 함께 올 때 형용사는 1격 남성명사와 1격 및 4격 여성, 중성명사에서 -e가 오고, 이 외에는 형용사 어미 -en이 온다. 이것은 마치 권총 모양의 형태를 하고 있다.

der nette Lehrer 친절한 선생님

das neue Haus 새 집

명사

die kleine Uhr 작은 시계   die neuen Häuser 새 집들

○ 정관사류와 함께 수식어로 오는 형용사 어미로는 -e, -en 두 가지가 있다.

▶ 형용사 변화 II식 – 정관사(류) + 형용사 + 명사

	남성	중성	여성	복수
1격	der neue Film	das neue Haus	die neue Uhr	die neuen Filme
4격	den neuen Film	das neue Haus	die neue Uhr	die neuen Filme
3격	dem neuen Film	dem neuen Haus	der neuen Uhr	den neuen Filmen
2격	des neuen Films	des neuen Hauses	der neuen Uhr	der neuen Filme

	형용사 변화 II식			
	남성	중성	여성	복수
1격		-e		
4격				
3격		-en		
2격				

✎. 이 그룹에 속하는 정관사류로는 **dies-** (이), **jen-** (저), **jed-** (각각)가 있다. 정관사류 자체는 정관사 어미변화하며 함께 동반되는 형용사는 형용사 변화 II식처럼 변화한다.
dieser schöne Sommer 이 아름다운 여름, dieses schöne Kleid 이 예쁜 옷,
jede junge Frau 모든 젊은 부인

✎. 부정관사류에 속하는 **alle, keine, beide, sämtliche, solche**가 복수형 명사와 결합하면 아래와 같이 정관사 어미변화한다.
alle kleinen Kinder 모든 어린 아이들
solche komischen Sachen 그러한 웃긴 일들
beide jungen Männer 두 젊은이들, keine neuen Filme 새로운 영화들이 아님

형용사 변화 Ⅲ 식 (혼합변화)

형용사가 부정관사와 함께 명사 앞에 오는 경우에 형용사는 혼합변화한다. 남성 및 중성, 여성명사 단수형과 복수형의 1격과 4격에서 형용사 어미변화 Ⅰ식으로 변하고, 나머지는 형용사 어미변화 Ⅱ식으로 변한다.

▶ 형용사 변화 Ⅲ식 – 부정관사(류) + 형용사 + 명사

	남성	중성	여성	복수
1격	ein neuer Film	ein neues Haus	eine neue Uhr	neue Filme
4격	einen neuen Film	ein neues Haus	eine neue Uhr	neue Filme
3격	einem neuen Film	einem neuen Haus	einer neuen Uhr	neuen Filmen
2격	eines neuen Films	eines neuen Hauses	einer neuen Uhr	neuer Filme

형용사 변화 Ⅲ식			
	남성	중성	여성	복수
1격	-er	-es	-e	-e
4격		-es	-e	-e
3격	-en			
2격				-er

✎ 형용사 변화 Ⅲ식에서는 남성 및 중성명사 2격에서 명사 뒤에 -(es)를 첨가한다. 그리고 복수 3격에서 명사의 복수형 어미 뒤에 -n을 첨가한다.

✎ '부정관사 ein + 형용사 + 단수 명사'의 경우 형용사는 혼합변화하나, 형용사가 복수형 명사 앞에 올 경우, 부정관사 앞에는 ein을 쓸 수 없다. 그러므로 부정관사는 탈락되고, '형용사 + 복수 명사'가 되어 형용사 어미변화 Ⅰ식과 같이 변화한다.

▶ 부정관사 kein + 형용사 + 명사

	남성	중성	여성	복수
1격	kein neuer Film	kein neues Haus	keine neue Uhr	keine neuen Filme
4격	keinen neuen Film	kein neues Haus	keine neue Uhr	keine neuen Filme
3격	keinem neuen Film	keinem neuen Haus	keiner neuen Uhr	keinen neuen Filmen
2격	keines neuen Films	keines neuen Hauses	keiner neuen Uhr	keiner neuen Filme

명사

	형용사 변화 III식			
	남성	중성	여성	복수
1격	-er	-es	-e	
4격				
3격	-en			
2격				

🖎 소유관사 (mein, dein, sein, ihr, unser)와 부정관사 (kein)는 부정관사(ein)류에 속한다. 그러나 복수형 명사가 mein, kein 등의 부정관사류와 함께 오는 경우, 부정관사 ein의 경우와는 다르게 형용사 변화 II식으로 변화한다.

keine neuen Filme ; keine neuen Filme ; keinen neuen Filmen ; keiner neuen Filme.

특별한 형용사 변화

독일어의 형용사 중 -el, -en, -er, 혹은 -ch로 끝나는 대부분의 형용사는 발음상의 이유로 형용사 변화할 때 뒤에 오는 모음 -e, 혹은 자음 c가 생략된다. 그리고 -a로 끝나는 색을 나타내는 형용사나, 수사 혹은 -er로 끝나는 나라나 지명을 나타내는 형용사는 형용사 변화를 하지 않는다.

Die teuren Schuhe will ich nicht.
이런 비싼 신은 원하지 않아.

（X）

Sie hat eine miserable Laune.
그녀는 기분이 좋지 않다.

Im hohen Haus wohne ich.
나는 고층건물에 산다.

○ dunkel 어두운, sauer 신, trocken 건조한 등의 -el, -en, -er로 끝나는 형용사들이 관사류와 함께 올 때, 혹은 비교급으로 사용될 때 -e가 생략된다.

ein saur-er Apfel 신 사과, dunkl-er-e Nacht 더 어두운 밤

● -ch로 끝나는 형용사가 관사류와 함께 올 때, 혹은 비교급에서 -c가 생략된다.

die hoh-e Wolke 높은 구름, das höh-er-e Haus 더 높은 집

● -a로 끝나는 색을 나타내는 외래어 형용사는 형용사 어미변화를 하지 않는다.

Ich mag den lila Rock. 나는 그 보라색 치마를 좋아한다.

Sie hat eine rosa Bluse. 그녀는 핑크색 블라우스 하나를 가지고 있다.

● 명사 앞에 오는 숫자는 형용사 변화하지 않는다.

Ich habe vier Wochen Urlaub. 나는 4주간 휴가이다.

● 나라나 도시의 이름에서 파생된 -er로 끝나는 형용사는 형용사 변화하지 않는다.

der Kölner Dom 쾰른 성당, die Berliner Mauer 베를린 장벽,
das Brandenburger Tor 브란덴부르크의 문

명사

2 형용사의 원급, 비교급과 최상급 Komparation der Adjektive

원급, 비교급과 최상급의 사용

둘 이상의 사람이나 사물들을 비교할 때 형용사의 원급, 비교급 그리고 최상급을 사용하여 표현할 수 있다.

Der Hund ist so groß wie der Wolf.
개는 늑대만큼 크다.

Der Elefant ist aber größer als der Hund.
그러나 코끼리는 개보다 크다.

Der Elefant ist am größten.
코끼리가 제일 크다.

● 형용사의 원급은 'so + 형용사 + wie'의 형태를 사용한다.

● 형용사의 비교급 및 최상급은 술어로 사용될 수도 있고, 명사를 꾸미는 수식어로 사용될 수도 있다.

Inho ist der größte in der Klasse.

인호는 학급에서 가장 키가 큰 학생이다.

◎ 술어적 용법으로서의 비교급은 일반적으로 형용사에 **-er**를 붙여 표현하고 **als**가
사용된다.

Inho ist kleiner als ich.

인호는 나보다 작다.

◎ 술어적 용법으로서의 형용사의 최상급은 '**am** + 형용사 + **sten**'의 형태로 사용된다.

Inho ist am größten in der Klasse.

인호는 학급에서 키가 가장 크다.

1) 원급 Positiv

어떤 사람이나 사물들을 비교하여 동일할 때에는 '**so** + 형용사 + **wie**'의 형태
를 취하며, 두 사람이나 사물을 비교하여 비교 대상의 반이나 두 배일 경우 **halb**와
doppelt을 사용하여 표현할 수 있다.

Lisa ist 10 Jahre alt. Peter ist so alt wie sie.

리사는 10살이다. 페터는 리자의 나이와 같다.

Aber Maria ist 5 Jahre alt. Sie ist halb so alt wie Lisa.

그러나 마리아는 5살이다. 그녀는 리자의 나이의 반이다.

Klaus ist doppelt so alt wie Peter. Er ist 20 Jahre alt.

클라우스는 페터 나이의 두 배다. 그는 20살이다.

genau so + 원급 + wie (~와 같은)	Kim ist genau so groß wie Max. 킴은 막스와 똑같이 크다.
halb, doppelt so + 원급 + wie (~의 반, ~의 배와 같은)	Maria ist halb so alt wie Max. 마리아는 막스의 나이의 반이다. Park ist doppelt so alt wie Max. 박씨는 막스 나이의 두 배이다.

명사

2) 비교급 및 최상급 Komparativ und Superlativ

독일어 형용사의 비교급과 최상급은 동사와 함께 술어적으로 사용될 수 있고 또한 명사 앞에서 수식어적으로 사용될 수 있다. 이때 형용사 어미변화를 한다.

Der Sessel ist bequemer als der Stuhl.
이 일인용 소파는 저 의자보다 더 편하다. (술어)

Mama, du bist super! 엄마, 엄마는 최고야!

Es gibt keine bessere Mama als dich.
Du bist einfach die beste Mama. (수식어)
엄마보다 더 좋은 엄마는 없어. 엄마가 최고야.

ⓐ 술어적 용법

비교급 및 최상급의 형용사가 술어로 사용되어 명사 뒤에 올 때, 규칙변화와 불규칙변화의 형태가 있다. 비교급은 일반적으로 '형용사+er'와 als를 사용하고 최상급은 'am + 형용사+sten'의 형태로 사용된다.

	비교급 : -er	최상급 : am -sten
klein	Auto B ist kleiner als Auto A. 자동차 B는 A보다 작다.	Auto C ist am kleinsten. 자동차 C는 가장 작다.
billig	Auto B ist billiger als Auto A. 자동차는 B는 A보다 싸다.	Auto C ist am billigsten. 자동차 C는 가장 싸다.
schnell	Auto B fährt schneller als Auto C. 자동차 B는 C보다 빠르다.	Auto A fährt am schnellsten. 자동차 A는 가장 빠르다.

● 형용사가 비교급에서 술어적 용법으로 사용될 때 immer가 오면 점층적인 의미를 가진다.
Er wird immer dicker. 그는 점점 뚱뚱해진다.

명사

ⓑ 수식어적 용법

비교급 및 최상급의 형용사가 수식어로 사용되어 명사와 함께 올 경우, '형용사 +비교급 및 최상급 어미+형용사 어미'의 형태를 취한다. 이 경우 형용사가 어떤 관사와 함께 오느냐에 따라 어미변화가 달라진다.

◐ 일반 규칙

	비교급 : 형용사+er+형용사 어미	최상급 : 형용사+st+형용사 어미
billig	Ich kaufe ein billig-er-es Auto. 나는 더 싼 차를 산다.	Ich kaufe das billig-st-e Auto. 나는 가장 싼 차를 산다.
klein	Ich kaufe ein klein-er-es Auto. 나는 더 작은 차를 산다.	Ich kaufe das klein-st-e Auto. 나는 가장 작은 차를 산다.

원급, 비교급과 최상급의 형태

독일어 형용사의 비교급과 최상급의 형태는 다른 언어와는 달리, 여러 개의 음절을 가지고 있는 형용사에서도 -er와 -st를 붙여 만든다.

1) 규칙변화 형용사의 비교급 및 최상급

대부분의 규칙변화 형용사들은 비교급에 -er을, 최상급에 -st의 어미를 붙여 사용한다.

◐ 규칙변화 형용사들의 원급, 비교급 그리고 최상급의 형태

원급	비교급 (-er)	최상급 (-(e)st)
schön 예쁜	schöner 더 예쁜	am schönsten 가장 예쁜
billig 싼	billiger 더 싼	am billigsten 가장 싼
klein 작은	kleiner 더 작은	am kleinsten 가장 작은
dick 뚱뚱한	dicker 더 뚱뚱한	am dicksten 가장 뚱뚱한

ⓐ -d, -t, -s, -ss, -ß, -sch, -x, -z로 끝나는 형용사

독일어의 형용사 중 -d, -t, -s, -ss, -ß, -sch, -x, -z로 끝나는 형용사는 최상급에서 -e를 추가하여 -(e)st가 된다.

▶ -d, -t, -s, -ss, -ß, -sch, -x, -z로 끝나는 형용사의 비교급과 최상급

원급	비교급	최상급	특징
wild 거칠은 breit 넓은 hübsch 귀여운	wilder 더 거칠은 breiter 더 넓은 hübscher 더 귀여운	am wildesten 제일 거칠은 am breitesten 가장 폭넓은 am hübschesten 가장 귀여운	-d, -t, -s, -ss, -ß, -sch, -x, -z → 최상급에서 -e 추가

✎ bunt 색색의, ernsthaft 진지한, frisch 신선한, heiß 뜨거운, nass 젖은, rund 둥근, spitz 첨단의 등의 형용사들이 이 그룹에 속한다.

ⓑ -el, -er로 끝나는 형용사
-el, -er로 끝나는 형용사는 비교급에서 형용사의 e를 생략한다.

▶ -el, -er로 끝나는 형용사의 비교급과 최상급

원급	비교급	최상급	특징
dunkel 어두운 teuer 비싼 sauer 신	dunkler 더 어두운 teurer 더 비싼 saurer 더 신	am dunkelsten 가장 어두운 am teuersten 가장 비싼 am sauersten 가장 신	-el, -er 형용사 → 비교급에서 e 생략

ⓒ a, o, u가 있는 많은 단모음 형용사
a, o, u가 있는 많은 단모음 형용사들의 비교급이나 최상급에서 모음교체현상이 일어난다.

▶ a, o, u가 있는 많은 단모음 형용사의 비교급과 최상급

원급	비교급	최상급	특징
alt 나이든 groß 큰 warm 따뜻한 jung 젊은 klug 영리한	älter 더 나이든 größer 더 큰 wärmer 더 따뜻한 jünger 더 젊은 klüger 더 영리한	am ältesten 가장 나이든 am größten 가장 큰 am wärmsten 가장 따뜻한 am jüngsten 가장 젊은 am klügsten 가장 영리한	a, o, u → ä, ö, ü (대부분 단모음 형용사일 경우)

✎ alt 늙은, arg 비열한, arm 가난한, dumm 어리석은, grob 거친, groß 큰, klug 영리한, lang 긴, nah 가까운, scharf 매운, stark 강한, warm 따뜻한 등의 형용사들이 이 그룹에 속한다.

✎ 형용사 schmal 좁은 → schmaler, voll 꽉 찬 → voller는 모음교체 현상이 일어나지 않는다.

ⓓ 비교급과 최상급에서 -c를 첨가하거나 생략하는 형용사

nah와 같은 형용사는 최상급에서 -c를 첨가하고 hoch는 비교급에서 -c를 생략한다.

▶ 비교급과 최상급에서 -c를 첨가하거나 생략하는 형용사

원급	비교급	최상급	특징
nah 가까운 hoch 높은	näher 더 가까운 höher 더 높은	am nächsten 가장 가까운 am höchsten 가장 높은	-h → 최상급, c 추가 -ch → 비교급, c 생략

2) 비교급 및 최상급에서 불규칙 변화하는 형용사

아래의 형용사들은 위의 형용사들과는 달리 비교급 및 최상급에서 불규칙 변화한다.

▶ 비교급 및 최상급에서 불규칙 변화를 하는 형용사

원급	비교급	최상급
gut 좋은 viel 많은 gern 즐겨	besser 더 좋은 mehr 더 많은 lieber 더 좋아하는	am besten 가장 좋은 am meisten 가장 많이 am liebsten 가장 좋아하는

✎ 이러한 형태로 어떻게 불규칙 변화하는지에 대한 원칙은 존재하지 않으므로 암기하는 것이 낫다.

3) 특별한 형용사들

독일어에는 색을 표현하는 형용사들과 같이 언어논리상 비교급이나 최상급을 취할 수 없는 형용사들이 있다.

golden 금빛의, schwarz 검은색의, orange 오렌지색의, rosa 핑크색의, arbeitslos 실업의

형용사 중 비교급은 가능하나 최상급을 만들 수 없는 형용사들이 있다.

bildhübsch 그림처럼 예쁜, federleicht 깃털처럼 가벼운, tonnenschwer 매우 무거운,
grundfalsch 근본적으로 틀린, nagelneu 아주 새것의, spottbillig 아주 싼,
stockdunkel 칠흙처럼 어두운, todsicher 아주 확실한

③ 형용사의 합성형태 zusammengesetzte Formen von Adjektiven

파생 형용사

독일어에는 둘 이상의 단어가 결합하여 합성어들이 만들어 진다. 많은 형용사
들이 접두사 + 형용사, 명사 + 접미사, 동사 + 접미사식의 방법으로 결합된다.

1) 접두사 + 형용사
형용사에 접두사를 붙여 접두사 뒤의 형용사의 의미를 구체화할 수 있다.

접두사 + 형용사	un- (~에 반대하여)	der unfreundliche Gast 불친절한 손님 das unmoderne Kleid 유행에 뒤떨어진 원피스
	über- (평균 그 이상)	der übervorsichtige Fahrer 지나치게 신중한 운전기사
	aller- (더없이 ~한) halb- (반만) teil- (일부)	das allerschönste Erlebnis 가장 아름다운 체험 das halbautomatische Gerät 반자동식 기계 die teilmöblierte Wohnung 가구가 일부 있는 집

2) 명사 + 접미사
명사에 -ig, -isch, -lich 등의 다양한 형용사 어미를 첨가하여 형용사로 만들 수
있다.

명사 + 접미사	-ig	die einjährige Ausbildung 1년간의 교육 der einfarbige Stoff 단색 옷감
	-isch (국적)	der japanische Minister 일본의 장관
	-lich	die geschäftlichen Interessen 사업상 관심 das elterliche Haus 부모님의 집
	-los (~이 없는)	die fahrerlose Bahn 운전사가 없는 기차 die elternlosen Kinder 부모 없는 아이들

| -arm (적은) | die verkehrsarme Straße 교통량이 적은 도로 |
| -reich (많은) | die kinderreiche Familie 자녀가 많은 가정 |

✎. 명사에서 파생된 형용사는 다음과 같다.
der Traum 꿈 – traumhaft 꿈같은, der / die Jugendliche 청소년 – jugendlich 청소년의,
der Sommer 여름 – sommerlich 여름같은

3) 동사 + 접미사
동사에 -bar, -lich 등의 다양한 형용사 어미를 첨가하여 형용사로 만들 수 있다.

| 동사 + 접미사 | -bar (~할 수 있는) | trinkbar 마실 수 있는, unbezahlbar 지불 능력 없는 |

✎. 동사에서 파생된 형용사는 다음과 같다.
leben 살다 - lebhaft 생동감 있는, essen 먹다 - essbar 먹을 수 있는,
ärgern 화나다 - ärgerlich 화나는

4) 형용사로서의 현재분사형과 과거분사형
독일어 동사의 분사형은 '동사어간 + end' 형태의 현재분사와 과거분사가 있
다. 이들은 문장에서 형용사로 쓰일 수 있으며 수식어적 혹은 술어적 용법으로 사
용된다. 수식어적 분사는 명사를 수식하는데 쓰이는 반면, 술어적 분사는 sein 동
사와 결합하여 문장 술어로 사용된다.

Der Reis kocht im Kochtopf. 밥이 밥솥에서 끓고 있다.
(der kochende Reis)

Der Reis hat gerade gekocht. 밥이 막 끓었다.
(der gekochte Reis)

Der Reis ist fertig gekocht. 밥이 다 되었다.

● '동사어간 + end' 형태의 현재분사가 수식어적 형용사로 쓰일 때는 어떤 사건의 진행을 의미하고, 과거분사가 수식어적 형용사로 쓰일 때는 어떤 사건의 완료 및 수동의 의미를 가지고 있다. 이들은 형용사 어미변화를 한다.

● 과거분사가 술어적 형용사로 쓰일 때는 어떤 행위의 결과로서 새로운 상태의 의미를 가진다.

ⓐ 형용사로서의 현재분사형

현재분사형은 화자가 현재 진행되고 있는 사건을 표현할 때 쓰이며 동사어간에 **-end**를 첨가한다. 현재분사형은 문장에서 명사 앞에 놓여 수식어로 사용될 수 있으며, 형용사 어미변화를 한다. 그리고 또한 동사와 함께 술어로도 사용될 수 있다.

Die Frauen saßen singend im Garten.
그 여인들이 노래를 부르며 정원에 앉아 있었다. (술어)

Ich sehe den singenden Frauen zu.
나는 노래 부르는 여인들을 쳐다본다. (수식어)

현재분사는 명사로도 사용될 수 있으며 이때에도 형용사 어미변화한다.

der Reisende 여행하는 사람, die Singende 노래하는 사람,
ein Deutscher 독일인(남), eine Deutsche 독일인(여)

ⓑ 형용사로서의 과거분사형

과거분사형은 화자가 말하고 있는 순간에 완료된 사건을 표현할 때 사용되므로 완료분사라고도 불리운다. 과거분사형은 현재분사형과 마찬가지로 문장에서 명사 앞에 놓여 수식어적으로 사용될 수 있으며, 이러한 경우에는 형용사 어미변화를 한다. 또한 동사와 함께 술어적으로도 사용된다.

Die gewaschene Wäsche hängt im Garten.
세탁된 빨래가 정원에 널려있다. (수식어)

Der gekochte Reis ist da. 다 된 밥이 있네.
= Der Reis ist bereits fertig. 밥이 다 됐다.

명
사

Die Wäsche hängt gewaschen im Garten.
빨래가 세탁되어 정원에 널려 있다. (술어)

Er war verheiratet, ist jetzt aber geschieden.
그는 결혼했으나 지금은 이혼하였다.

과거분사형은 현재분사와 마찬가지로 명사로도 사용될 수 있으며 형용사 어미 변화한다.

der Gefallene, ein Gefallener 전사한 군인, der / die Besigte 패자,
der / die Angestellte 피고용인

명
사

ⓒ 형용사에서 파생된 명사

형용사외 형용사로 쓰이는 현재분시 및 괴기분사를 명사회할 수 있다. 이때 형용사와 분사에서 파생된 명사는 형용사 어미변화한다.

형용사의 명사화	der / die Arbeitslose 실업자, der / die Bekannte 아는 사람, der / die Blonde 금발머리 남자 / 여자
현재분사의 명사화	der / die Abwesende 결석자, der / die Anwesende 참석자
과거분사의 명사화	der / die Angestellte 사원, der Beamte / die Beamtin 공무원

▶ 형용사의 약변화와 같은 경우

	남성	여성	복수
1격	der Angestellte	die Angestellte	die Angestellten
4격	den Angestellten	die Angestellte	die Angestellten
3격	dem Angestellten	der Angestellten	den Angestellten
2격	des Angestellten	der Angestellten	der Angestellten

✎ 이러한 파생명사가 정관사류와 결합할 경우 형용사 변화 II식과 같이 약변화한다.

▶ 형용사의 혼합변화와 같은 경우

	남성	여성	복수
1격	ein Angestellter	eine Angestellte	Angestellte
4격	einen Angestellten	eine Angestellte	Angestellte
3격	einem Angestellten	einer Angestellten	Angestellten
2격	eines Angestellten	einer Angestellten	Angestellter

✎ 이러한 파생명사가 부정관사류와 결합할 경우 형용사 변화 III식과 같이 혼합변화한다.

Abschnitt **4** 수 · **Zahlen**

숫자와 수량명사는 수량이나 시각, 화폐 혹은 나이 등을 표시할 때 사용된다. 이러한 표현구에는 기본수를 표현하는 기수와, 순서를 나타내는 서수, 분수, 배분수사, 소수 등이 있다.

Sie ist drei Jahre alt.
이 아이는 세 살이야.

Eine Flasche Cola kostet tausend Won.
한 병의 콜라가 1000원이다.

Es ist zehn Uhr.
열 시이다.

Heute ist der erste Januar.
오늘은 1월 1일이다.

✎ 숫자는 크게 기수와 서수로 나눈다. 기수는 어미변화를 하지 않는 반면, 서수는 어미변화를 한다.

▶ 기수와 서수의 변화

	기수	서수
변화	Ich habe zehn Euro. 나는 10 유로를 가지고 있다.	Heute haben wir den ersten Juni. 오늘은 6월 1일이다.

수를 나타내는 낱말들은 아래의 예문에서와 같이 문법적으로 명사로서 사용되거나, 혹은 형용사로서 수식어적 용법으로 사용되고, 또한 불변화사로서 사용될 수 있다.

169

Das Gemälde ist eine Million Euro wert.
이 그림은 백만 유로로 가치가 있다.

Die drei Sängerinnen kommen aus Deutschland.
세 명의 여가수는 독일에서 왔다.

Ich schwimme dreimal pro Woche.
나는 일주일에 세 번씩 수영한다.

Geben Sie mir einen halben Apfel.
사과 절반을 주세요.

명
사

- 수와 양을 나타내는 낱말들은 명사로서 사용되고 이것을 수량명사라고 한다.
- 관사와 함께 명사를 수식해주는 동반기능으로서의 수는 수량형용사라고 한다.
- 숫자에 -mal, -fach 등을 첨가하여 횟수를 나타내는 수는 불변화사로서 수량부사라고 한다.
- 수는 분수를 나타낼 때 사용되며, 이때 분모는 서수 + el로, 분자는 기수로 표기한다. (1/4 : ein Viertel, 2/5 zwei Fünftel)

1 기수 Grundzahlen

기수는 수량명사로서 기본수를 표현하며, 관사와 함께 수량형용사로도 사용될 수 있다. 기수는 원칙적으로 형용사 어미변화하지 않는다.

기수의 형태

독일어의 기수는 다음과 같이 표기한다.

▶ 기수

0 null			10 zehn	101 hundert (und)eins
1 eins	11 elf	21 einundzwanzig	20 zwanzig	102 hundert (und)zwei
2 zwei	12 zwölf	22 zweiundzwanzig	30 dreißig	···
3 drei	13 dreizehn	23 dreiundzwanzig	40 vierzig	200 zweihundert
4 vier	14 vierzehn	24 vierundzwanzig	50 fünfzig	300 dreihundert
5 fünf	15 fünfzehn	25 fünfundzwanzig	60 sechzig	···
6 sechs	16 sechzehn	26 sechsundzwanzig	70 siebzig	1 000 tausend
7 sieben	17 siebzehn	27 siebenundzwanzig	80 achtzig	10 000 zehntausend
8 acht	18 achtzehn	28 achtundzwanzig	90 neunzig	100 000 hunderttausend
9 neun	19 neunzehn	29 neunundzwanzig	100 hundert	1 000 000 eine Million
10 zehn	20 zwanzig	30 dreißig		2 000 000 zwei Millionen
				1 000 000 000 eine Milliarde
				2 000 000 000 zwei Milliarden

명사

✎ 1~999999(neunhundertneunundneunzigtausendneunhundertneunundneunzig)는 한 단어로 간주하여 붙여서 읽는다.

✎ 위의 표에서 볼 수 있듯이, 숫자는 1부터 12까지는 고유한 단위 수로 표시된다. 13부터 19 까지는 단위 수에 -zehn을 결합하여 나타내며, 20, 30, 40, ··· 90까지의 숫자는 단위 수에 -z / ßig를 붙여 표기한다.

✎ 두 자리의 수 = 일 단위의 수 + und + 십 단위의 수로 표현한다.
(27 = sieben + und + zwanzig)

✎ 세 자리의 수 = 백 단위의 수 + 일 단위의 수 + und + 십 단위의 수로 표기한다.
(227 = zweihundert + sieben + und + zwanzig)

✎ 네 자리의 수 = 천 단위의 수 + 세 자리의 수로 표기한다.
(1.234 = eintausend + zweihundert + vierunddreißig)

✎ 다섯 자리의 수 = 두 자리의 수 + tausend + 세 자리의 수로 표기한다.

✎ 여섯 자리의 수 = 세 자리의 수 + tausend + 세 자리의 수로 표기한다.

✎ Million, Milliarde는 여성명사로 다른 수들과 결합하여 사용될 경우, 분리해서 기술하고, 여섯 자리의 수는 위의 규정에 따라 기술 된다.
(2.123.111 = zwei Millionen einhundertdreiundzwanzigtausendeinhundertelf)

✎ 숫자 6, 7이 단독으로 사용되거나, 두 자리 수에서 십 단위의 수 결합될 때 어미가 함께 온 다 (6 = sechs, 7 = sieben, 46 = sechsundvierzig, 47 = siebenundvierzig).

✎ 숫자 6, 7이 -zehn, -zig와 함께 올 때 어미 -s와 -en이 탈락된다.
(16 = sechzehn, 60 = sechzig, 17 = siebzehn, 70 = siebzig)

✎ 3의 숫자는 다른 숫자와 달리 십 단위의 수와 결합될 때 -ßig와 결합된다. (30 = dreißig)

기수의 사용

기수의 사용 예는 다음과 같다.

● 숫자 1은 단독으로 사용되는 경우와 다른 수와 함께 오는 경우가 있는데, 수의 마지막에 올 때는 eins라고 하며 숫자의 앞에 올 때는 ein으로 사용된다.
(1 = eins, 1001 = tausendeins, 41 = einundvierzig)

● 13부터 99까지의 숫자는 일의 자리를 먼저 읽고, 다음으로 십의 자리를 읽는다.
(13 = dreizehn, 99 = neunundneunzig)

● 숫자 1이 명사와 함께 와서 수량형용사로 사용될 때 부정관사 어미변화하고, 명사가 생략되어 대명사로 사용될 때는 정관사 어미변화한다.

Bitte ein Steak und einen Kaffee. 스테이크 일 인분과 커피 한 잔 주세요.

Einer der Männer war Shrek. 남자 중 하나는 슈렉이었다.

● **Million** (백만), **Milliarde** (십억)와 같이 여성 명사가 숫자 1과 함께 올 때 ein은 부정관사 어미변화를 하고 복수일 경우 복수형 어미를 첨가한다.
(1,000,000 eine Million, 2,000,000 zwei Millionen, 1,000,000,000 eine Milliarde)

● 독일에서는 학교 성적을 1 (수) ~ 6 (가)까지의 숫자로 표기한다. 점수는 여성명사이고, 정관사 **die**와 함께 온다. 그러나 화폐는 남성명사이며, 연대는 복수형으로 쓴다.

Sie hat eine Zwei im Aufsatz, aber er hat eine Eins.
그녀는 작문에서 2점 (B)을 받았으며, 그는 1점 (A)을 받았다.

Würden Sie mir bitte diesen Hunderter wechseln?
죄송하지만 백유로 지폐를 바꿔 주실 수 있나요?

Diese Musik ist aus den Sechzigern aus den 60er Jahren.
이 음악은 60년대의 것이다.

● 셀 수 있는 명사와 함께 오는 의문사는 **Wie viele** (how many)이며 명사의 복수형과 결합한다. 반면, 셀 수 없는 명사와 함께 오는 의문사는 **Wie viel** (how much)로서 명사의 단수형과 결합한다 (210쪽 참조).

Wie viel Geld hast du dabei? 너는 돈을 얼마나 가지고 있니?

Wie viele Flaschen sind das? 이것은 몇 병인가요?

◎ 숫자는 아니지만, 두 명의 사람 및 사물을 나타내는 것으로 **Paar** (한 쌍), **beide** (2), **Dutzend** (12), **ein paar** (einige, 서너 개)가 있다.

Peter und Maria sind ein attraktives Paar.
페터와 마리아는 매력적인 커플이다.

Beide gehen noch zur Schule. Die beiden passen zueinander.
둘은 여전히 학교에 다닌다. 그 둘은 서로 어울린다.

zwei Paare Strümpfe / Schuhe 두 짝의 양말 / 구두
ein paar Stifte / Bücher 두 세 자루의 색연필 / 두 세 권의 책들

◎ 기수에 **-fach**, **-mal**을 첨가하여 '몇 배', '몇 번'을 표현한다.

연산에서의 기수

독일어에서는 계산을 할 때 기수를 사용한다.

쓰기	말하기
덧셈 : 4 + 2 = 6	Vier plus zwei gleich/ist sechs.
뺄셈 : 4 - 2 = 2	Vier minus zwei gleich/ist zwei.
곱셈 : 4 × 2 = 8	Vier mal zwei gleich/ist acht.
나눗셈 : 4 : 2 = 2	Vier geteilt durch zwei gleich/ist zwei.

소수 Dezimalzahlen

독일어에서 소수점은 쉼표로 쓰고, 소수점 이하의 수는 한 자리씩 차례로 읽는다.

쓰기	말하기
0,5	null Komma fünf
2,28	zwei Komma zwei acht
14,3	vierzehn Komma drei

전화번호 Telefonnummer

독일에서는 전화번호를 대개 두 자리 혹은 한자리씩 읽는다.

쓰기	말하기
660 33 60	sechshundertsechzig dreiundreißig sechzig
876 - 5432	acht sieben sechs fünf vier drei zwo
041) 42 60 19	die Vorwahl null vier eins, zwoundvierzig sechzig neunzehn

✎ zwei와 drei는 매우 유사하므로 zwei는 zwo로 읽는다.
✎ 독일의 지역변호를 Vorwahl이라고 하고 전화번호의 앞에 온다.

연도 Jahreszahlen

연도는 아래와 같이 표기한다.

쓰기	말하기
1991	neunzehnhunderteinundneunzig
1890	achzehnhundertneunzig
2025	zweitausendfünfundzwanzig

✎ 2000년도부터는 2000 + 세 자리의 수를 사용한다.
  (2025 = zweitausend + fünfundzwanzig)
✎ 연도는 전치사 없이 사용되거나 혹은 im Jahr (~년도에)와 함께 온다.
  2022 wurde in Korea ein neuer Präsident gewählt.
  Im Jahr 2022 wurde in Korea ein neuer Präsident gewählt.
  2022년도에 한국에 새로운 대통령이 선출되었다.

단위 Maße

일반적으로 물질명사는 셀 수 없으므로 Grad, Pfund, Kilo 등의 단위명사와 함께 사용한다.

단위	사용 예
화폐 (Währung)	유럽 : 1 € : ein Euro / 0,50 € : fünfzig Cent 스위스 : 10 CHF : zehn (Schweizer) Franken 　　　　10,50 CHF : zehn Franken fünfzig 미국 : $ 10 : zehn Doller / $ 0.50 : fünfzig Cent
질량과 무게 (Maße und Gewichte)	• Wie lang ist der Tisch? 탁자의 길이는 얼마나 되나요? 　Einen Meter(4격)./Er ist einen Meter lang. 1미터입니다. • Wie weit ist es noch? 얼마나 멀었니? 　Noch einen Kilometer(4격). 아직 1킬로미터 남았다. • Wie schwer ist der Rucksack? 이 배낭은 얼마나 무겁니? 　Er wiegt einen Zentner(4격). 100파운드(50kg)이다. • Wie alt ist das Baby? 그 아이는 몇 살인가요? 　Einen Monat(4격). Es ist einen Monat alt. 한 달 되었습니다.
질량	1 l　　　　ein Liter 0.1 dl　　ein Deziliter

명
사

길이			
1 mm	ein Millimeter		
1 cm	ein Zentimeter		
1 m	ein Meter	1.5 m	ein Meter fünfzig
1 km	ein Kilometer	100 km	hundert Kilometer

속도			
100 km/h		hundert	Kilometer pro Stunde

면적			
1 cm²	ein Quadratzentimeter	1 m²	ein Quadratmeter
1 ha	ein Hektar		

크기			
1 m³	ein Kubikmeter	100 m³	hundert Kubikmeter

무게			
1 g	ein Gramm	10 kg	zehn Kilo(gramm)
100 g	hundert Gramm	1 t	eine Tonne
1 Pfd.	ein Pfund	10 t	zehn Tonnen
3 Pfd.	drei Pfund		
1 kg	ein Kilo(gramm)	1 1/2 kg	anderthalb kg

온도	
20°C	zwanzig Grad (Celsius)
0°C	null Grad (Celsius)
+2°C	plus zwei Grad (Celsius)
	zwei Grad über null
	zwei Grad über dem Gefrierpunkt
-2°C	minus zwei Grad (Celsius)
	zwei Grad unter null
	zwei Grad unter dem Gefrierpunkt
	zwei Grad Kälte

백분율	
1%	ein Prozent
100%	hundert Prozent

✎ 위의 예문에서와 같이 질량과 무게를 나타낼 때는 일반적으로 4격 보충어를 사용한다.

시각 Uhrzeit

독일어에서 시각은 공식 및 일상적인 시각 표현이 있다. 뉴스나 공항 등에서 시
각을 말할 때는 공식적인 표현을 사용하고, 일상대화에서는 비공식적인 시각 표현
을 사용한다. 시각을 질문할 때는 'Wie spät ist es?' 'Wie viel Uhr ist es? (몇 시
입니까?)'라고 묻고 'Es ist ⋯. (⋯ 시입니다)'라고 대답한다.

Es ist 10.15 (zehn Uhr fünfzehn).
10시 15분이다.

Um 8.15 (Viertel nach acht) habe ich einen Termin.
8시 15분에 예약이 되어있다.

시각을 물을 때는 'Wie spät ist es? (몇 시니?)'이고 'Es ist ⋯.'라고 대답을 하
지만, 약속이나 예약시간을 물을 때에는 'Wann?' 'Um wie viel Uhr? (몇시에?)'
라고 하고 'Um + 시각 (⋯ 시에)'라고 대답합니다.

Wie spät ist es? 몇 시니?

Es ist Viertel vor acht. 8시 15분 전이야.

Um wie viel Uhr / Wann fängt der Film an? 몇 시에 / 언제 영화 시작하니?

Um Viertel vor acht. 8시 15분 전이야.

1) 공식적인 시각 표현 offizielle Uhrzeit

공식적인 시각 표현은 시각 + Uhr + 분(Minuten)으로 표현한다.

공식적 시각표현 (24시간)			
7.00	sieben Uhr	13.00	dreizehn Uhr
8.05	acht Uhr fünf	16.00	sechzehn Uhr
8.15	acht Uhr fünfzehn	16.15	sechzehn Uhr fünfzehn
8.20	acht Uhr zwanzig	16.30	sechzehn Uhr dreißig
8.30	acht Uhr dreißig	16.45	sechzehn Uhr fünfundvierzig
8.40	acht Uhr vierzig	21.30	einundzwanzig Uhr dreißig

명
사

8.45	acht Uhr fünfundvierzig	24.00	vierundzwanzig Uhr
8.55	acht Uhr fünfundfünfzig	0.05	null Uhr fünf
10.00	zehn Uhr	3.00	drei Uhr
12.00	zwölf Uhr		

🔖 공식적인 시각 표현은 '몇 시 (Uhr) 몇 분'으로 표현하며, 시각은 기수로 표현한다.

🔖 zwölf는 정오 (mittags)를 가리키고, null은 자정 (Mitternacht)을 의미한다.

🔖 시간을 나타내는 단위는 다음과 같다.
초 (die Sekunde, -n), 분 (die Minute, -n), 시 (die Stunde, -n), 수 초동안 (sekundenlang),
수 분간의 (minutenlang), 수 시간의 (stundenlang)

2) 일상적 시각표현 informelle Uhrzeit

일상저 시가표현은 Es ist 〈분〉 nach (후) 혹은 vor (전) 〈시〉로 표현한다.

◐ 일상적 시각표현

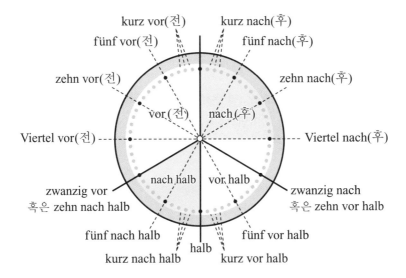

위의 표에서 보는 바와 같이 좌우 대칭으로 15분은 분수 Viertel (1/4)로 표현하고 30분은 halb라고 표현하며 halb나 전치사 vor (전)가 올 때는 시각에 한 시간을 더해 준다.

일상적 시각표현 (12시간)			
7.00	sieben (Uhr) (morgens)	13.00	ein Uhr / eins
8.05	fünf nach acht	16.00	vier (Uhr) (nachmittags)
8.15	Viertel nach acht	16.15	Viertel nach vier
8.20	zwanzig nach acht / zehn vor halb neun	16.30	halb fünf
8.30	halb neun	16.45	Viertel vor fünf
8.40	zwanzig vor neun / zehn nach halb neun	21.30	halb zehn
8.45	Viertel vor neun	24.00	zwölf (Uhr) / Mitternacht
8.55	fünf vor neun	0.05	fünf nach zwölf
10.00	zehn (Uhr) (vormittags)	3.00	drei Uhr (nachts)
12.00	zwölf (Uhr) (mittags)		

✎ 시각을 다음과 같이 표현할 수 있다.

7.25 → Es ist fünf vor halb acht.   7.35 → Es ist fünf nach halb acht.
3.20 → Es ist zehn vor halb vier.   6.40 → Es ist zehn nach halb sieben.

2 서수 Ordnungszahlen

독일어에서 'Der wie vielte? (몇 번째?)'라는 질문에는 서수로 대답하며, 순서를 나타낸다. 서수는 형용사 어미변화하며, 관사 없이, 혹은 관사와 함께, 혹은 전치사와 함께 명사 앞에 위치한다. 서수는 순서, 날짜 등을 표기할 때 사용된다.

Heute ist der 1. (erste) Juni.
오늘은 6월 1일이다.

Ich bin das erste Mal in Deutschland.
나는 독일이 처음이다.

Jisu hat im Wettkampf den 1.
(ersten) Preis gewonnen.
지수는 경기에서 1등을 했다.

명사

Ludwig, der XIV. (Vierzehnte) war der Sonnenkönig.
루드비히 14세는 태양의 왕이었다.

✎ 예문에서와 같이 서수를 숫자로 표기할 때는 마침표를 찍어서 표현한다.

서수의 형태

서수는 아래에서 보는 바와 같이 1은 **erst**, 2에서 19까지는 기본수에 어미 **-t**를 붙이고 20부터는 **-st**를 붙인다.

▶ 서수의 형태

1. erst-	20. zwanzigst	60. sechzigst-
2. zweit-	22. zweiundzwanzigst-	62. zweiundsechzigst-
3. dritt-	23. dreiundzwanzigst-	70. siebzigst-
4. viert-	24. vierundzwanzigst-	71. einundsiebzigst-
5. fünft-	25. fünfundzwanzigst-	88. achtundachtzigst-
6. sechst-	26. sechsundzwanzigst-	99. neunundneunzigst-
7. siebt-	27. siebenundzwanzigst-	100. hundertst-
8. acht-	28. achtundzwanzigst-	101. hunderterst-
9. neunt-	29. neunundzwanzigst-	102. hundertzweit-
10. zehnt-	30. dreißigst-	1111. tausendhundertelft-
11. elft-	31. einunddreißigst-	1.000.000. millionst-

✎ 서수는 형용사 어미변화하며, 관사 없이, 혹은 관사와 함께 명사 앞에 위치한다.

사용형태	사용 예
1부터 19까지는 -te를 붙이고, 그 외에는 -ste를 붙인다.	• **der erste Versuch** 첫 번째 시도 • **der millionste Besucher** 백만 번째 방문자
서수는 마침표를 찍어 표기한다.	• **der 3. Versuch = der dritte Versuch** 세 번째 시도 • **Friedrich II. = Friedrich der Zweite** 프리드리히 2세 • **die Krönung Karls I. = die Krönung Karls des Ersten** 칼 1세의 대관식 • **der 2. Weltkrieg = der Zweite Weltkrieg** 제2차 세계대전

명사

서수의 사용

서수의 사용 예는 다음과 같다.

● 서수는 순서를 나타낼 때 사용한다.

Minsu ist in Mathe der Beste. 민수는 ... 수학에서 1등이다.

● 서수는 명사로도 쓰일 수 있다.

Er will immer Erster sein. Zweiter zu sein, genügt ihm nicht.
그는 항상 1등이고자 한다. 2등은 그의 성에 차지 않는다.

● 서수에 어미 -er을 첨가하여 숫자의 자릿수를 말할 수 있다.

Ich habe einen Sechser im Lotto. 나는 로또의 6개의 숫자를 다 맞혔다.

● 서수는 전치사 zu와 함께 부사구로 사용된다.

Heute Abend sind wir zu zweit oder zu dritt.
오늘 저녁 우리는 둘이거나 셋일 수 있다.

독일어의 서수는 날짜나 달을 표현하거나 분수 등의 수량부사로도 사용될 수 있다.

날짜 Datum

독일어에서 날짜는 서수로 표기된다.

● 독일어에서 날짜는 서수로 표현할 수 있다. 이 때 월은 대문자로 표기하고, 월을 생략하고 일만 쓸 경우에는 일을 대문자로 표기한다.

Heute ist der 15. (der Fünfzehnte). 오늘은 15일이다.
Am Sonntag, dem 17. August (dem siebzehnten Achten) feiere ich meinen Geburtstag. 일요일 8월 17일에 내 생일 파티한다.

● 편지를 쓸 때 편지의 상단에 장소와 날짜를 표기한다.

Seoul, 1.1. 2025 혹은
Seoul, den 1.1. (Seoul, den ersten Ersten zweitausendfünfundzwanzig)
서울, 2025년 1월 1일

명
사

◉ 이력서를 쓸 경우 날짜나 기간을 표현할 때

Ich wurde in Seoul am 2.2. 1991 geboren. (am zweiten Zweiten

neunzehnhunderteinundneunzig) 나는 1991년 2월 2일 서울에서 태어났습니다.

Vom 30. 3. bis 5. 5. 2020 habe ich in Deutschland einen Sprachkurs gemacht.
(vom dreißigsten Dritten bis (zum) fünften Fünften zweitausenzwanzig)
2020년 3월 30일부터 5월 5일까지 독일에서 어학연수를 하였다.

◉ 날짜를 물을 때 아래와 같이 질문한다.

Welches Datum haben wir heute? Heute haben wir den 17. Oktober.
오늘 날짜가 어떻게 되죠? 오늘은 10월 17일입니다.

Den wievielten Tag haben wir heute? Heute haben wir den siebzehnten Zehnten.
오늘 날짜는? 오늘은 10월 17일입니다.

Der wievielte ist heute? Heute ist der Siebzehnte.
오늘 날짜는? 오늘은 17일입니다.

Was ist heute für ein Tag? Heute ist der siebzehnte Oktober.
오늘 날짜는? 오늘은 10월 17일입니다.

◉ 요일을 물을 때 아래와 같이 질문한다.

Welchen Tag haben wir heute? Heute ist / Heute haben wir Mittwoch.
오늘은 무슨 요일이지요? 오늘은 수요일입니다.

◉ 독일어에서 생년월일을 물을 때는 다음과 같이 질문한다.

Wann haben Sie Geburtstag? Ich habe am 9. 7. (am neunten Siebten / Juli)
Geburtstag. 생일이 언제입니까? 7월 9일입니다.

Ich habe im Juli Geburtstag. 7월입니다.

Ich habe im Sommer Geburtstag. 여름입니다.

Am wie vielten Tag haben Sie Geburtstag? Ich habe am 9. 7. Geburtstag.
생일이 몇 일이지요? 제 생일은 7월 9일입니다.

Wann sind Sie geboren? Ich bin am 9. 7. 1981
(am neunten Siebten / Juli neunzehnhunderteinundachzig) geboren.
언제 태어나셨나요? 1981년 7월 9일에 태어났습니다.

명
사

독일어로 년, 월, 일은 아래와 같이 쓰고 말한다.

쓰기	말하기	
2008	zweitausendacht	
1. März	erster März	Heute ist der erste März.
1. 4.	erster Vierter	Heute ist der erste Vierte.
1.	Erster	Heute ist der Erste.
7. Mai 1985 7. 5. 1985	Ich bin am Siebten Mai / Fünften neunzehnhundertfünfundachtzig geboren. 나는 1985년 5월 7일에 태어났다.	
Seoul, den 12. 6. 2008	Seoul, den zwölften Sechsten zweitausendacht	

독일어에서 일, 월, 계절은 다음과 같이 표현한다.

> 일, 월, 계절

일	der / (am) Sonntag 일요일(에) der / (am) Montag 월요일(에) der / (am) Dienstag 화요일(에) der / (am) Mittwoch 수요일(에) der / (am) Donnerstag 목요일(에) der / (am) Freitag 금요일(에) der / (am) Samstag 토요일(에) der Wochentag, -e 평일 das / (am) Wochenende 주말(에) der Tag, -e 주간, 낮 die Woche, -n 주	sonntags 일요일마다 montags 월요일마다 dienstags 화요일마다 mittwochs 수요일마다 donnerstags 목요일마다 freitags 금요일마다 samstags 토요일마다 werktags 평일마다 - täglich 날마다 wöchentlich 매주
	Am Sonntag fahren wir in die Berge. 일요일에 우리는 산에 간다. Sonntags schlafe ich immer länger. 일요일마다 나는 더 오래 잔다.	
하루의 시간	der / (am) Tag, -e 낮(에) der / (am) Morgen 아침(에) der / (am) Abend, -e 저녁(에) der / (am) Vormittag, -e 오전(에) der / (am) Mittag, -e 정오(에) der / (am) Nachmittag, -e 오후(에) die / (in der) Nacht, -e 밤(에) die / (um) Mitternacht 자정(에)	tagsüber 낮 동안 morgens 아침에 / 마다 abends 저녁에 / 마다 vormittags 오전에 / 마다 mittags 정오에 / 마다 nachmittags 오후에 / 마다 nachts 밤에 / 마다

명사

월	der / (im) Januar 1월(에) der / (im) Februar 2월(에) der / (im) März 3월(에) der / (im) April 4월(에) der / (im) Mai 5월(에) der / (im) Juni 6월(에)	der / (im) Juli 7월(에) der / (im) August 8월(에) der / (im) September 9월(에) der / (im) Oktober 10월(에) der / (im) November 11월(에) der / (im) Dezember 12월(에)
계절	der / (im) Frühling 봄(에) der / (im) Sommer 여름(에) das Jahr, -e 해, 년 das Jahrzehnt, -e 십 년 das Jahrhundert, -e 백 년	der / (im) Herbst 가을(에) der / (im) Winter 겨울(에) jahrelang 수 년 동안 jahrzehntelang 수십 년 동안 jahrhundertelang 수백 년 동안

✎ 독일어에서 일, 월, 계절의 성은 모두 남성이다.

✎ 날짜를 표현할 때는 전치사 + 관사의 합성어인 am, 연도를 표현할 때는 im, 그리고 시간을 나타낼 때는 um을 사용한다.

✎ 밤 12시를 표현할 때는 예외로 선지사 um을 사용한다. (um Mitternacht 자정에)

수량부사로서의 서수

독일어에서 서수는 분수, 순서 혹은 횟수를 나타내는 부사로서 사용된다.

1) 분수 Bruchzahlen

독일어에서 분수를 표기할 때는 분자는 기수로, 분모는 서수 + -el의 형태를 사용한다.

쓰기	말하기
1/4	ein Viertel
1/2	ein Halbes
1 1/2	eineinhalb, anderthalb
1/10	ein Zehntel
1/100	ein Hundertstel

✎ ein halb-는 형용사 어미변화한다. (ein halbes Pfund Butter : 반 파운드 버터)

2) 순서

문장에서 무엇인가 열거하여 설명할 때 서수 + ens의 형태를 사용한다.

쓰기	말하기
1.	**erstens** 첫 번째로는
2.	**zweitens** 두 번째로는
3.	**drittens** 세 번째로는
4.	**viertens** 네 번째로
5.	**fünftens** 다섯 번째로

✎ Ich habe erstens keine Zeit und zweitens keine Lust.
첫째 나는 시간이 없고, 둘째로는 할 마음이 없다.

3) 횟수

독일어에서 횟수를 나타낼 때는 '기수 + **mal**'을 사용한다.

쓰기	말하기
1x	**einmal** 한 번
2x	**zweimal** 두 번
3x	**dreimal** 세 번
100x	**hundertmal** 백 번

✎ Wir essen am Tag nur einmal warm, selten zweimal.
우리는 하루 한 번만 따뜻한 음식을 먹고, 가끔 두 번 먹는다.

명사

Abschnitt 5　대명사　Pronomen

　　대명사는 일반적으로 명사의 대용 기능으로 명사가 반복되는 것을 방지하기 위해서 사용된다. 대명사는 문장에서 이미 진술된 문장성분, 문장 전체 등을 대신할 수 있다. 대명사에는 인칭대명사, 지시 및 부정대명사, 소유대명사, 재귀대명사, 관계대명사 등이 있다.

● 대명사를 사용하는 경우

사용	사용 예
문장성분 중의 하나를 대신하는 경우	Ich habe mir ein Buch gekauft. 나는 책 한 권을 구입했어. Es ist sehr interessant. (Es = ein Buch) 그것은 매우 흥미롭다.
두 문장 중 한 문장을 대신하는 경우	Weißt du, wann wir essen dürfen? 우리 언제 식사해도 되는지 아니? Ich weiß es nicht (= Ich weiß nicht, wann wir essen dürfen). 나는 그것을 모르겠다 (= 우리가 언제 식사해도 되는지 나는 모르겠다).
문장 전체를 대신하는 경우	Eine Person erzählt, was sie im Film gesehen hat. 어떤 한 사람이 영화에서 본 것을 이야기한다. Das ist ja wirklich lustig! 그것은 정말로 웃긴다.

1　대명사　Pronomen

　　독일어의 대명사에는 사람을 지칭하는 인칭대명사, 소유관계를 나타내는 소유대명사, 의문을 나타내는 의문대명사, 이외에도 재귀대명사, 지시대명사와 관계문장을 이끄는 관계대명사 등이 있다.

Wer braucht ein Smartphone?
누가 스마트 폰이 필요해?

Mein Sohn braucht eins.
내 아들이 하나 필요해.

Ich bringe ihm eins.
내가 그에게 하나 가져다 줄게.

Das ist sehr gut.
그것은 매우 좋다.

✎ 대명사의 성, 수, 격의 정보는 위의 예문에서와 같이 대용되는 명사에 의해 성과 수의 정보
를 받고 문장에서의 역할에 따라 격의 정보를 얻는다.
(mein Sohn : 남성, 단수, 1격, ihm : 남성, 단수, 3격)

명
사

2 인칭대명사 Personalpronomen

인칭대명사는 문장에서 인물, 사물을 나타내는 명사를 대신하여 사용되며, 단
수 및 복수형의 세 가지 인칭대명사가 존재한다.

단수형		복수형	
1인칭 : ich - 나		wir 우리들	
2인칭 : du 너	Sie 당신	ihr 너희들	Sie 당신들
3인칭 : er 그			
sie 그녀		sie 그들	
es 그것			

✎. 화자 자신을 말할 때는 1인칭인 ich (나)라고 하며, 이에 대한 복수형 인칭대명사에는 화자를 포함한 사람들을 지칭하는 wir (우리)가 있다.

✎. 독일어에서는 단수 2인칭 대명사에 친칭인 du (너), 존칭인 Sie (당신)가 존재하는데 친숙도에 따라 다르게 사용한다.

✎. 나와 너를 제외한 제 삼자를 일컫는 사람이나 사물은 성에 따라 er (그), sie (그녀), es (그것)가 사용되며 이에 대한 복수형은 sie (그들)라고 한다.

인칭대명사의 사용

1) 단수 및 복수 1인칭 및 2인칭 대명사의 사용

1인칭과 2인칭 대명사의 단수형 ich, du, Sie와 복수형 wir, ihr, Sie는 화자와 청자를 지칭하며 일반적으로 사람만을 가리킨다.

Ich heiße Marlene. Und du?
내 이름은 마를레네라고 해. 너는?

Ich bin Martin.
나는 마틴이야.

Wir kommen aus Korea. Und Sie?
우리들은 한국에서 왔어요. 당신들은요?

Wir kommen aus Japan.
우리들은 일본에서 왔어요.

2) 인칭대명사 du와 Sie의 사용

독일어에서 단수 2인칭 du (너), Sie (당신)는 대화 파트너와의 친숙도에 따라 구분하여 사용할 수 있다.

Hast du Lust, uns am Wochenende zu besuchen?
주말에 우리를 방문하고 싶지 않니?

Wann habt ihr Zeit, Samstag oder Sonntag?
너희들은 토요일 혹은 일요일 중 언제 시간이 있니?

명
사

Ich rufe Sie morgen wieder an.
내일 당신에게 전화하겠습니다.

Alles klar, Herr Kim, bis morgen.
알겠습니다. 김선생님, 내일 전화합시다.

- 가족, 친구, 친척, 잘 아는 직장동료 혹은 15세 이하의 아이들에게 친칭형인 du 를 사용한다.

- 존칭형 Sie (당신, 단·복수)는 공손한 표현으로 서로 잘 알지 못하는 사이나 업무 상으로 아는 경우, 혹은 직장 상사 그리고 나이가 드신 어른들께 사용한다. 존칭 Sie는 항상 대문자로 표기 한다 (Sie, Ihnen, Ihr).

3) 인칭대명사 er, sie, es의 사용

나와 너를 제외한 제 삼자를 일컫는 사람이나 사물은 성에 따라 er, sie, es가 사 용되며 이에 대한 복수형은 sie라고 한다.

Das ist Maria. 쟤는 마리아야

Sie ist lieb. 그녀는 착해.

Da ist mein Hund. 저기 나의 개가 있다.

Er heißt Nemo. 그 개 이름은 네모라고 해.

- 독일어에서는 영어와는 달리 사람뿐만 아니라 동물, 사물도 인칭대명사 er, sie, es로 받는다.

- 남성 단수 명사는 er로, 여성 단수 명사는 sie 그리고 중성 단수 명사는 es로 받 는다. (der Hund → er, die Katze → sie, das Pferd → es)

인칭대명사의 형태

인칭대명사는 지칭하는 사람이나 사물의 격과 수에 따라 달라진다.

	단수						복수			
	1인칭	2인칭		3인칭			1인칭	2인칭		3인칭
1격	ich	du	Sie	er	sie	es	wir	ihr	Sie	sie
4격	mich	dich	Sie	ihn	sie	es	uns	euch	Sie	sie
3격	mir	dir	Ihnen	ihm	ihr	ihm	uns	euch	Ihnen	ihnen
2격	meiner	deiner	Ihrer	seiner	ihrer	seiner	unser	euer	Ihrer	ihrer

✎ 2격 인칭대명사는 거의 사용되지 않는다.

✎ 2인칭 존칭형인 Sie는 다른 격에서도 대문자로 쓰인다.

3 소유대명사 Possessivpronomen

소유대명사는 소유관계를 나타내는데 사용한다. 소유대명사는 동반 혹은 대용 기능에 따라 소유관사 및 소유대명사로 나눌 수 있다.

Das ist der Bleistift meines Schülers.
그것은 나의 학생의 연필이다. (소유관사)

Hier ist ein Kuli. 여기에 볼펜이 있다.

Ist das deiner? 이것이 네 것이니? (소유대명사)

○ 첫 번째 예문은 소유관사로서 수식어적 용법으로 사용되었으며, 명사를 동반하여 소유관계를 나타낸다. 이때 소유관사는 부정관사 kein과 같은 어미변화를 한다.

○ 두 번째 예문은 소유대명사로서 명사가 생략되어 명사 대신의 대용기능으로 사용된다.

○ 이때 소유대명사의 어미는 정관사 어미변화를 하며, 어미변화를 통하여 생략된 명사의 성, 수, 격의 정보를 준다.

소유대명사의 형태

명사의 대용기능으로서의 소유대명사는 정관사 어미변화와 동일하다.

Da ist ein Laptop. 저기 노트북이 있다.
Das ist meiner. 그것은 나의 것이다.

Da ist ein Handy. 저기 핸드폰이 있다.
Das ist seins. 이것은 그의 것이다.

Da ist eine Kamera. 저기 카메라가 있다.
Die ist ihre. 이것은 그녀의 것이다.

Da sind Bücher. 저기 책들이 있다.
Die sind unsere. 이것들은 우리 것이다.

● 소유대명사는 위의 예문에서 보는 바와 같이 인칭대명사에 따라 소유대명사가 정해지고, 소유대명사의 어미의 성과 격의 정보는 생략된 명사에서 얻는다.
(ich-mein, der Laptop → meiner ; er-sein, das Handy → seins ; sie-ihr, die Kamera → ihre)

▶ 대용기능으로서의 소유대명사의 형태

	단수			복수
	남성	여성	중성	남·여·중성 공통
1격	meiner	meine	meins	meine
4격	meinen	meine	meins	meine
3격	meinem	meiner	meinem	meinen
2격	meines	meiner	meines	meiner

4 지시대명사 Demonstrativpronomen

지시대명사는 화자나 청자가 이미 알고 있는 사물을 강조하여 표현하는 데 사용된다. 지시대명사는 정관사 변화와 매우 유사하다.

Ich habe ein Auto gekauft. 나는 자동차를 한 대 샀다.

Das Auto ist brandneu. 이 차는 정말 새것이다. (동반기능)

Ich habe ein Auto gekauft. 나는 자동차를 한 대 샀다.
Das finde ich cool. 나는 이것을 멋지다고 생각해. (대용기능)

Ich habe einen BMW gekauft. 나는 **BMW**를 한 대 샀다.

Ihn finde ich cool. 나는 그것을 멋지다고 생각해. (대용기능)

- 첫 번째 예문의 **das**는 정관사로서 수식어적 용법으로 동반기능으로 사용되었으며, 명사를 동반한다.
- 두 번째 예문의 **das**는 지시대명사로서 명사대신의 대용기능으로 사용된다. 이때 지시대명사의 어미는 정관사 어미변화를 하며, 관사 어미변화를 통하여 생략된 명사의 성, 수, 격의 정보를 준다.
- 세 번째 예문의 **ihn**은 인칭대명사로서 지시대명사와 같이 명사 대신의 대용 기능으로 사용되나, 지시대명사보다는 덜 직접적이다.

지시대명사 1 (der, die, das)

지시대명사 **der, die, das**는 정관사와는 달리 대용기능으로 사용되며, 앞서 언급된 문장성분인 명사를 지시한다. 여기서 지시대명사는 직접적이고 또한 강조 기능을 갖는다 (142쪽 참조).

Sind Ihre Fenster beim Einbruch zerbrochen?
당신 집의 창문들이 도난 사건 때에 깨졌나요?

Ja, die müssen erneuert werden.
네, 이것들은 새로 교체되어야 합니다.

Haben Ihre Nachbarn wieder soviel Lärm gemacht?
당신의 이웃 사람들은 또 다시 그렇게 시끄럽게 했나요?

Ja, denen werde ich bald mal meine Meinung sagen.
네, 그들에게 곧 따져야 되겠어요.

이미 언급된 동일한 단어의 반복이 불필요한 경우 지시대명사 **der, die, das**를 사용한다.

Das Handy meiner Freundin ähnelt dem ihrer Mutter.
내 여자친구의 핸드폰은 그녀의 어머니 것과 비슷하다.

Die Playstation in deinem Zimmer erinnert mich an die aus meiner Kindheit.
네 방에 있는 플레이스테이션 게임기는 나의 어린 시절의 그것을 기억나게 한다.

지시대명사는 대부분 문장 앞에 위치하며 강조의 의미를 나타낸다.

Kennen Sie Herrn Kim? 당신은 김 선생님을 아십니까?

Den kenne ich sogar sehr gut. 나는 그를 심지어 매우 잘 압니다.

alles 혹은 **all**을 통해서 강화된 **das**는 선행문이나 관계문을 가리킬 수 있다.

Sieh dir das dicke Buch an! Als Medizinstudent muss ich das alles auswendig lernen.
이 두꺼운 책을 봐. 의학도로서 나는 이 모든 것을 암기해야 해.

지시대명사의 형태는 정관사 변화와 유사하다.

● 지시 대명사 der, die, das의 형태

	단수			복수
	남성	여성	중성	남 · 여 · 중성 공통
1격	der	die	das	die
4격	den	die	das	die
3격	dem	der	dem	denen
2격	dessen	deren	dessen	deren (derer)

✎. 단수, 복수 2격과 복수 3격의 지시대명사의 형태는 정관사의 형태와는 다르다.

지시대명사 2 (dieser, jener, solcher)

지시대명사 dieser, -e, -es (이것)와 jener, -e, -es (저것)는 대용기능으로 사용되며, 앞서 언급된 문장성분인 명사를 지시한다. dieser, -e, -es는 공간적으로나 시간적으로 가까운 것을, jener, -e, -es는 공간적으로나 시간적으로 좀 떨어져 있는 것을 지칭하는데 사용한다. 이 두 지시대명사는 정관사 어미변화와 동일하다. dieser는 또한 수식어적 용법으로 명사를 동반하여 사용될 수도 있다 (144쪽 참조).

Wie findest du die Pullover?
너는 이 스웨터들을 어떻게 생각하니?

Dieser gefällt mir gut, aber jener gefällt mir nicht.
이것은 내 맘에 들지만, 저것은 아니다.

Kennst du das Buch? 너 이 책을 아니?

Klar, dieses ist mein Lieblingsbuch.
물론이지, 이 책은 내가 가장 좋아하는 책이야.

○ 축약형인 dies(es)가 자주 사용된다.

Dies sind die Resultate unseres Gesprächs.
이것은 우리 대화의 결론이다.

◉ 관용어구로서 **dieses und jenes** (이것 저것)가 사용된다.

Wir haben über dieses und jenes gesprochen.
우리들은 이것저것에 대해 이야기했다.

◉ 지시대명사 **dieser, -e, -es**는 지시대명사 **der, die das** 보다 더 강화된 의미를 가지고 있다.

▷ 지시대명사 dieser의 형태

	단수			복수
	남성	여성	중성	남·여·중 공통
1격	dieser	diese	dieses	diese
4격	diesen	diese	dieses	diese
3격	diesem	dieser	diesem	diesen
2격	dieses	dieser	dieses	dieser

✎ 지시대명사 dieser는 정관사 어미변화한다.

　지시대명사 **solcher, -e, -es**는 대용기능으로서 앞에 언급된 비슷한 부류의 사람이나 사물을 가리킨다. **solch-**는 **dies-**와 같이 정관사 어미변화와 동일하다. **solch-**는 또한 수식어적 용법으로 명사를 동반하여 사용될 수도 있다 (144쪽 참조).

Das sind frische Eier. 이것은 신선한 계란들이다.

Solche sollten sofort in den Kühlschrank hineingegeben werden.
그러한 계란들은 곧장 냉장고로 집어 넣어야 된다.

◉ 수식어적 용법으로서의 **solch-**는 대부분 부정관사 앞에 위치하며 일상회화에서 종종 **solch-**는 **so**로 바뀐다.

solch ein Mann (= so ein Mann) 그러한 남자

solch eine Frau (= so eine Frau) 그러한 여자

◉ **solch-**가 부정관사 뒤에 놓일 경우, **solch-**는 형용사의 혼합변화를 한다.

ein solcher Mann, eine solche Frau.

명
사

지시대명사 3 (derselbe, derjenige)

지시대명사인 **derselbe**와 **derjenige**는 **der + selbe**와 **der + jenige**의 합성어로 der 부분은 정관사 변화를 하며, **selb-**와 **jenig-** 부분은 형용사의 약변화를 한다. 이 두 지시대명사는 이미 언급된 동일한 사람이나 사물을 나타낸다. 그리고 이 둘은 명사를 동반하는 수식어적 용법으로도 사용될 수 있다.

Du hast dasselbe Kleid wie immer an.
너는 항상 똑같은 옷을 입는구나.

Das stimmt nicht. Das ist nicht dasselbe.
그렇지 않아. 그것은 똑같은 것이 아니야.

Das Arbeitsamt hilft denjenigen, die Arbeit suchen.
노동청은 일자리를 찾는 사람들을 돕는다.

● **derjenige, diejenige, dasjenige**는 관계문의 선행사로도 쓰인다.

Sind Sie derjenige, der noch kein Zimmer hat?
당신이 아직도 방을 구하지 못한 그 분이십니까?

▶ 지시대명사 derselbe의 형태

	단 수			복 수
	남성	여성	중성	남 · 여 · 중성 공통
1격	derselbe	dieselbe	dasselbe	dieselben
4격	denselben	dieselbe	dasselbe	dieselben
3격	demselben	derselben	demselben	denselben
2격	desselben	derselben	desselben	derselben

지시대명사 4 (viele, wenige, beide, einige)

viele, wenige, beide, einige 등의 수량대명사는 복수의 의미로서 아래의 예문에서처럼 대용기능으로 사용될 수도 있고 명사와 함께 동반기능으로도 사용될 수 있다. 이때 이들은 정관사 어미변화한다.

viele (복수) wenige (복수)	Heute waren nicht alle Studenten da, aber relativ viele im Vergleich zu anderen Tagen. 오늘 학생 모두가 오지 않았지만, 다른 날에 비해 비교적 많이 왔다.
beide (복수)	Kommst du mit beiden Kindern oder lässt du deinen Sohn zu Hause? 너는 두 아이들과 함께 올거니, 아니면 아들 한 명은 집에 두고 올 거니? Nein, ich bringe beide mit. 아니요, 나는 둘 다 함께 데리고 가겠습니다.
einige (복수)	Kommen in Ihrer Klasse alle pünktlich zum Unterricht? 당신의 학급의 학생 모두가 정시에 수업에 옵니까? Nein, einige kommen immer zu spät. 아니요, 몇몇은 항상 늦게 옵니다.

5 대명사 das das-Pronomen

대명사 **das**는 대화에서 무엇인가를 강조하기 위하여 **es** 대신 자주 사용된다. 이때 **das**는 일반적으로 문장의 첫 번째 자리에 위치하며 선행하는 문장을 대용한다.

Kannst du diese acht Kisten allein in den 6. Stock hinauftragen?
이 여덟 개의 상자를 혼자서 7층으로 옮길 수 있니?

Nein, das ist unmöglich. 아니요, 이것은 불가능합니다.

Öffentliche Telefonzellen werden oft demoliert. Das ist eine Schande.
공중전화박스들이 자주 훼손된다. 그것은 참으로 부끄러운 일이다.

관용어적 문구들의 경우에 **es**를 대명사 **das**로 대치시킬 수 없다.

es geht (gut) (잘) 지내다, es gibt ~이 있다, es handelt sich um ~이 문제이다.

지시 대명사 **das**는 또한 어떠한 사람이나 사물을 지시하기 위하여 사용되는데, 이때 **da**나 **hier, dort** 등의 장소부사와 함께 사용된다.

Da geht eine Dame in einem blauen Mantel. Das da ist meine Chefin.
저기에 푸른 외투를 입은 숙녀가 걸어 간다. 저기 저분이 나의 (여)상사이다.

6 대명사 es es-Pronomen

대명사 **es**는 문장에서 명사대신의 대용기능으로 사용되며, 비인칭주어로서 혹은 가주어로서 사용된다.

Wo liegt denn nur mein Buch?
내 책이 도대체 어디에 있을까?

Es liegt doch dort auf dem Tisch.
그것은 저기 책상 위에 있잖아.

Wer ist der Mann? 그 사람은 누구인가요?

Ich weiß es nicht. 저는 모릅니다.

Es regnet und blitzt.
비가 오고 번개가 친다.

Es ist schön, dass du kommen kannst.
네가 올 수 있다니 좋구나.

- 첫 번째와 두 번째 예문에서 **es**는 대명사로서 대용적 용법으로 사용되었으며 문장에서 필수이며 생략할 수 없다.

- 세 번째 예문에서 **es**는 날씨, 시간, 감각을 나타내는 문장에서 비인칭주어나 목적어로서 필수이며 생략할 수 없다.

- 네 번째 예문에서 **es**는 가주어로서 부문장이나, 문장에서 필수 성분이 아니며, 부문장이 도치되어 문장의 앞으로 오면 **es**를 생략할 수 있다.

대명사 es 1 (대용적 의미)

es는 대용적 용법으로 주격이나 목적격의 대명사로 사용될 수 있다. **es**는 문장의 한 부분이나 전체문장을 대신하여 사용된다. 이때 **es**는 문장에서 필수이며 생략될 수 없다.

사용 예	설 명
Wo ist die Fernbedienung? 리모컨이 어디에 있나요? Es liegt doch dort auf dem Tisch. 그것은 탁자 위에 놓여 있다. Ich habe es nicht gesehen. 나는 그것을 보지 못했다. Wer ist der Fussballspieler? 저 축구선수는 누구인가요? Ich weiß es nicht. 저는 모릅니다.	es = 주격 es = 목적격 es = 선행 문장 전체

✎ 대명사로서 es는 주격으로 사용되었을 때를 제외하고 목적격으로 사용되었을 때 문장 처음에 위치할 수 없다.

Es habe ich nicht gesehen. (×)   Es weiß ich nicht. (×)

✎ 그렇지만 es를 das로 대체하면 강조적인 의미로서 문장 앞에 나올 수 있다.

Das liegt doch dort auf dem Tisch. Das habe ich nicht gesehen. Das weiß ich nicht.

대명사 es 2 (비인칭주어, 목적어)

대명사 es는 비인칭주어나 목적어로서 날씨, 시간, 개인의 상태 등을 표현하는 문장에서 필수이며 생략할 수 없다.

◐ es의 용법

날씨	Es regnet. 비가 온다.　　　　　　Es blitzt. 번개가 친다. Es donnert. 천둥이 치다.
소음	Es klingelt. 초인종이 울린다.　　Es klopft. 문을 두드리다.
시간 / 계절	Wie spät ist es? 몇 시인가요?　　Es ist 1 Uhr. 한 시다. Es wird Abend / Sommer. 저녁 / 여름이 된다.
개인의 상태 표현 (관용적 사용)	Es fällt mir schwer/einfach. 나에게 힘들다 / 쉽다. Es geht mir gut/schlecht. 나는 잘 지낸다 / 잘 못 지낸다. Es passt mir heute gut. 오늘 만날 수 있다. Es tut mir leid. 유감스럽다.
비개인적 표현 (관용적 사용)	Es gibt··· ~이 있다 Es ist notwendig, ··· ~이 필연적이다 Es ist möglich, ··· ~이 가능하다
주제	Es handelt sich um ··· ~이 문제이다 (중요하다) Es geht um··· ~이 문제이다 (중요하다) Es kommt an auf ~이 문제이다 (중요하다)
관용어구	Ich habe es eilig. 나는 급하다. Er meint es ernst. 그는 진심이다. Er nimmt es leicht. 그는 가볍게 여긴다.

✎ 날씨나 시각, 소음, 개인의 상태를 표현하는 문장에서 사용될 때 es는 비인칭주어로서 문장의 앞에 위치한다.

✎ 관용구에서의 es는 목적어로 사용된다.

대명사 es 3 (가주어)

대명사 es는 부문장이나, zu + 동사부정형 혹은 간접의문문과 함께 오며 가주어나 가목적어로서 사용된다. 이때 es는 필수가 아니므로, 부문장이 도치되어 문장의 앞으로 오면 생략될 수 있다.

es-dass 문장	Es ist schön, dass ihr da seid. 너희들이 있어 좋구나. Es tut mir leid, dass ich nicht kommen kann. 못 가서 미안해.
zu+부정형 문장	Es ist schwer, Deutsch zu lernen. 독일어를 배우는 것이 어렵다. Es ist mir eine Freude, Sie zu sehen. 당신을 뵙게 되어 매우 기쁩니다.
간접 의문문	Es ist nicht klar, wann wir umziehen. 우리가 언제 이사 갈지 확실치 않다. Es ist unsicher, ob wir einen Ausflug machen. 우리가 소풍 갈지 확실치 않다.

✎ dass, ob 등의 부문장이나 혹은 zu + 동사부정형과 함께 오는 es는 만약 부문장이 문장 앞으로 오면 es는 탈락되거나 혹은 das로 대체된다.

Dass ihr da seid, (das) ist schön. 너희들이 있으니, 기쁘다.

Deutsch zu lernen ist schwer. 독일어를 배우는 것은 어렵다.

대명사 es 4 (강조어)

es는 가주어로서 주어를 강조하기 위해 사용될 수 있으며 문장의 첫 번째에 위치한다. 문장의 첫 번째 자리에 다른 문장성분이 올 때 es는 생략될 수 있다.

능동태 문장	Es sind schon viele Gäste da. 벌써 많은 손님들이 와 있다. Es haben sich Probleme ergeben. 문제들이 생겼다.
수동태 문장	Es wird hier eine Schule gebaut. 여기에 학교가 세워진다.

✎ 문장의 첫 번째 자리에 다른 문장성분이 오면 가주어 es는 생략되며, 이러한 문장이 문체론상 더 좋은 표현이다.

Es sind schon viele Gäste da. → Viele Gäste sind schon da.

Es wird hier eine Schule gebaut. → Hier wird eine Schule gebaut.

7 부정대명사 Indefinitpronomen

부정대명사 ein, kein, man, jemand, etwas, nichts 등은 대용기능으로 사용되며 정해지지 않은 사람이나 사물을 지시한다.

부정대명사 1 (einer, keiner)

부정대명사 einer는 몇몇의 사람이나 사건 중 하나를, keiner는 그 반대의 의미로 '아무도 / 하나도 … 아니다'를 의미한다. 이 두 가지의 부정대명사는 정관사 어미변화한다.

Da ist ein Tisch. 저기 책상 하나가 있다.

Ich brauche einen. 나는 하나가 필요하다.

Da ist eine Lampe. 저기 스탠드가 하나 있다.

Ich habe keine. 나는 하나도 없다.

Da sind Regale. 저기 선반들이 있다.

Ich brauche welche. 나는 몇 개가 필요하다.

부정대명사 einer와 keiner는 단수형일 때는 정관사 어미 -er, -e, -s를 취하며, 복수형은 einer는 welche, keiner는 keine로 정관사 복수형 어미변화를 한다.

▶ 부정대명사 (k)ein-의 형태

	단수			복수
	남성	여성	중성	남 · 여 · 중 공통
1격	(k)einer	(k)eine	(k)eins	keine / welche
4격	(k)einen	(k)eine	(k)eins	keine / welche
3격	(k)einem	(k)einer	(k)einem	keinen / welchen
2격	-	-	-	-

✎ 부정대명사 ein-의 복수형은 welch-에 정관사 복수형 어미 -e, -e, -en를 붙인다.
welche (1격), welche (4격), welchen (3격).

✎ 부정대명사 kein-은 단수형에서는 ein-처럼 정관사 어미를 취하나, 복수형일 경우는 ein
과 달리 kein-에 정관사 복수형 어미를 붙인다. 부정대명사 kein-의 복수형은 keine (1격),
keine (4격), keinen (3격)이다.

Wir spielen Ball. Du wirfst den Ball und ich fange ihn.
우리는 공놀이를 한다. 너는 공을 던지고 나는 그 공을 잡는다.

Unentschieden! Keiner hat gewonnen!
무승부다! 아무도 이기지 않았다.

✎ 소유대명사 meiner는 부정대명사 keiner와 동일하게 어미변화한다 (189-190쪽 참조).

부정대명사 2 (welch-)

부정대명사 welch- (약간)는 복수형을 취하지 않는 물질명사나 집합명사의 대
용적 용법으로 사용되며 정관사 단수형 어미변화한다.

Haben wir noch Kaffee? 커피가 아직 남아 있나요?

Da ist noch welcher. 거기에 약간 있어요.

Ist auch Milch da? 거기에 우유도 있나요?

Ja, da ist noch welche. 네, 거기에 약간 있어요.

Und Gebäck? 그리고 구운 과자는요?

Ja, da ist welches. 네, 거기에 약간 있습니다.

단 수 (물질 및 집합명사)		
남성	여성	중성
1격 welcher	welche	welches
4격 welchen	welche	welches
3격 welchem	welcher	welchem
2격 -	-	-

✎ 부정대명사 welch-는 위에서 언급된 바와 같이 대용적 용법으로 셀 수 있는 부정대명사의 단수형인 ein-의 복수형으로 사용된다.

✎ welch-는 또한 의문대명사로 사용되기도 한다.

Welchen Pullover willst du? 어떤 스웨터를 원하니?

부정대명사 3 (man)

man은 일반 사람이나 불특정 일반 대중을 지시하며 성 구분을 하지 않고 단수 취급을 한다.

In der Tagesschau kann man sich über die Ereignisse des Tages informieren.
뉴스에서는 하루의 사건에 대한 정보를 얻을 수 있다.

Hier darf man nicht schwimmen. 여기서 수영해서는 안된다.

man은 1격에서만 man의 형태를 취하고 3격과 4격에서는 ein의 3격과 4격 형태이다.

Die Tagesschau gibt einem nicht genügend Informationen.
뉴스는 사람들에게 충분한 정보를 주지 않는다.

Das Fernsehprogramm kann einen schon manchmal ärgern!
때때로 텔레비전 프로그램이 사람들을 화나게 할 수 있다!

▶ man의 형태

격	1격	4격	3격	2격
형태	man	einen	einem	-

부정대명사 4 (jemand, niemand)

　부정대명사 jemand는 영어의 someone의 의미로서 단수형으로만 사용되며 이에 대한 부정형은 no one의 의미를 지닌 niemand가 있다. 이 두 부정대명사는 대용적 용법으로만 사용된다.

Ich brauche jemanden, der mir hilft.
나는 나를 도와줄 누군가가 필요하다.

Ich habe aber niemanden.
그러나 나는 아무도 없다.

Der Lehrer fragt.
선생님이 질문한다.

Jedoch antwortet niemand darauf.
그러나 아무도 대답하지 않는다.

　jemand 및 niemand 부정대명사의 변화는 ein의 어미변화와 동일하나, 3격과 4격에서 어미는 생략할 수 있다.

Zum Glück hat mir jemand beim Einsteigen geholfen.
다행히 누군가가 내가 승차하는 것을 도와주었다.

Ich wünschte, ich wäre auf niemandes Hilfe angewiesen.
나는 그 누구의 도움도 의지하지 않기를 원했다.

Ich habe mit niemand(em) gesprochen.
나는 누구와도 이야기를 하지 않았다.

◯ jemand와 niemand의 형태

격	1격	4격	3격	2격
형태	jemand niemand	jemand(en) niemand(en)	jemand(em) niemand(em)	jemandes niemandes

✎ 때때로 jemand는 형용사에서 파생된 명사와 함께 쓰일 수 있다. 이 경우 jemand와 함께 오는 명사는 형용사 강변화를 한다.

Jemand Neues sitzt da. 새로운 누군가가 저기 앉아 있다.

부정대명사 5 (etwas, nichts)

부정대명사 etwas (something)와 nichts (nothing)는 반대의 의미로서 정해지지 않은 사물에 사용된다.

Haben Sie heute schon etwas gegessen? 당신은 오늘 뭔가를 벌써 드셨나요?

Nein, noch nichts. 아니요, 아직 아무것도 먹지 않았습니다.

etwas는 명사화한 형용사와 함께 쓰이며, 일상회화에서 축약형인 was로 사용된다.

Gibt es etwas (= was) Neues? 새로운 사실이 있나요?

Nein, nichts Neues. 아니요, 새로운 것은 없습니다.

etwas는 물질명사와 결합하여 "약간 (ein bisschen), 적은 (ein wenig)"을 의미한다.

Könnte ich etwas Zucker haben? 설탕을 좀 주실 수 있나요?

Könnten Sie etwas lauter sprechen? 좀 더 크게 말해주실 수 있으시겠습니까?

부정대명사 6 (irgend-)

접두사 irgend-는 '어떤 부정확한 것 혹은 불확실한 것'을 의미하며, 부정관사, 부정대명사 그리고 의문대명사와 함께 온다.

● 함께 오는 부정대명사 jemand, einer, welcher는 '어떤 것'의 의미를 더욱 확실하게 한다. 이 그룹에 irgendjemand, irgendeiner (어느 누군가), irgendeiner, irgendeine, irgendeins (어떤 것) irgendwer (어떤 사람, 누구), irgendwelcher (어떤 것), irgend(et)was (무언가)가 있다.

명사

Irgendjemand war gerade hier. 어떤 사람이 방금 여기 있었다.

Gib mir irgendwas! Ich habe Hunger. 나에게 뭐라도 줘. 나는 배가 고파.

- 접두사 **irgend-**는 또한 의문대명사와 함께 결합되어 사용될 수 있다.

이 그룹에 **irgendwann** (언젠가), **irgendwo** (어디에선가), **irgendwohin** (어딘가로)가 있다.

부정대명사 7 (jeder, alle, sämtliche, mancher)

1) 부정대명사 jeder, alle, sämtliche

부정대명사 **jeder, -e, -es** (각자)는 단수형에서만 사용한다. 이것에 상응하는 복수형태의 부정대명사는 **alle** (모든) 혹은 보다 강한 의미의 **sämtliche** (전체의)이다. 이들 부정대명사들은 아래의 예문에서와 같이 명사를 수반하는 동반기능이나 혹은 명사를 대신하는 대용기능으로 사용된다.

Zu dem Gartenfest soll jeder Hausbewohner etwas mitbringen.
모든 거주자들은 가든 파티 때 무언가를 가지고 와야 한다. (동반기능)

Jeder muss helfen. 저마다 도와야 한다. (대용기능)

Alle Hausbewohner feierten bis zum späten Abend. Alle waren sehr vergnügt.
모든 거주자들은 저녁 늦게까지 축제를 하였다. 모든 사람들은 매우 즐거운 시간을 보냈다.

Ich habe bei dieser Gelegenheit sämtliche Hausbewohner kennengelernt.
나는 이러한 기회에 모든 거주자들과 아는 사이가 되었다.

▶ jeder의 형태

	단 수			복 수
	남성	여성	중성	남 · 여 · 중 공통
1격	jeder (Mann)	jede (Frau)	jedes (Kind)	alle (Männer)
4격	jeden (Mann)	jede (Frau)	jedes (Kind)	alle (Männer)
3격	jedem (Mann)	jeder (Frau)	jedem (Kind)	allen (Männern)
2격	jedes (Mannes)	jeder (Frau)	jedes (Kindes)	aller (Männer)

✎ 위의 부정대명사들의 어미변화는 정관사 어미변화와 동일하다.

부정대명사 **alle**는 사물과 관련하여 사용될 때와 사람에게 사용될 때 어미변화가 달라진다. 사물과 관련하여 대용기능으로 사용될 때는 항상 단수형으로 정관사 중성 단수형 어미를 붙이나, 사람과 관련하여서는 항상 복수형으로 사용되며 정관사 복수형 어미를 사용한다.

◐ alle의 사용

	사 물	사 람
1격	alles	alle
4격	alles	alle
3격	allem	allen
2격	-	aller
특징	사물과 관련이 있을 때 사용한다. ▶ **Einige sind mit allem einverstanden.** 몇몇 사람들이 모든 것에 동의한다. 명사화한 형용사나 관사가 없는 명사 앞에 위치한다. ▶ **Ich wünsche Ihnen alles Gute.** 나는 당신에게 행운이 있기를 소망한다. ▶ **Zu allem Unglück ist er auch noch krank geworden.** 설상가상으로 그는 아프게 되었다.	사람과 관련이 있을 때 사용한다. ▶ **Wir haben vorher mit allen diskutiert.** 우리는 이전에 모두와 토론을 하였다. 복수 단축형 **all**은 정관사, 지시대명사, 소유대명사 앞에 위치하고 사람과 사물에 관련하여 모두 쓸 수 있다. ▶ **Die Kinder freuten sich über all die vielen Geschenke.** 아이들은 많은 선물들 모두에 대해 기뻐했다. ▶ **Wer kann sich schon all diese Sachen leisten?** 누가 이 모든 것을 감당할 수 있을까? ▶ **Er hat all seine Kinder und Enkel- kinder um sich versammelt.** 그는 그의 자녀와 손자들을 모두 불렀다.

2) mancher, -e, -es

mancher는 문장에서 명사와 함께 수식어로 사용되거나 혹은 명사를 대신하는 대용기능으로 사용될 수 있다. **mancher**는 단수형이라도 "많은, 상당수의"의 뜻으로 자주 쓰인다.

Manche Leute finden Deutsch schwer.
많은 사람들이 독일어를 어렵게 생각한다. (동반기능)

Das Ergebnis wurde heute bekanntgegeben. Manche waren damit sehr zufrieden.
그 결과는 오늘 발표되었다. 많은 사람들이 그것에 매우 만족해했다. (대용기능)

부정대명사 8 (einige, mehrere, viele, wenige)

einige (몇몇의), mehrere (여러 개의), viele (많은), wenige (적은)의 부정대명사들은 대부분 복수형으로 사용된다. 이때 이들은 관사 없는 형용사 변화의 복수형태의 어미변화와 동일하다.

▶ 형태

격	1격	4격	3격	2격
어미변화	viel-e Leute	viel-e Leute	viel-en Leuten	viel-er Leute

mehr, viel, wenig는 또한 셀 수 없는 명사와도 함께 쓰인다.

Er hatte nur sehr wenig Geld. 그는 매우 적은 돈만 가지고 있었다.

Kinder sollten mehr Obst essen. 아이들은 더 많은 과일을 먹어야 한다.

어미변화하지 않는 경우의 mehr (viel의 비교급)는 복수형 명사 앞에 위치할 수 있으며, 이때 비교급의 의미로 해석될 수 있다.

Es werden mehr Ärzte ausgebildet, als gebraucht werden.
실제 필요한 인원보다 훨씬 더 많은 숫자의 의사들이 양성된다.

부정대명사 9 (ein bisschen, ein paar, ein wenig)

부정대명사 ein bisschen, ein paar, ein wenig는 동반기능이나 대용기능으로 사용되며 형용사 어미변화를 하지 않는다.

▶ 관사 어미변화하지 않는 부정대명사

ein bisschen	ein paar	ein wenig
ein bisschen Milch 약간의 우유	ein paar Tränen 몇 방울 눈물	ein wenig Zucker 설탕 조금
이들 대명사는 어미변화 하지 않고 소량을 나타내며 하나의 결합 형태로 쓰인다.		

지금까지의 부정대명사를 정리해 보면 다음과 같다.

1) 동반기능 및 대용기능으로 사용되는 부정대명사

명사를 수반하는 동반기능과 명사를 수반하지 않는 대용기능	명사를 수반하지 않는 대용기능으로만	대부분 명사를 수반하지 않는 대용기능으로만
alle 모든 viele 많은 etliche 적은, 두서넛의 einige 몇몇의, 약간의	einer, -e, -s 　어떤 한 사람 / 하나 keiner, -e, -s 　아무도 …아님 irgendeiner, -e, -s 　어떤 사람 / 것 welcher, -e, -es 어느 것	alles 모든 것 vieles 많은 것 einiges 몇 가지 etliches 적은 것, 두서너 가지
mehrere 몇몇의, 약간의 wenige 적은	beides 둘 man 사람들	beide 둘
jeder, -e, -es 　…마다, 누구나, 각각의 mancher, -e, -es 　여럿의, 상당수의 etwas 어떤 것 nichts 아무것도 아님		jemand 누군가 niemand 아무도 …이 아니다 irgendwer 어떤이, 누군가 irgendjemand 어느 누군가 irgendetwas 무언가
viel 많은 wenig 적은		

2) 독립적으로 주어나 목적어로서 사용되는 대용기능으로서의 부정대명사

▶ 형태

1격	man	jemand	keiner, -e, -es	irgendwer	etwas / nichts
4격	einen	jemanden	keinen, -e, -es	irgendwen	etwas / nichts
3격	einem	jemandem	keinem, -er, -em	irgendwem	-
2격	-	jemandes	-	-	-

명사

8　의문대명사 Fragepronomen

　　독일어에서 w-의문사는 사람, 사물, 시간, 장소, 방법 및 이유 등을 묻는 의문문을 만들 때 사용한다. 이러한 w-의문사는 문장의 첫 번째 자리에 온다.

Wer ist am Apparat?
전화받는 분은 누구세요?

Woher kommt er?
그는 어디서 왔나요?

Wie ist Ihr Name?
당신의 이름은 어떻게 되나요?

✎ w-의문사로 화자는 자신이 알고자 하는 부분 정보를 청자에게서 얻을 수 있다.

　　독일어에서 기본 의문대명사 및 의문부사는 아래와 같다.

▶ 기본 의문대명사

의문대명사	사용 예
wer 사람	Wer ist das? 저 사람은 누구입니까?
was 사물	Was sind Sie von Beruf? 당신의 직업은 무엇입니까?

▶ 기본 의문부사

의문부사	사용 예
woher 장소	Woher sind / kommen Sie? 당신은 어디서 오셨습니까?
wo 장소	Wo sind Sie geboren? 당신은 어디에서 태어나셨나요?
wohin 장소	Wohin wollen Sie? 당신은 어디로 가려고 합니까?
wann 시간	Wann fahren Sie? 당신은 언제 출발합니까?
wie lange 기간	Wie lange bleiben Sie? 당신은 얼마나 오랫동안 머무르십니까?
warum 이유	Warum fragen Sie? 당신은 왜 질문을 합니까?

wie 방법, 성질	**Wie heißen Sie?** 당신의 이름은 어떻게 되나요? **Wie alt sind Sie?** 당신은 나이가 어떻게 됩니까? **Wie geht es Ihnen?** 당신은 어떻게 지내시나요?
wie viel : how much wie viele : how many	**Wie viel Geld hast du dabei?** 너는 돈을 얼마나 가지고 있니? **Ungefähr 50 Euro.** 대략 50유로 정도. **Wie viele Flaschen Wein hast du gekauft?** 너는 와인 몇 병을 구입하였니?

의문대명사 1 (wer, was)

명
사

　사람에 대한 질문을 할 때는 wer (누구) 의문사를 사용하고 사물에 대하여 질문을 할 때는 was (무엇)를 사용한다. 이 두 의문사는 격에 따라 정관사 어미변화를 한다.

▶ 의문대명사 wer, was의 형태

격	wer-변화	사용 예
1격	wer 누가	**Wer ist am Apparat?** 전화 받으시는 분은 누구세요?
4격	wen 누구를	**Wen liebst du?** 너는 누구를 사랑하니?
3격	wem 누구에게	**Wem gehört das Buch?** 이 책은 누구의 것이니?
2격	wessen 누구의	**Wessen Sekretärin ist sie?** 그녀는 누구의 비서인가요?
격	was-변화	사용 예
1격	was 무엇이	**Was sind Sie von Beruf?** 당신의 직업은 무엇입니까?
4격	was 무엇을	**Was machen Sie zurzeit?** 당신은 요즘 무엇을 하시나요?
3격	-	
2격	-	

✎ 사람을 물을 때 사용하는 의문사 wer는 2격을 제외하고 -er, -en, -em의 정관사 남성 어미변화를 한다.

✎ 사물을 물을 때 사용하는 was는 정관사 중성 어미변화를 하며, 이때 1격, 4격만이 존재한다.

의문대명사 2 (전치사의 목적어)

　전치사의 목적어로서의 의문대명사는 목적어가 사람이냐 혹은 사물이냐에 따라 그 형태를 달리한다 (110쪽 참조).

Über wen haben Sie gesprochen?
당신은 누구에 대해 이야기를 하셨나요å?

Worüber haben Sie gesprochen?
당신은 무엇에 대해 이야기를 하셨나요?

Über Maria.
마리아에 대해서요.

Über die Arbeitszeiten.
근로시간에 대해서요.

전치사의 목적어가 사람일 경우 전치사 + 의문대명사 (wem, wen)	전치사의 목적어가 사물일 경우 wo(r) + 전치사
· **Mit wem haben Sie gearbeitet?** 당신은 누구와 일을 하셨나요? **Mit Herrn Kim.** 김선생님과요. · **Über wen haben Sie gesprochen?** 당신은 누구에 대해 이야기를 하셨나요? **Über Maria.** 마리아에 대해서요.	· **Womit haben Sie gearbeitet?** 당신은 무엇을 가지고 작업 하셨나요? **Mit dem Computer.** 컴퓨터로요. · **Worüber haben Sie gesprochen?** 당신은 무엇에 대해 이야기를 하셨나요? **Über die Arbeitszeiten.** 근로시간에 대해서요.

✎　전치사의 목적어가 사물일 경우 의문사는 wo + 전치사의 형태를 취하는데 만약 전치사가 모음으로 시작하면 'wo' 뒤에 -r을 첨가한다.

　　(예 : womit, worauf → wo + r + auf, woran → wo + r + an)

의문대명사 3 (간접의문문)

간접의문문은 의문대명사의 유무에 따라 두 가지로 나눈다.

	직접 의문문	간접 의문문
의문대명사가 있는 경우 (W-질문)	**Wer hat angerufen?** 누가 전화를 했나요?	**Ich weiß nicht, wer angerufen hat.** 저는 누가 전화를 했는지 모릅니다.
	Was ist passiert? 무슨 일이 일어났나요?	**Niemand weiß, was passiert ist.** 아무도 무슨 일이 일어났는지 모릅니다.
	Auf wen ist sie wütend? 그녀는 누구에게 화났나요?	**Ich weiß, auf wen sie wütend ist.** 그녀가 누구에게 화났는지 나는 압니다.
의문대명사가 없는 경우 (Ja / Nein-질문)	**Ruft er noch einmal an?** 그는 또다시 전화를 할까요? **Ja. / Nein.** 예 / 아니오.	**Er hat nicht gesagt, ob er noch einmal anruft.** 그가 또다시 전화를 할런지에 대해서는 말하지 않았어요.

✎ 간접의문문은 부문장이 되며, 이때 동사는 문장의 마지막 자리에 위치한다.

✎ w-의문사와 함께 오는 간접의문문의 주문장에서는 일반적으로 wissen 알다, sagen 말하다 등의 동사가 온다.

✎ w-의문사와 함께 오지 않는 간접의문문에서는 ob (… 인지 아닌지)이 함께 온다.

9 관계대명사 Relativpronomen

관계대명사가 이끄는 관계절은 부문장으로서 주문장의 선행사인 사람이나 사물에 대해 상세하게 기술하며, 이때 동사는 후치된다. 관계대명사는 주문장의 명사, 대명사 혹은 주문장 전체를 수식하며 그 형태는 정관사 der, die, das의 형태와 동일하다.

Da ist ein Mexikaner, der Fahrrad fährt.
저기 자전거를 타고 있는 멕시코인이 있다.

Die Mexikaner, die wir hier sehen, spielen Gitarre.
우리가 여기서 보고 있는 멕시코인들이 기타를 연주한다.

Die Frau, deren Handtasche ich gefunden habe, ist Frau Kim.
내가 핸드백을 찾아 준 그 부인은 김 선생님이다.

Das Buch, von dem ich dir erzählt habe, heißt Momo.
내가 너에게 이야기했던 책이 모모야.

🖋 관계대명사가 이끄는 관계절은 부문장으로서 주문장의 선행사 (명사, 대명사, 주문장 전체)
를 수식한다. 관계절의 동사는 후치된다.

🖋 주문장과 부문장사이에는 쉼표를 찍는다.

🖋 관계대명사의 형태는 단수 2격과 복수 2격과 3격을 제외하고 정관사 der, die, das의 형태
와 동일하다.

명
사

◯ 관계대명사의 형태

	단 수			복 수
	남성	여성	중성	남 · 여 · 중성 공통
1격	der	die	das	die
4격	den	die	das	die
3격	dem	der	dem	denen
2격	dessen	deren	dessen	deren

두 개의 주문장을 아래와 같이 관계절이 있는 하나의 문장으로 만들 수 있다.

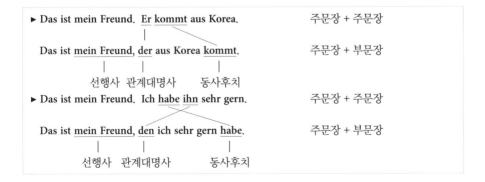

✎ 두 개의 주문장을 주문장과 이를 수식하는 관계절이 있는 하나의 문장으로 만들기 위하여
서는 두 문장에 공통적인 문장성분이 있어야 하는데, 이것을 선행사라고 한다.

✎ 관계대명사의 성 (남성, 여성, 중성)과 수 (단수, 복수)는 주문장의 선행사에 의해 결정되며
관계대명사의 격은 부문장에서의 기능에 따라 결정된다. 예를 들어 관계대명사가 부문장
에서 주어의 기능을 한다면 1격이고, 목적어의 기능을 한다면 4격이 된다.

✎ 관계절은 일반적으로 선행사 바로 뒤에 위치하나 관계절이 너무 길거나 하나 또는 두 단
어 뒤에 관계문이 있을 경우, 주문장이 온 후에 관계절을 위치시키는 것이 좋다.

Gestern habe ich endlich Naris neuen Freund, von dem sie mir schon so viel erzählt
hat, getroffen.
나는 마침내 어제 나리가 많이 이야기했던 그녀의 새로운 남자친구를 만났다.

Gestern habe ich endlich Naris neuen Freund getroffen, von dem sie mir schon so
viel erzählt hat. (더 좋은 표현)

관계절이 선행사인 주문장의 명사를 수식하는 경우와 대명사를 수식하는 경우,
그리고 문장 전체를 수식할 수가 있다.

Das ist mein Freund, den ich gern habe.
이 사람은 내가 좋아하는 친구이다.

Sie gab mir alles, was sie hatte.
그녀는 가지고 있는 모든 것을 나에게 주었다.

관계절이 주문장의 명사를 수식하는 경우

관계문이 주문장의 명사를 수식하는 경우, 선행사로서 사람이나 사물 혹은 도
시나 국가명의 고유명사나 추상명사 등이 올 수 있다. 이때 관계대명사는 주격이나
목적격으로 단독으로 올 수도 있고, 전치사와 함께 올 수도 있다.

▶ 관계절이 주문장의 명사를 수식하는 경우

명사, + der (1격, 남성, 단수)	Das ist der Freund, der aus Korea kommt. 이 사람은 한국에서 온 친구이다.
명사, + den (4격, 남성, 단수)	Das ist mein Freund, den ich sehr gern habe. 이 사람은 내가 좋아하는 친구이다.
명사, + dem (3격, 남성, 단수)	Das ist der Freund, dem ich eine Musik-CD geschenkt habe. 내가 음악 CD를 선물한 사람이 이 친구다.

명
사

명사, + deren (2격, 여성, 단수)	Die Frau, deren Handtasche ich gefunden habe, ist Frau Kim. 내가 핸드백을 찾아 준 그 부인은 김 선생님이다.
명사, + 전치사 + dem (3격, 중성, 단수)	Das Buch, von dem ich dir erzählt habe, heißt Momo. 내가 너에게 이야기했던 책이 모모야.
명사 (장소 / 시간), + in dem / wo, an dem / wo	Das ist das Haus, in dem / wo ich gewohnt habe. 이 집은 내가 살았던 집이다. Ich spreche über das Wochenende, an dem / wo wir nicht zu Hause waren. 나는 우리가 집에 있지 않았던 주말에 대해 말하고 있다.
도시명 / 국가명, + wo	Das ist Salzburg, wo Mozart geboren ist. 여기는 모짜르트가 태어난 짤츠부르크이다.
형용사에서 파생된 명사 / 최상급, + was	Das ist das Beste, was du machen konntest. 이것은 네가 할 수 있었던 최선이다.

명
사

- 관계절이 장소나 시간을 나타내는 명사를 수식하는 경우, 관계대명사가 장소나 시간을 나타내는 전치사 in, an과 결합하여 올 수도 있고, 시간과 장소를 나타내는 '전치사 + 관계대명사'는 관계부사 wo로 대치할 수 있다.

- 도시명이나 국가명 등의 고유명사를 수식하는 '전치사 + 관계대명사'는 관계부사 wo로 대치된다.

- 형용사에서 파생된 명사나 최상급 등이 선행사인 경우 관계대명사 was가 온다.

관계절이 주문장의 대명사를 수식하는 경우

관계절이 수식하는 선행사가 사람 혹은 사물을 지칭하는 부정대명사인 경우에 관계대명사 der, die, das와 was를 사용한다. 이러한 선행사가 부문장에서 전치사의 목적어인 경우에는 '전치사 + 관계대명사' 혹은 'wo + 전치사'의 형태를 취한다.

Da kommt jemand, der ein Buch hat.
책 한권을 가진 어떤 사람이 오고 있다.

Sie gibt mir alles, was sie hat.
그녀는 가지고 있는 모든 것을 나에게 준다.

Es gibt niemanden, für den ich mich interessiere.
내가 흥미를 느끼는 사람은 없다.

Es gibt nichts, wofür ich mich interessiere.
내가 흥미를 느끼는 것은 아무 것도 없다.

✎ 관계절이 수식하는 선행사로서, **jemand, einer** 등의 어떤 사람을 지칭하는 부정대명사가 오면, 관계대명사로서 **der, dessen, dem, den**이 온다.

✎ 관계절이 수식하는 선행사로서, **das, etwas, alles** 등의 대명사가 오면, 부문장의 관계대명사로서 **was**가 온다.

✎ 관계절이 수식하는 선행사가 부문장에서 전치사의 목적어인 경우 관계대명사는 전치사를 동반한다. 이때 사람이냐, 사물이냐에 따라 'wo + 전치사', 혹은 '전치사 + 관계대명사 (der, die, das, …)'가 온다.

▶ 관계절이 주문장의 대명사를 수식하는 경우

선행사로서 jemand, niemand, einer, keiner 등의 사람을 지칭하는 부정대명사가 올 때 : ▶ **Da kommt jemand, der ein Buch hat.** 책 한권을 가진 어떤 사람이 오고 있다.
선행사로서 das, etwas, nichts, alles, vieles의 사물을 지칭하는 부정대명사가 올 때 : ▶ **Sie gibt mir alles, was sie hatte.** 그녀는 가지고 있는 모든 것을 나에게 준다.
관계절이 수식하는 선행사가 부문장에서 전치사의 목적어로서 어떤 사람을 지칭할 때 : ▶ **Es gibt hier niemand, auf den ich mich wirklich verlassen kann.** 내가 진짜 믿을만한 사람은 아무도 없다.
관계절이 수식하는 선행사가 부문장에서 전치사의 목적어로서 어떤 사물을 지칭할 때 : ▶ **Es gibt nichts, wofür ich mich interessiere.** 내가 흥미를 느끼는 것은 없다.

관계절이 주문장 전체를 수식하는 경우

관계절이 주문장 전체를 수식하는 경우 **was**가 관계대명사로 오며, 만약 전치사의 목적어인 경우에는 'wo + 전치사'의 형태를 취한다.

▶ 관계절이 주문장 전체를 수식하는 경우

Endlich hat er mein Auto repariert, was ich mir seit langem gewünscht habe. 마침내 그는 나의 자동차를 수리하였는데, 이는 내가 오랫동안 원하였던 것이다. **Endlich hat er mein Auto repariert, worauf ich schon lange gewartet habe.** 마침내 그는 나의 자동차를 수리하였는데, 나는 그것을 정말 오랫동안 기다렸다.

명
사

10 재귀대명사 Reflexivpronomen

독일어에서 타동사의 일종으로 재귀동사가 존재하는데, 이러한 재귀동사는 목적어로서 재귀대명사와 결합된다. 재귀대명사는 인칭대명사와는 달리 주어와 목적어가 동일 인물일 때 사용된다. 그리고 재귀대명사는 주로 목적어로서 사용되므로 3격과 4격만 존재한다 (71쪽 참조).

◐ 재귀대명사의 형태

	단 수			복 수		
	ich	du	er / sie / es	wir	ihr	sie / Sie
4격	mich	dich	sich	uns	euch	sich
3격	mir	dir	sich	uns	euch	sich

✎ 문장에 다른 목적어가 없을 때, 4격 재귀대명사를 사용한다.
   Ich habe mich gewaschen. 나는 씻었다. (재귀대명사 = 4격)
   Ich interessiere mich für Sport. 나는 운동에 관심이 있다. (재귀대명사 = 4격)

✎ 문장에 또 다른 목적어가 있을 때는 3격 재귀대명사를 사용한다.
   Ich wasche mir die Hände. 나는 내 손을 씻는다. (재귀대명사 = 3격)

11 welch-, was für ein-

welch-와 was für ein-은 '어떤 … 것'의 의미로 명사와 함께 동반 기능으로도 사용되고 명사대신의 대용기능으로도 사용된다. welch-는 특정한 사람 혹은 사물을 선택할 때 사용하므로 대답할 때는 정관사로 대답하고, was für ein-은 정해지지 않은 사람 혹은 사물을 물을 때 사용하며, 대답할 때 부정관사로 대답한다.

Ich hätte gern eine Flasche Wein.
한 병의 포도주를 주세요.

Was für einen möchten Sie?
당신은 어떤 종류를 원하시나요?

Einen französischen Rotwein.
프랑스산 적포도주 한 병이요.

Wir hätten hier einen sehr guten
Bordeaux und einen Beaujolais.
우리는 정말 좋은 보르도산과 보졸레를 가지고 있어요.

Welchen möchten Sie?
당신은 (그 둘 중) 어느 것을 원하시나요?

Den Bordeaux, bitte.
보르도산 포도주요.

✎ welch-와 was für ein-이 대용기능으로 사용될 때는 정관사 어미를 첨가한다.

▶ welch-, was für ein-의 형태

	단수			복수
	남성	여성	중성	남 · 여 · 중 공통
1격	welcher was für einer	welche was für eine	welches was für eins	welche was für
4격	welchen was für einen	welche was für eine	welches was für eins	welche was für
3격	mit welchem mit was für einem	mit welcher mit was für einer	mit welchem mit was für einem	mit welchen mit was für
2격	-	-	-	-

✎ was für ein-은 하나의 고정화된 형태로 사용되어 1격, 남성, 단수에서는 -er을, 남성, 단수 4격에서는 -en의 정관사 어미를 사용한다.

✎ was für ein-은 부정대명사 einer와 같이 복수형이 없으므로, was für 다음에 복수형 명 사가 온다.

독일어의 불변화사에는 전치사, 부사 그리고 양태불변화사가 속한다. 이러한 불변화사들은 어미변화하지 않는다.

Ich gehe zu Peter rauf.

나는 페터 집으로 올라간다.

Ich bin oben bei ihm.

나는 그의 집 위층에 있다.

Er wollte aber doch ausgehen.

그는 그러나 외출하려고 했다.

불변화사

1 전치사의 사용 Gebrauch der Präpositionen

독일어에서 전치사는 문장성분 간의 관계를 성립시키며, 명사, 대명사, 부사 앞에 위치하고, 몇몇 경우엔 명사나 대명사 뒤에 온다.

	전치사 + 문장성분	문장성분 + 전치사
전치사 + 명사	**Ich fahre nach Deutschland.** 나는 독일로 간다.	**Ich fahre den Rhein entlang.** 나는 라인 강을 따라 달린다.
전치사 + 대명사	**Ich komme später zu dir.** 나중에 너에게 갈게.	**Ich stehe ihm gegenüber.** 나는 그를 마주 보고 서 있다.
전치사 + 부사	**Gehen Sie bitte nach rechts.** 오른쪽으로 가세요.	**Mama geht mit Frank nach oben.** 엄마는 프랑크와 위로 올라간다.

문장에서 전치사의 사용은 아래와 같다.

● 독일어에서 전치사는 의미적 차원에서 장소, 시간, 양태, 그리고 인과 등의 의미를 가지고 있다.

Ich komme aus Seoul. 나는 서울에서 왔습니다.

Wir sehen uns nach dem Deutschunterricht. 독일어 수업 후에 만나자.

Dieser Film wurde mit deutschem Untertitel gesendet.
이 영화는 독일어 자막으로 방송되었다.

Viele machen Kuren aus Gesundheitsgründen.
많은 사람들은 건강상의 이유로 요양을 한다.

● 독일어의 전치사는 문법적인 차원에서 동사와 함께 격의 정보를 가지고 있는 문장성분의 하나로서 2격, 3격, 4격 그리고 3·4격 지배 전치사가 있다.

Im Sommer (3격, 시간) fährt man in Deutschland (3격, 장소)
wegen des gesunden Klimas (2격, 이유) an die Nordsee. (4격, 장소)
여름에 독일에서 사람들은 건강에 좋은 기후로 인해 북해로 간다.

○ 독일어의 전치사는 동사와 함께 관용어구로 사용된다. 이때 전치사는 고정된 격을 가진다 (304-310쪽 참조).

Ich denke immer nur an dich, Maria. 마리아, 나는 항상 너만을 생각한다.

Er interessiert sich sehr für klassische Musik. 그는 클래식 음악에 관심이 많다.

2 문법 차원의 전치사 Präpositionen: grammatikalisch

독일어의 전치사는 문법적인 차원에서 동사와 함께 격의 정보를 가지고 있는 문장성분의 하나로서 2격, 3격, 4격 그리고 3·4격 지배 전치사가 있다.

○ 고정된 격을 가지는 전치사

3격 지배 전지사	4격 지배 전치사	2격 지배 전치사
aus ~으로부터 **bei** ~옆에, ~에 **mit** ~와 같이, ~로써 **nach** ~후에, ~으로 **seit** 이래 **von** ~에서, ~에 대해, ~의 **zu** ~에게, ~에 **ab** ~으로부터 **gegenüber** ~의 맞은 편에	**bis** ~까지 **durch** ~을 통하여 **für** ~을 위해서, ~에 대해서 **gegen** ~을 향해서 **ohne** ~없이 **um** ~의 둘레에, ~시에 **entlang** ~을 따라 : 명사 뒤	**während** ~하는 동안에 **wegen** ~때문에 **(an)statt** ~대신에 **trotz** ~에도 불구하고 **außerhalb** ~의 밖에 **innerhalb** ~의 내부에

✎ während, wegen, statt, trotz 등의 2격 지배 전치사는 일상회화에서 대부분 3격으로 사용된다.

1) 3격 지배 전치사의 사용

aus

(공간) ~에서
Klaus kommt aus München. 클라우스는 뮌헨에서 왔다.

(재료) ~로
Der Ring ist aus Gold. 이 반지는 금으로 되어 있다.

bei

(공간) ~옆에, ~근처에
Das Dorf liegt bei München. 그 동네는 뮌헨 근처에 있다.

(사람) ~의 집에 살다
Sie wohnt bei ihren Eltern.
그녀는 그녀의 부모님의 집에 산다.

mit

(사물) ~로 (수단)
Er schreibt mit einem Kuli.
그는 볼펜으로 쓴다.

(사람) ~와 함께
Er geht mit seiner Frau.
그는 그의 부인과 함께 간다.

nach

(공간-나라, 도시) ~로 (방향), ~를 향하여
Der Zug fährt nach Seoul.
이 기차는 서울행이다.

(시간) ~후에
Nach dem Essen geht sie spazieren.
식사 후에 그녀는 산책을 하러 간다.

seit

(시간) ~부터(지금까지 진행중), ~이래로
Seit einem Monat liegt sie im Bett.
한 달째 그녀는 침상에 누워 있다.

von

(출발지) ~로부터
Ich komme gerade vom Arzt. 의사 선생님을 뵙고 온다.
Peter ist vom Fahrrad gefallen. 페터는 자전거에서 떨어졌다.

zu

(목적) ~로 (가다)
Wir gehen zum Bahnhof. 우리는 역으로 간다.

(사람) ~에게 (가다)
Sie fährt zu ihrer Mutter. 그녀는 그녀의 어머니에게로 간다.

✎ 전치사 seit ~이래로, nach ~후에는 시간개념을 위하여 사용되기도 하며, mit ~가지고는 양태의미로 사용된다.

✎ 공간개념 중 '~에게', '집에', '~에게서' 등의 사람과 관련된 개념은 zu, bei, von의 전치사가 사용된다.

✎ 전치사 aus와 von은 공간적 의미로 사용되나, aus는 어느 공간에서 나온다는 의미로 von

은 '~에서 출발'의 의미로 사용된다.

✎. 전치사 **gegenüber**는 다른 3격 전치사와는 달리 명사 뒤에 위치할 수 있다.

2) 4격 지배 전치사의 사용

durch

(공간) 통하여
Sie geht durch die Tür. 그녀는 문을 통과하여 간다.
Wir reisen durch Deutschland. 우리는 독일 전역을 여행한다.

---

für

~를 위해서
Er lernt für die Prüfung.
그는 시험을 위해서 공부를 한다.

---

gegen

(사물) 향하여, 마주보고
Das Auto fährt gegen einen Baum.
차가 나무를 향하여 달린다.

(시간, 거리) 대략
Der Zug kommt gegen 9 Uhr.
열차는 9시쯤 온다.

(의견에) 반대하여
Ich habe nichts gegen dich, Maria.
마리아, 나는 너에게 악감정이 없어.

---

ohne

~없이
Ich hätte gern ein Eis ohne Sahne.
생크림이 없는 아이스크림 주세요.

Ohne den Lehrer sind die Schüler froh.
교사 없이 학생들이 즐거워합니다.

---

um

(사물) 주위
Das Auto fährt um die Ecke.
차는 모퉁이를 돌아갑니다.

(시간) 정각에
Kommen Sie bitte um 7 Uhr!
7시에 오십시오.

✎ 전치사 um (정각)과 gegen (~경)은 시간개념을 위하여서도 사용된다.

✎ 전치사 gegen은 gegenüber와는 달리 정적인 의미가 아닌 역동적인 의미가 있다.

3) 2격 지배 전치사의 사용

대부분의 2격 지배 전치사는 일상회화에서 3격으로도 사용된다.

전치사	의미	사용 예
während	~하는 동안에	Während des Essens / dem Essen darf man nicht sprechen. 식사 중에 말을 해서는 안 된다.
wegen	~때문에	Wegen des schlechten Wetters / dem schlechten Wetter wurde das Konzert abgesagt. 나쁜 날씨로 인해 콘서트가 취소되었다.
trotz	~에도 불구하고	Trotz des Schnees ist er doch gekommen. 눈에도 불구하고 그는 왔다.
(an)statt	~대신에	Er übernahm die Aufgabe anstatt seines kranken Vaters. 그는 아픈 아버지 대신에 그 일을 맡았다.
innerhalb	~의 내부에, 안에	Die Fahrkarte gilt nur innerhalb der Stadtzone. 이 차표는 시내에서만 유효하다.
außerhalb	~의 밖에	Er war in seinem Leben nie außerhalb seines Dorfs. 그는 그의 생애에 마을 밖으로 나간 적이 없었다.

불변화사

4) 3 · 4격 지배 전치사

독일어에서 3·4격 지배 전치사는 장소의 의미로 사용될 때, 정지 상태를 나타낼 때는 3격을 취하고, 장소의 이동이나 운동의 방향을 나타낼 때는 4격을 지배한다.

Der Hund geht nah an die Katze heran.
Er sitzt neben ihr.
그 강아지가 고양이 곁으로 간다. 강아지는 고양이 곁에 앉아 있다.

▶ 3 · 4격 지배 전치사

---
an ~곁에 / ~으로, auf ~의 위에 / ~로, hinter ~의 뒤에 / ~로, in ~안에서 / ~으로, neben ~옆에 / ~으로, unter ~밑에 / ~으로, vor ~의 앞에 / ~으로, über ~의 위에 / ~로, zwischen ~의 사이에 / ~로
---

5) 3 · 4격 지배 전치사의 사용

auf	(공간) ~위로, 위에 Die Mutter setzt das Kind auf den Stuhl. 엄마가 아이를 의자에 앉힌다.
in	(공간) ~안으로, 안에 Ich stecke den Schlüssel ins Schloß. 나는 열쇠를 열쇠 구멍에 꽂았다.
an	(공간) ~가로, 가에, ~측면에 Ich fahre in diesem Urlaub ans Meer. 나는 이번 휴가에 바닷가로 간다.
hinter	(공간) ~뒤로, 뒤에 Ich lege die Kamera hinter den Baum 나는 카메라를 나무 뒤에 놓는다.
vor	(공간) ~앞으로, 앞에 Ich stelle den Tisch vor den Baum. 나는 탁자를 나무 앞에 세워놓는다.
	(시간) ~부터 (과거) Vor ein paar Jahren haben sie geheiratet. 그들은 몇 년 전에 결혼했다.
neben	(공간) ~옆으로, 옆에 Ich fahre das Auto neben das Haus. 나는 집 옆으로 차를 타고 간다.
über	(공간) ~위로, 위에 Ich wohne über ihm. 나는 그의 집 위층에 산다.
unter	(공간) ~아래로, 아래에 Ich lege das Buch unter den Tisch. 나는 탁자 아래에 책을 놓는다.
zwischen	(공간) ~사이로, 사이에 Ich lege den Hut zwischen den Tisch und den Baum. 나는 탁자와 나무 사이에 모자를 놓는다.

불변화사

✎ 3·4격 지배 전치사가 시간의 의미로 사용될 때는 3격을 취한다 (Wann? → 3격). 그리고 일반적으로 몇몇 전치사들은 정관사와 결합된 축약형으로 사용된다.

◐ 전치사와 정관사의 축약형

남성 (m) · 중성 (n) 3격	im am vom beim zum	=	in an von bei zu	+	dem
중성 (n) 4격	ins ans	=	in an	+	das
여성 (f) 3격	zur	=	zu	+	der

✎ 그러나 문장에서 강조의 의미로 사용될 때는 축약형이 사용되지 않는다.

Ich gehe jetzt in das Kino, das du mir empfohlen hast.
나는 네가 나에게 추천했던 그 영화관으로 지금 간다.

불변화사

3 개념 차원의 전치사 Präpositionen: konzeptionell

독일어의 전치사는 개념 차원에서 장소, 시간, 양태 그리고 인과의 의미를 표현하는데 사용된다.

전치사 1 (장소개념)

독일어의 전치사가 공간적 의미로 사용될 때는 질문, woher (어디에서)?, wo (어디에)?, wohin (어디로)?에 따라 전치사를 분류할 수 있다.

Der Vogel fliegt aus dem Käfig.
새가 새장에서 날아왔다.

Er ist im Eimer.
새는 양동이에 있다.

Woher?

Wo?

Die Frau hat ihn wieder in den Käfig zurückgebracht.
부인이 새를 새장으로 다시 넣었다.

Wohin?

장소개념의 전치사

▶ 3격 장소 전치사

불변화사

전치사	의미	사용 예
ab (부터) *ab Seoul*	출발점	**Ich fliege ab Seoul mit KAL.** 나는 서울발 KAL 비행기로 간다. **Ab der nächten Kreuzung fahren Sie geradeaus.** 다음 교차로부터는 직진하세요.
aus (-에서)	공간으로부터 이동 출신, 기원, 유래	**Sie geht aus dem Büro.** 그녀는 사무실에서 나온다. **Sie kommt aus Korea.** 그녀는 한국에서 왔다.
bei	가까운, 근처 사람 (~의 집에) 직장 (회사명)	**Inchon liegt bei Seoul.** 인천은 서울근처에 있다. **Ich wohne bei meinen Eltern.** 나는 부모님 집에 산다. **Ich arbeite beim Film.** 나는 영화사에서 일한다. **Er ist beim Fußballspiel.** 그는 축구 경기 중이다.
gegenüber (맞은편) 후치가능	맞은 편 후치 (사람일 때)	**Gegenüber der Uni gibt es ein Café.** 대학교 맞은편에 카페가 있다. **Mir gegenüber saß ein netter Mann.** 내 맞은편에 친절한 남자가 앉아 있었다.
nach (-로)	지명·나라 (중성) 예외 (여성 / 복수형) 방향 지시어	**Ich fahre morgen nach Hamburg.** 나는 내일 함부르크로 간다. **Ich fahre in die Schweiz / in die USA.** 나는 스위스 / 미국으로 간다. (예외 : 관사와 함께) **Gehen Sie nach unten / links / Osten.** 당신은 아래로 / 왼쪽으로 / 동쪽으로 가라.

von (출발점) ●——▶	출발점 2격 대용 (~의)	Ich komme gerade vom Büro / von meiner Mutter. 나는 지금 사무실로부터 / 우리 엄마 집에서 온다. Das ist das iPad von meinem Bruder. 그것은 나의 형의 아이패드이다.
zu ■◀——	사람 목적	Ich fahre jetzt zu meinem Freund / zum Kaufhaus. 나는 지금 나의 친구에게로 / 백화점으로 간다. Ich gehe zum Deutschunterricht. 나는 독일어 수업에 간다.

✎ 전치사 nach는 도시, 국가, 대륙의 이름 앞에서 방향을 나타낼 때 사용하고, zu는 방향, 목적, 인물과 관련된 장소로 가는 것을 표현할 때 사용된다.

✎ 전치사 aus는 공간적 개념으로 '~에서 나온다'는 의미이고, von은 점적인 개념으로 '~에서 출발한다'는 의미이다. 이러한 의미상의 차이가 있기 때문에 aus는 in (안으로)과 상반된 의미로 사용된다.
Ich stelle das Buch ins Regal. Ich nehme das Buch aus dem Regal.
나는 책장에 책을 (꽂아) 놓는다. 나는 책장에서 그 책을 가져온다.

✎ 전치사 zu는 장소, 사람, 파티나 공연행사 등에 사용된다.

▶ 4격 장소 전치사

종류	의미	사용 예
bis (~까지)	종점 (관사 없이 사용)	Bis nach Frankfurt am Main sind es mindestens noch 200 km. 프랑크푸르트 암마인까지는 최소한 200 km이다.
bis zu + 3격	종점 (관사와 함께 사용)	Bis zum Bahnhof sind es 5 Minuten. 역까지는 5분 거리이다.
durch ——▶	통과하여	Er geht durch den Park. 그는 공원을 통하여 간다.
entlang (후치)	평행 운동	Gehen Sie diese Straße entlang. 이 길을 따라 가세요.
gegen	마주 보고	Das Auto fuhr gegen das Haus. 자동차는 집을 마주 보고 / 향해 달렸다.
um	둘레에	Ich fahre um die Stadt. 나는 도시 주위를 돈다.

3 · 4격 장소 전치사

종류	의미		사용 예
an 가에 / 로	측면	wo	Die Uhr hängt an der Wand. 그 시계가 벽에 걸려 있다.
		wohin	Ich hänge die Uhr an die Wand. 나는 벽에 시계를 건다.
	가장자리 (~가에)	wo	Köln liegt am Rhein. 쾰른은 라인강 가에 있다.
		wohin	Wir fahren ans Meer. 우리는 바닷가에 간다.
auf 위에 / 로	표면	wo	Die Vase steht auf dem Tisch. 꽃병이 탁자 위에 있다.
		wohin	Ich stelle sie auf den Tisch. 나는 꽃병을 탁자 위에 놓는다.
	우체국, 은행 (공공기관)	wo	Er ist auf der Post. 그는 우체국에 있다.
		wohin	Ich gehe jetzt auf die Bank. 나는 지금 은행으로 간다.
hinter 뒤에 / 로	뒤쪽	wo	Der Tisch ist hinter mir. 책상이 내 뒤에 있다.
		wohin	Ich stelle den Stuhl hinter den Tisch. 나는 의자를 책상 뒤에 놓는다.
in 안에 / 으로	안쪽	wo	Die Kinder spielen im Garten. 그 아이들은 정원에서 놀고 있다.
		wohin	Ich gehe jetzt in den Garten. 나는 지금 정원으로 간다.
	대륙	wo	Wir waren schon in Europa. 우리는 유럽에 간 적이 있다.
		wohin	Wir fuhren nach Europa. 우리는 유럽으로 갔다.
	국가 / 도시명 / 지역	wo	Wir waren schon in Wien. 우리는 빈에 간 적이 있다.
		wohin	Wir fuhren nach Deutschland. 우리는 독일로 갔다.
	둘러싸여 있음	wo	im Wald 숲에, in der Sonne 태양 아래,
		wohin	in den Wald 숲으로, in die Sonne 태양 아래로
neben 옆에 / 으로	매우 가까운 옆쪽	wo	Der Kleiderschrank steht neben der Tür. 그 옷장은 문 옆에 있다.
		wohin	Wir stellen den Schrank neben die Tür. 우리는 문 옆으로 옷장을 놓는다.

불변화사

über 위에 / 로	위쪽	wo	Die Lampe hängt über dem Tisch. 그 전등은 탁자 위에 걸려 있다.
		wohin	Ich hänge die Lampe über den Tisch. 나는 탁자 위에 전등을 단다.
	경유	wo wohin	Wir fahren über die Brücke. 우리는 다리를 건너간다.
unter 아래	아래쪽	wo	Die Tasche ist unter dem Tisch. 가방이 책상 아래에 있다.
		wohin	Die Tasche stellt er unter den Tisch. 그는 가방을 책상 아래에 놓다
vor 앞에 / 으로	정면	wo	Vor dem Haus steht ein Mann. 집 앞에 한 남자가 서 있다.
		wohin	Wir stellen das Auto vor die Garage. 우리는 차고 앞으로 차를 세운다.
zwischen 사이에 / 로	사이	wo	Ich sitze zwischen den Kindern. 나는 아이들 사이에 앉아 있다.
		wohin	Ich setze mich zwischen die Kinder. 나는 아이들 사이로 앉는다.
wohin + 4격 : 목표를 향한 운동과 방향		wo + 3격 : 어떤 장소 안에서 만의 운동	

◐ 2격 장소 전치사

| außerhalb | ~의 밖에
(nicht im Inneren) | Ich wohne lieber außerhalb der Stadt.
나는 차라리 도시 밖에서 살겠다. |
| innerhalb | ~의 내부에
(im Inneren) | Diese Fahrkarte ist nur innerhalb der Stadt gültig.
이 승차권은 시내에서만 유효하다. |

■ 장소개념의 전치사 사용

　　장소개념에 사용되는 독일어의 전치사는 좁은 의미의 공간인지, 넓은 의미의 공간(나라, 도시, 사람, 목적 등)인지에 따라 서로 다른 전치사를 사용한다.

	전치사	Verben	공간	나라명, 도시명	사람	목표 / 출발점
Wohin? 어디로	nach, zu + 3격 in, auf + 4격	gehen 가다, fahren ▶ Wohin fahren Sie? 어디로 가십니까?	in, auf (4격)	nach	in (4격)	zu	zu
Wo? 어디에	in, an, bei, auf +3격	sein 있다, wohnen 살다 ▶ Wo sind Sie? 어디에 있나요?	in, auf (3격)	in	in	bei	in
Woher? 어디에서	aus, von + 3격	kommen 오다 ▶ Woher kommen Sie? 어디에서 오시나요?	aus, von	aus	aus	von	von

✎ 'Woher?'대한 질문에 일반적으로 출신·기원·유래에 대한 답을 하게 되고 전치사는 aus, 혹은 von + 3격을 사용한다.

✎ 'Wo?'대한 질문에 일반적으로 장소 / 지역에 관한 답을 하게 되고, 전치사는 an + 3격, auf + 3격 (공공기관), in+3격, bei+3격 (회사)을 사용한다.

✎ 'Wohin?'대한 질문에 일반적으로 방향 / 목적에 대한 답을 하게 되고 an + 4격, auf + 4격, in + 4격, nach + 3격, zu + 3격을 사용한다.

■ 공간개념에 사용되는 전치사

1) 공간 1의 개념으로 사용되는 전치사

공간 1의 개념의 전치사는 좁은 공간에 사용되는 전치사로서 방, 학교, 회사 등의 건물을 나타낼 때나, 어떤 장소로 들어가거나 나오는 것을 의미할 때 사용된다.

[공간 1]   [공간 1, 공공기관, 축제]

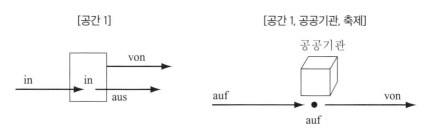

어디로	어디에	어디로부터
3·4격 지배 전치사		3격 지배 전치사
Ich gehe··· 가다	Ich bin··· 있다	Ich komme··· 오다

231

in die Stadt. 시내로	**in der Stadt.** 시내에	**aus der Stadt.** 시내로부터
zur Uni. 대학교로	**in der Uni.** 대학교에	**von der Uni.** 대학교로부터
ins Büro. 사무실로	**im Büro.** 사무실에	**aus dem Büro.** 사무실로부터
ins Theater. (연)극장으로	**im Theater.** (연)극장에	**aus dem Theater.** (연)극장으로부터
auf die Post, Bank. 우체국, 은행으로	**auf der Post, Bank.** 우체국, 은행에	**von der Post, Bank.** 우체국, 은행으로부터
auf die Party. 파티로	**auf der Party.** 파티에	**von der Party.** 파티에서
in Urlaub. 휴가로	**im Urlaub.** 휴가중에	**aus dem Urlaub.** 휴가에서

✎ 동사구 **in Urlaub fahren** 휴가 가다 등은 관용어구로 사용된다.

✎ 전치사 **in**과 **auf**는 장소개념으로 ~안에 / 안으로의 의미를 가진다. 그러나 **auf**나 **zu**는 특별히 공공기관, 혹은 파티 및 공연을 지칭할 때 쓰인다.

Ich gehe ins Zimmer. 나는 방에 들어간다. Ich bin im Zimmer. 나는 방에 있다.

Ich gehe auf die Post / die Bank / die Polizei / den Bahnhof / den Flughafen.
나는 우체국 / 은행 / 경찰서 / 역 / 공항으로 간다. (공공기관)

Ich bin auf einer Demonstration. 나는 시위 중이다. (행사)

2) 공간 2의 개념으로 사용되는 전치사

공간 2의 개념의 전치사는 넓은 공간에 사용되는 전치사로서 도시나 나라 등과 함께 사용된다.

어디로	어디에	어디로부터
Ich fahre···	Sie sind···	Ich komme···
nach Italien.	in Italien.	aus Italien.
nach München.	in München.	aus München.
in die Türkei.	in der Türkei.	aus der Türkei.
in den Irak.	im Irak.	aus dem Irak.
in die USA.	in den USA.	aus den USA.

불변화사

✎ 나라 이름에는 일반적으로 중성이고 관사를 붙이지 않는다. 그러나 여성 (Schweiz, Türkei), 남성 (Iran, Irak) 혹은 복수형 (USA, Niederlande)의 나라 이름에는 예외적으로 관사를 붙인다.

3) 관용어로서 사용되는 공간개념의 전치사

독일어에서 '집으로 가다', '오다' 등은 관용어구로 사용된다.

어디로	어디에	어디로부터
Ich fahre···	Ich bin···	Ich komme···
nach Hause. 집으로	zu Hause. 집에	von zu Hause. 집에서

4) 사람에 사용되는 공간개념의 전치사

독일어에서 사람에 관하여는 다음과 같은 전치사를 사용한다.

어디로	어디에	어디로부터
Ich gehe···	Ich bin ···	Ich komme···
zu meinem Sohn. 아들 집으로	bei meinem Sohn. 아들 집에	von meinem Sohn. 아들 집에서
zum Arzt. 의사에게	beim Arzt. 의사한테	vom Arzt. 의사에게서

5) 목적과 출발점을 나타내는 공간개념의 전치사

독일어의 전치사중 목적과 출발점을 나타내는 전치사는 아래와 같다.

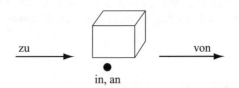

어디로	어디에	어디로부터
Ich fahre···	Ich bin ···	Ich komme···
zur Prüfung. 시험 보러	in der Prüfung. 시험 중	von der Prüfung. 시험 보고
zum Unterricht. 수업 들으러	im Unterricht. 수업 중	vom Unterricht. 수업 끝나고
zum Bahnhof. 기차역으로	am Bahnhof. 기차역에	vom Bahnhof. 기차역에서

■ 위치와 방향을 나타내는 전치사

위치와 방향을 나타내는 전치사의 사용은 아래와 같다.

	wo	wohin
지역 주소 (번지)	in + 3격 (~에) Ich wohne im Schwarzwald. 나는 슈바르츠발트에 산다. Ich wohne in der Goethestraße. 나는 괴테가에 산다.	nach (~로) / in + 4격 (~로) Ich fahre in den Schwarzwald. 나는 슈바르츠발트로 간다. Ich gehe in die Goethestraße. 나는 괴테가로 간다.
산 섬	auf +3격 (~에) Ich war heute auf der Zugspitze. 나는 오늘 추크스피체 정상에 있었다. Wir waren auf Jeju. 우리는 제주도에 있었다.	auf + 4격 (~로) Ich gehe morgen auf die Zugspitze. 나는 내일 추크스피체 정상으로 올라간다. Wir fahren nach Jeju. 우리는 제주도로 간다.
바다, 강, 호수 해변, 강가	an + 3격 (~가에) Ich bin an der Nordsee. 나는 북해에 있다. Ich war heute am Strand. 나는 오늘 해변에 있었다.	an + 4격 (~가로) Ich fahre an die Nordsee. 나는 북해로 떠난다. Ich gehe an den / zum Strand. 나는 해변으로 간다.
목적	in (~에) Ich bin gerade im Schwimmbad. 나는 지금 수영장에 있다. Er ist in der Apotheke. 그는 약국에 있다.	zu +3격 (~하러) Ich gehe jetzt zum Schwimmbad. 나는 지금 수영장으로 간다. Er geht zur Apotheke. 그는 약국으로 간다.

✎ 어떤 건물에 잠시 들를 목적으로 들어간다면, 'in' 대신 'zu'를 사용한다.

■ 3 · 4격 장소 전치사와 위치 및 행위동사

문장에서 3·4격 지배 전치사는 움직임을 나타내는 행위동사와 결합하는지, 혹은 행위의 결과로서 상태를 나타내는 위치동사와 결합하는지에 따라 그 전치사의 격이 결정된다.

wohin + 4격	wo + 3격
운동이나 장소의 변화 (행위자 필요) 규칙동사 행위동사 (Aktionsverben : 타동사)	행위의 결과, 정지 상태 불규칙동사 위치동사 (Positionsverben : 자동사)
(sich) setzen, setzte (sich), hat (sich) gesetzt **Ich setze das Kind auf den Stuhl.** 나는 아이를 의자에 앉힌다.	sitzen, saß, hat gesessen **Das Kind sitzt auf dem Stuhl.** 아이가 의자에 앉아 있다.
(sich) stellen, stellte (sich), hat (sich) gesetzt **Ich stelle die Vase auf den Tisch.** 나는 그 꽃병을 책상 위에 놓는다. 	stehen, stand, ist / hat gestanden **Die Flasche steht auf dem Tisch.** 그 꽃병은 책상 위에 놓여 있다.
(sich) legen, legte (sich), hat (sich) gelegt **Ich lege die Zeitung auf den Tisch.** 나는 신문을 책상 위에 놓는다.	liegen, lag, ist / hat gelegen **Die Zeitung liegt auf dem Tisch.** 신문은 책상 위에 놓여 있다.
hängen, hängte, hat gehängt **Ich hänge die Lampe über den Tisch.** 나는 전등을 책상 위에 단다. 	hängen, hing, ist / hat gehangen **Die Lampe hängt über dem Tisch.** 전등은 책상 위에 달려 있다.

✎ 행위동사는 항상 행위의 주체자 (Agent)를 1격 보충어로, 사물을 4격 보충어로 취하며, 움직임을 나타낸다. 위치동사는 이러한 움직임의 결과로 사물이 1격 보충어가 된다.

불변화사

전치사 2 (시간개념)

독일어에서 시간을 나타내는 전치사는 'Wann 언제?'이라는 질문에 대해 대답을 할 때 사용되며, 어떤 시간의 시점을 나타내는 전치사와 기간을 나타내는 전치사로 나눌 수 있다.

Treffen wir uns am Mittwocch gegen 10 Uhr!
우리 수요일 10시경에 만나자!

Ich nehme bei Kopfschmerzen Aspirin.
머리가 아플 때 나는 아스피린을 복용한다.

■ 시간개념의 전치사

독일어의 전치사가 시간개념을 위하여 사용될 때는 장소개념의 전치사와는 달리 고정된 격을 가지고 있다.

▶ 시간 전치사

3격 시간 전치사	4격 시간 전치사	2격 시간 전치사
ab (~부터) aus (~으로부터) bei (~때) nach (~후에) seit (~이래로) von (··· an) (~부터) zu (~때에) an (~에) in (~후에, ~내에) vor (~전에) zwischen (~사이에)	bis (~까지) für (~동안에) gegen (~경에) um (~에) über (~동안에)	während* (~동안에) innerhalb (~이내에) außerhalb (~시간 외에) *일상회화에서 대부분 3격과 함께 사용한다.

✎ an, in, vor, zwischen, über 등의 3·4격 지배 전치사들은 시간 개념을 표현할 때는 고정된 격을 가진다.

불변화사

1) 시점을 표현하는 시간 전치사

독일어에서 시각, 일, 월, 연도 등의 시점을 표현하는 전치사는 아래와 같다.

시간 전치사	의 미	사용 예
an+3격	요일	Ich komme am Montag. 월요일에 갈께.
	날짜	Goethe wurde am 28.8.1749 geboren. 괴테는 1749년 8월 28일에 태어났다.
	하루 동안의 어느 시간	Ich habe am Vormittag ein Seminar. 나는 오전에 세미나가 있다. [예외] in der Nacht (밤에)
aus+3격	시간적 기원	Diese Vase ist aus dem 13. Jahrhundert. 이 화병은 13세기 것이다.
gegen+4격	부정확한 (하루 중) 시간 / 시각	Tom kommt gegen Mittag (gegen 12) zurück. Tom은 점심 경(12시 경)에 돌아온다.
in+3격	주	In der nächsten Woche fliege ich dorthin. 나는 다음 주에 그곳으로 간다.
	달, 계절	Ich bin im Mai im Frühling geboren. 나는 5월 봄에 태어났다.
	세기	Mozart ist im 18. Jahrhundert geboren. 모짜르트는 18세기에 태어났다.
	미래의 시간	Ich komme in 10 Minuten. 10분 후에 갈께.
nach+3격	~ 후에	Nach dem Seminar gehe ich heim. 나는 세미나 후에 나는 집에 가.
um	정확한 시각	Wir sehen uns um 3 Uhr. 우리 3시에 보자.
vor+3격	~ 전에	Vor dem Essen wasche ich mir die Hände. 식사 전에 나는 손을 씻어요.
zu+3격	축일	zu Weihnachten, 크리스마스에 zu Ostern 부활절에 zum Geburtstag 생일에

✎ 독일어에서 요일, 날짜, 하루의 시간을 나타낼 때는 전치사 am을 사용한다.

✎ 월, 계절, 연도 그리고 세기 등을 나타낼 때는 전치사 im을 사용한다.

✎ 정확한 시각을 나타낼 때는 um을, 대략의 시각을 나타낼 때는 gegen을 사용한다.

✎ 어떤 사건의 전, 후는 전치사 vor, nach를 사용한다.

✎ 축일은 전치사 zu를 사용한다.

2) 시간의 지속을 표현하는 시간 전치사

독일어에서 어떤 사건의 과정의 시작, 진행 혹은 끝을 표현하는데 사용되는 전치사는 아래와 같다.

종류	의 미	사용 예
ab + 3격	현재, 미래에서의 시작	Ab heute habe ich Ferien. 오늘부터 나는 방학이다.
von + 3격 + an	미래의 시작	Von nächster Woche an habe ich Urlaub. 다음 주부터 나는 휴가이다.
seit + 3격	과거에서 현재까지	Seit einem Jahr lerne ich Deutsch. 일 년 전부터 지금까지 독일어를 배운다.
von + 3격 + bis + 4격 / bis zu +3격	시작과 끝	Ich habe vom 15. bis (zum) 29.5. Urlaub. 나는 5월 15일부터 29일까지 휴가이다.
zwischen + 3격	기간 사이	Zwischen dem 8. und 10. Februar ist das Büro geschlossen. 2월 8일부터 10일까지 사무실은 닫는다.
bis + 4격	기한 (까지)	Ich habe noch bis morgen frei. 나는 내일까지 휴가다.
bei + 3격	기간 (~때에) 동시성	Bei schönem Wetter gehen wir spazieren. 날씨가 좋을 때 우리는 산책하러 간다.
innerhalb + 2격	기간 (~내에)	Diese Arbeit muss innerhalb eines Monats fertig sein. 이 일은 한 달 이내로 끝내야 한다.
außerhalb + 2격	기간 (~외에)	Außerhalb der Öffnungszeiten bin ich zu Hause erreichbar. 상점의 개점 시간 외엔 나는 집에서 연락받을 수 있다.
während + 2/3격	기간 (~동안)	Während der Pause gehen wir in die Cafeteria. 휴식시간에 우리는 카페테리아에 간다.
über + 4격	기간	Wir fahren übers (= über das) Wochenende weg. 우리는 주말에 떠난다.
lang (후치) + 4격	현재나 과거에서의 기간 (~동안)	Wir waren im Juli eine Woche lang in Bonn. 우리는 7월 한 주 동안 본에 있었다.
für + 4격	미래에서 기간 (~동안)	Ich bleibe für immer in meiner Heimat. 나는 고향에 영원히 있을 것이다.

✎ 독일어에서 기간을 나타낼 때 전치사 없이 4격 보충어로 표현할 수 있다
Ich war einen Monat (lang) in Seoul. 나는 한 달 동안 서울에 있었다.

불변화사

238

전치사 3 (양태개념)

독일어에서 양태의미로 사용되는 전치사는 'wie 어떻게?'라는 질문에 대한 대답에 사용되며 방법이나 성질·특성·상태를 나타내는 전치사로 나눌 수 있다.

Ich fahre mit dem Bus.
나는 버스를 타고 간다.

Der Korb ist aus Plastik.
이 통은 플라스틱으로 만들어졌다.

독일어의 양태 전치사의 형태와 용법은 아래와 같다.

고정된 격을 가지는 양태 전치사		3·4격 양태 전치사	
3격과 함께	4격과 함께	3격과 함께	4격과 함께
aus ~으로 된 mit ~을 타고	ohne ~없이 für ~위하여 durch ~통하여	in ~으로	auf ~로

종류	사용 예
auf + 4격 (~로)	Dieser Film ist auf Deutsch. 이 영화는 독일어로 된 것이다.
aus + 3격 (재료)	Der Korb ist aus Plastik. 이 통은 플라스틱으로 만들어졌다.
in + 3격 (관용어)	Ich habe jetzt leider keine Zeit. Ich bin in Eile. 나는 지금 유감스럽게도 시간이 없다. 나는 급하다.
für + 4격	Für so viel Arbeit wirst du schlecht bezahlt. 그렇게 일을 많이 하는 것에 비해 너는 돈을 너무 적게 받는다. Er arbeitet für BMW. 그는 BMW를 위해 일한다 (프로젝트나 계약기간 동안).
mit + 3격 (수단)	Ich fahre mit dem Bus. 나는 버스를 타고 간다.
ohne + 4격	Er kommt ohne seine Kinder. 그는 자기 아이들 없이 온다.
zu + 3격	Ich gehe gern zu Fuß. 나는 걷는 것을 즐긴다.

✎ in, auf 등의 3·4격 지배 전치사들은 시간 전치사와 마찬가지로 양태를 표현할 때는 고정된 격을 가지며 관용어적으로 사용된다.

✎ 회사명을 표현할 때는 일반적으로 bei를 사용하면 그 회사의 사원으로 일을 하고 있는 것을 뜻하나, 만약 für를 사용하면 정직원이 아니라 인턴사원이나 계약직 등을 의미한다.

불변화사

Er arbeitet bei BMW. 그는 BMW에서 일한다 (직원).

✎ 전치사 aus는 양태의미로는 재료를 의미한다.

전치사 4 (인과개념)

독일어에서 인과의 의미로 사용되는 인과개념 전치사는 'warum 왜?'라는 질문에 대한 대답에 사용되며 원인이나 이유를 표현하다.

Ich helfe ihr aus Freundschaft.
나는 그녀를 우정 때문에 돕는다.

Vor Freude lacht er.
그는 기뻐서 웃는다.

독일어 인과의미 전치사의 형태와 용법은 아래와 같다.

고정된 격을 가지는 인과 전치사		3·4격 인과 전치사	
3격과 함께	2격 · 3격과 함께	3격과 함께	4격과 함께
aus (~때문에) bei (~때문에)	wegen (~때문에) angesichts (~때문)	vor (~때문에)	–

종류	의미	사용 예
aus + 3격	행동의 동기 (정신적)	Ich helfe ihr aus Mitleid / aus Freundschaft. 나는 그녀를 연민 / 우정 때문에 돕는다.
vor + 3격	인간에 대한 영향 (신체적)	Das Kind weint vor Schmerzen. 그 아이는 고통으로 운다.
wegen + 2격/3격	이유 / 원인 (Grund / Ursache)	Wegen des Wetters sind wir zu spät gekommen. 날씨 때문에 우리는 늦게 왔다.

✎ 3·4격 지배 전치사인 vor는 시간 전치사와 마찬가지로 인과관계를 표현할 때는 고정된 격을 가지며 신체적인 원인을 표현한다. 이에 반해 정신적인 원인에서 올 때는 aus가 사용된다.

✎ 인과의미 전치사와 함께 있는 문장 요소들은 부문장 'weil'로 바꿀 수 있다.

Ich helfe ihr aus Mitleid. → Ich helfe ihr, weil ich Mitleid mit ihr habe.
Sie zittert vor Angst. → Sie zittert, weil sie Angst hat.

불변화사

④ 전치사의 문법적 분류 Grammatikalische Zuordnung von Präpositionen

독일어의 전치사를 문법 및 개념적 차원에서 정리해 보면 다음과 같다.

3격 전치사	4격 전치사	3·4격 전치사	2격 전치사
① aus ~으로부터 (장소) ~으로부터 (시간) ② bei 근처에 (장소) ~의 집에 (장소) 직장 (장소) ~때에 (시간) ③ mit ~와 함께 (양태) 교통수단 (양태) ④ nach ~으로 (장소) ~후에 (시간) ⑤ seit ~ 이래로 (시간) ⑥ von ~으로부터 (장소) ~으로부터 (시간) ~의 (양태) ⑦ zu ~을 향하여 (장소) ~에 (시간) ~로 (양태) ⑧ ab ~으로부터 (장소) ~으로부터 (시간) ⑨ gegenüber ~맞은 편에 (장소)	① bis ~까지 (장소) ~까지 (시간) ② durch ~을 관통하여 (장소) ~으로 인하여 (원인) ③ für ~을 위해서 ~ 동안 (시간) ~에 찬성하여 ~의 값으로 ④ gegen ~을 향해서 (장소) ~ 경에 (대략의 시간) ~에 반대하여 ⑤ ohne ~없이 (양태) ⑥ um ~의 주위 (장소) ~시에 (시간) ⑦ entlang ~을 따라 (장소) (명사 뒤에 있으며 4격을 사용한다)	① an ~에 (정지된 상태) ~으로 (행동의 방향) ~때 (시간) ② auf ~위에 (정지된 상태) ~위로 (행동의 방향) ~로 (양태, 3격) ③ hinter ~뒤에 (정지된 상태) ~뒤로 (행동의 방향) ④ in ~안에서 (정지된 상태) ~안으로 (행동의 방향) ~내(후)에, (시간, 3격) ~으로 (양태, 3격) ⑤ neben ~옆에 (정지된 상태) ~옆으로 (행동의 방향) ⑥ über ~위에 (정지된 상태) ~위로 (행동의 방향) ⑦ unter ~밑에 (정지된 상태) ~밑으로 (행동의 방향) ⑧ vor ~앞에 (정지된 상태) ~앞으로 (행동의 방향) ~ 때문에 (인과, 3격) ~ 전에 (시간) ⑨ zwischen ~사이에 (정지된 상태) ~사이로 (행동의 방향)	① während ~하는 동안 (시간) ② wegen ~ 때문에 (인과) ③ (an)statt ~ 대신에 ④ trotz ~에도 불구하고 ⑤ außerhalb ~의 밖에 (장소) ~외에 (시간) ⑥ innerhalb ~의 내부에 (장소) ~의 이내에 (시간)

불변화사

Abschnitt 2 · 부사 · Adverbien

독일어의 부사는 전치사와 같이 문장 내에서 장소, 시간, 양태 그리고 인과에 대한 자세한 정보를 준다. 그러나 부사는 일반적으로 문장에서 독립적인 문장성분으로서 혼자 위치한다.

Er ist hier unten.
그는 아래층에 있다.

Komm doch runter!
내려와라!

Wann wollen wir mit dem Yogakurs anfangen?
우리 요가 수업 언제 시작할까?

Wie wäre es mit übermorgen?
모레 하는 것은 어때?

Maria kommt bestimmt zur Party.
마리아는 분명히 파티에 올거야.

Peter schreibt morgen eine Mathearbeit.
페터는 내일 수학 시험을 본다.

Darum lernt er zu Hause dafür.
그래서 그는 그것을 위해서 집에서 공부한다.

1 부사 Adverbien

1) 부사의 특징

독일어에서의 부사는 다음과 같은 특징을 갖는다.

- 부사는 어미변화를 하지 않고, 그 형태도 변하지 않는다. 다만 문장에서 부가어 의 기능을 가진다.
- 부사는 문장 내에서 동사나 형용사와 연관관계를 맺고 시간적, 장소적, 양태적, 인과적인 정보를 준다.
- 부사는 대부분 문장 가운데에 위치하며 강하게 발음하지 않으나, 부사가 문장 앞에 놓일 때는 강하게 발음된다.

2) 부사의 분류

부사는 전치사나 접속사처럼 의미론적으로 장소 부사, 시간 부사, 양태 부사, 그 리고 인과, 양보, 결과를 나타내는 부사 등 네 가지로 분류한다.

2 부사의 사용 Gebrauch der Adverbien

부사 1 (장소 및 방향)

독일어의 장소 부사는 질문 „Woher?" „Wo?" „Wohin?"에 따라 분류되며, 장 소나 방향 등의 정보를 제공한다.

독일어의 장소 부사 중 장소 및 방향을 나타내는 부사들은 아래와 같다.

❯ 장소 및 방향을 나타내는 부사

wo? (어디에)	woher? (어디에서) von, -her	wohin? (어디로) nach, -hin
hier 여기	von hier 여기에서	hierhin 여기로
da 저기	von da, daher 저기에서	dahin 저기로
dort 거기	von dort, dorther 거기에서	dorthin 거기로
oben 위에	von oben 위에서	nach oben, hinauf, aufwärts 위로

unten 아래에	von unten 아래에서	nach unten, hinunter, runter 아래로
vorn 앞에	von vorn 앞에서	nach vorn, vorwärts 앞으로
hinten 뒤에	von hinten 뒤에서	nach hinten, rückwärts 뒤로
links 왼쪽에	von links 왼쪽에서	nach links 왼쪽으로
rechts 오른쪽에	von rechts 오른쪽에서	nach rechts 오른쪽으로
außen 밖에	von außen 밖에서	nach außen 밖으로
draußen 바깥에	von draußen 바깥에서	nach draußen, hinaus 바깥으로
drinnen 안에	von drinnen 안에서	nach drinnen 안으로
irgendwo 어디에	von irgendwoher 어디에서	irgendwohin 어디론가
nirgendwo, nirgends 어디에도 없는	nirgendwoher 어디에서도 오지 않은	nirgendwohin 어디로도 아닌
drüben 저 건너편에		herüber / hinüber (= rüber) 이쪽으로 / 그쪽으로
mitten 중앙에		
überall 어디에나		überallhin 어디로도

✎ 장소 부사 **außen** 바깥에와 **innen** 안에는 밖과 안이라는 측면적인 개념 (an der Seite)이 강하다.

Ich habe meine Wohung innen und außen renoviert. 나는 내 집의 안팎을 수리했다.

✎ 부사 **draußen** 밖에와 **drinnen** 안에는 공간의 외부나 내부라는 공간적인 개념이 강하다.

Seine Freundin steht draußen vor der Tür. 그의 여자친구는 문밖에 있다.

Ihr Freund ist aber schon drinnen. 그러나 그녀의 남자친구는 집안에 있다.

■ 장소 및 방향 부사의 사용

장소를 나타내는 부사들은 문장에서 일반적으로 혼자 오거나 종종 전치사를 동반하여 온다.

1) wo

ⓐ 장소 부사 (lokale Adverbien)

의문사 'wo 어디에?'에 대한 대답으로 장소를 부사로 표현할 수 있다. 이때 장소 부사는 부가어로 문장에서 혼자 온다.

부사	사용 예
hier, da, dort 여기에, 거기에, 저기에	Das Haus hier / da / dort meine ich. Das gefällt mir. 나는 여기에 / 거기에 / 저기에 있는 집을 말한다. 그것은 나의 마음에 든다.

불변화사

außen 밖에 innen 안에	Der Topf ist nur innen vergoldet, außen nicht. 냄비는 안에만 도금하고 밖은 하지 않았다.
irgendwo 어딘가에 nirgendwo, nirgends 어디에도 … 없다	Wo ist denn meine Brille? Sie muss hier irgendwo sein. 도대체 어디에 나의 안경이 있지? 그것은 여기 어딘가에 있을 텐데. Ich habe sie leider nirgends gesehen. 나는 어디에서도 그것을 보지 못했다.
draußen 밖에 drinnen 안에	Kommt doch herein. Es ist schon so kalt draußen. 안으로 들어와라. 밖에 날씨가 벌써 춥다.
drüben 저쪽에	Mir gefällt das Haus dort drüben. 저편에 있는 그 집은 내 마음에 든다.
mitten 한가운데에	Deutschland liegt mitten in Europa. 독일은 유럽의 중앙에 위치한다.
überall 어디에서나	Gestern hat es überall in Deutschland geregnet. 어제 독일 전역에 비가 왔다.

ⓑ 방향 부사 (direktionale Adverbien)

의문사 'wo 어디에?'에 대한 대답으로 방향을 부사로 표현할 수 있다. 이때 방향 부사는 부가어로 문장에서 혼자 온다.

부사	사용 예
oben 위에 unten 아래에	Ich bin oben. Komm doch auch (he)rauf! 나는 위에 있다. 너도 위로 올라와라!
vorn 앞에 hinten 뒤에	Bitte im Bus nur vorn einsteigen! 버스에서 앞으로만 승차하세요!
drüben 저쪽에	Mir gefällt das Haus dort drüben. 저편에 있는 그 집은 내 마음에 든다.
links 왼쪽에 rechts 오른쪽에	Wo ist denn meine Brille? 도대체 나의 안경은 어디에 있지? Dort links auf dem Tisch. 탁자 위 왼쪽에 있다.

ⓒ 장소 및 방향 전치사의 결합

의문사 'wo 어디에?'에 대한 대답으로 장소 및 방향을 좀 더 자세히 표현하기 위하여 장소 및 부사가 함께 사용될 수 있다.

Ich bin hier oben, das Stockwerk oben. 나는 여기 위에 있다, 위층에.

Der Lift ist hinten links. 엘리베이터는 왼쪽 뒤에 있다.

Das Obst ist da vorn. 과일은 저기 앞에 있다.

2) woher

ⓐ 장소 부사 (lokale Adverbien)

의문사 'woher 어디에서?'에 대한 대답으로 출신·기원·유래에 대한 정보를 부사로 표현할 수 있다. 이때 부사는 전치사 von이나 her와 함께 온다.

종류	사용 예
von hier, von da, von dort 여기, 저기, 거기서부터	Von hier musst du zu Fuß gehen. 여기서부터 너는 걸어가야만 한다.
von innen, von draußen 안으로부터, 밖으로부터	Man kann das Fenster von innen schließen. 창문을 안쪽에서 잠글 수 있다.
von irgendwoher 어디로부터인가, nirgendwoher 어느 곳에서도 아닌	Woher kommt er? 그는 어디 출신인가요? Ich weiß es nicht, von irgendwoher aus Europa. 나는 그가 유럽 어디에서 왔는지 모른다.
von draußen 밖으로부터, drinnen 안으로부터	Wir kommen von draußen / drinnen. 우리는 밖 / 안으로부터 온다.
von überall her 사방팔방에서	Zu der Hochzeit der Prinzessin kamen die Gäste von überall her angereist. 공주의 결혼식에 손님들이 사방팔방에서 왔다.

불변화사

ⓑ 방향 부사 (direktionale Adverbien)

의문사 'woher 어디에서?'에 대한 대답으로 방향에 대한 정보를 부사로 표현할 수 있다. 이때 부사는 전치사 von과 함께 온다.

종류	사용 예
von oben 위로부터 von unten 아래로부터	Wir kommen von oben / unten. 우리는 위 / 아래로부터 간다.
von vorn 앞으로부터 von hinten 뒤로부터	Wir kommen von vorn / hinten. 우리는 앞 / 뒤로부터 온다.
von links 왼쪽으로부터 von rechts 오른쪽으로부터	Wir kommen von links / rechts. 우리는 왼쪽 / 오른쪽으로부터 온다.

3) wohin

ⓐ 장소 부사 (lokale Adverbien)

의문사 'wohin 어디로?'에 대한 대답으로 장소에 대한 정보를 부사로 표현할 수 있다. 이때 부사는 혼자 오거나 hin이나 her와 결합하여 온다.

장소 부사	사용 예
herein / hinein → rein 안으로	Kinder, kommt herein / geht bitte hinein. Das Essen ist fertig. 얘들아, 안으로 들어와라. 밥 먹을 준비가 다 되었다.
(hier)her 이쪽으로 dorthin 거기로	Komm bitte hierher! Geh bitte dorthin! 너는 이쪽으로 와라! 너는 거기로 가라!
nach draußen 밖으로 nach drinnen 안으로	Gehen Sie bitte nach draußen / drinnen. 밖 / 안으로 가세요.
überallhin 어디든지	Mit dir fahre ich überallhin. 나는 너와 어디든지 간다.
irgendwohin 어디론가 nirgendwohin 어디로도 … 않다	Wohin gehst du? 너는 어디로 가니? Ich gehe nirgendwohin. Ich ziehe mir nur eine Jacke an, weil mir kalt ist. 나는 아무 곳도 가지 않아. 추워서 자켓을 입을 뿐이야.
fort / weg 사라진	Er geht fort / weg. 그는 떠난다.

ⓑ 방향 부사 (direktionale Adverbien)

의문사 'wohin 어디로?'에 대한 대답으로 방향에 대한 정보를 방향 부사로 표현할 수 있다. 이때 부사는 전치사 nach와 함께 오거나 -wärts과 결합하여 온다.

방향 부사	사용 예
nach oben 위로 nach unten 아래로	Gehen Sie bitte nach oben / unten. 위 / 아래로 가세요.
nach vorn 앞으로 nach hinten 뒤로	Gehen Sie bitte nach vorn / hinten. 앞 / 뒤로 가세요.
abwärts 아래쪽으로 aufwärts 위쪽으로	Von dort führt der Weg abwärts ins Tal. 거기에서 그 길은 협곡 아래쪽으로 나 있다.
vorwärts rückwärts	Passen Sie auf, wenn Sie rückwärts fahren! 뒤로 달릴 때에 조심하세요!
nach links 왼쪽으로 nach rechts 오른쪽으로	Gehen Sie bitte nach links / rechts. 왼쪽 / 오른쪽으로 가세요.

■ hin 및 her와 결합된 방향 부사

독일어의 방향 부사 중 많은 부사들이 hin이나 her와 결합하여 방향을 표현하는 데 사용된다. her는 화자가 있는 방향으로 오는 것을 뜻하고, hin은 화자로부터

멀어지는 것을 의미한다. 이 둘은 동사와 결합하거나, 전치사구와 함께 사용된다.

Woher kommst du denn her?
너는 어디서 오는 거야?

Wo läufst du denn hin?
너는 어디로 걸어가는 거야?

1) hin, her+동사와 결합된 형태

독일어에서 hin, her는 동사와 함께 결합하여 방향의 의미를 역동성 있게 표현하는 데 사용된다.

방향 부사	사용 예
her 이쪽으로 / hin 저쪽으로	Her zu mir! 나에게로 와! Wo gehst du hin? 너는 어디로 가니?
herein / hinein → rein 안으로	Kinder, kommt herein / geht bitte hinein. Das Essen ist fertig. 얘들아, 안으로 들어와라. 밥 먹을 준비가 다 되었다.
heraus / hinaus → raus 밖으로	Kinder, kommt / geht bitte raus. Das Wetter ist so schön! 얘들아, 밖으로 나가라. 날씨가 너무 좋다!
herauf / hinauf → rauf 위로	Kinder, kommt / geht bitte rauf. Ihr müsst ins Bett. 얘들아, 위로 올라 오렴. 너희들 자러 가야 해.
herunter / hinunter → runter 아래로	Kinder, kommt / geht bitte von der Mauer runter! 얘들아, 담에서 내려오렴!
herüber / hinüber → rüber 이쪽으로	Kinder, geht mal bitte zur Nachbarin rüber und bittet sie um etwas Salz. Wir haben keins mehr. 얘들아, 이웃집 부인에게 가서 약간의 소금을 부탁하렴. 소금이 다 떨어졌단다.

✎ 문어체에서는 heraus, hinaus 같은 형태가 즐겨 사용된다. 하지만 오늘날의 일상회화에서는 대부분 축약형 raus, rein 등과 같은 형태들을 사용하며, 의문사인 wohin을 위의 예문에서처럼 'Wo gehst du hin?'으로 분리하여 사용하기도 한다.

2) hin, her+전치사구를 동반하는 동사와 함께 결합된 형태

hin, her는 전치사구를 동반하는 동사와 함께 사용되어, 방향의 의미를 역동성 있게 표현할 수 있다.

hin-	her-
Maria kommt ins Zimmer rein. 마리아는 방으로 들어온다.	**Geh aus dir heraus, wenn du Erfolg haben willst!** 성공하려면 네 자신을 극복해라!
Er sah zum Fenster hinaus. 그는 창문 너머로 보았다.	**Der Junge sprang vom Tisch herunter.** 그 소년은 책상에서 뛰어 내렸다.
Er sah zu mir hinüber. 그는 내 쪽을 쳐다봤다.	**Kannst du mir bitte das Buch herüberreichen?** 나에게 책을 이리 넘겨줄래?

부사 2 (시간, temporale Adverbien)

독일어의 시간 부사들은 'wann 언제?', 'wie oft 얼마나 자주?', 'wie lange 얼마나 오래?'에 대한 대답으로 현재, 과거, 미래의 시간이나 시점, 기간, 순차 등의 시간 정보를 준다. 이때 시간 부사가 혼자 오거나 전치사와 함께 올 수 있다.

■ 시점과 기간을 나타내는 시간 부사

독일어의 시점과 기간 등의 정보를 표현하는 시간 부사는 아래와 같다.

과거 (Vergangenheit)	현재 (Gegenwart)	미래 (Zukunft)
(vor)gestern 그제 **vorhin** 전에 **gerade** 막	**heute** 오늘 **jetzt, nun** 지금 **gerade** 막 **sofort, gleich** 곧	**(über)morgen** 모레 **bald** 곧 **später** 나중에
früher 예전에 **(ein)mal** 옛날에 **neulich** 요즘 **damals** 그 당시에	**bisher** 지금까지 **heutzutage** 요즘	**(ein)mal** 언젠가

✎. 부사 vorher 그 전에, nachher 나중에, hinterher 그 후에, seitdem 그 이후로 등의 시간 부사들은 위의 시간 부사와는 달리 현재, 과거, 미래의 어떤 사건을 기준으로 전, 후, 동일한 시점을 표현하는 데 사용된다.

1) 현재의 시점과 기간을 나타내는 시간 부사

◉ 현재의 시점을 나타내는 시간 부사

독일어에서 현재의 시점 (Zeitpunkt)을 나타내는 부사는 아래와 같다.

시간 부사	Wann 언제?
heute 오늘	Was machst du heute Abend? 너는 오늘 저녁에 무엇을 하니?
jetzt / nun 지금	Das war der letzte Bus. Was machen wir nun? 그것은 마지막 버스였어. 이제 우리 어떻게 하지?
gerade 바로, 지금	Was machst du gerade? 너는 지금 무엇을 하니? Ich esse gerade. 나는 지금 식사를 한다.
sofort / gleich 바로, 곧, 즉시	Warten Sie bitte. Ich komme gleich. 기다려 주세요. 곧 오겠습니다.

● 현재의 기간을 나타내는 시간 부사

독일어에서 현재의 기간 (Zeitdauer)을 나타내는 부사는 아래와 같다.

시간 부사	Wann 언제?
heutzutage 오늘날	Heutzutage sitzen Jugendliche gern vor dem Computer. 오늘날 청소년들은 컴퓨터를 즐겨 한다.
bisher 지금까지	Bisher hatte ich keine Probleme mit dem Chef. 지금까지 나는 나의 사장과 아무 문제가 없었다.

불변화사

2) 과거의 시점과 기간을 나타내는 시간 부사

● 과거의 시점을 나타내는 시간 부사

독일어에서 과거의 시점을 나타내는 부사는 아래와 같다.

시간 부사	Wann 언제?
vorgestern 그저께 gestern 어제	Wir waren vorgestern in Seoul. 우리는 그저께 서울에 있었다. Wir sind hier gestern Abend angekommen. 우리는 어제 저녁에 여기에 도착했다.
vorhin 조금 전에	Nein danke, ich habe jetzt keinen Hunger. Ich habe vorhin etwas gegessen. 감사하지만 괜찮습니다. 저는 지금 배가 고프지 않습니다. 저는 조금 전에 뭘 좀 먹었습니다.
(ein)mal 예전에	Dies war (ein)mal ein gutes Restaurant. Heute ist es leider nicht mehr so gut. 이전에 이 음식점은 괜찮았다. 유감스럽게도 요즘은 그렇게 좋지 않다.
neulich 최근에, 요즘에	Hast du Maria mal wieder gesehen? 너는 마리아를 다시 본적 있니? Ja, wir haben uns neulich getroffen. 응, 우리는 최근에 만났어.

◉ 과거의 기간을 나타내는 시간 부사

독일어에서 과거의 기간을 나타내는 부사는 아래와 같다.

시간 부사	Wann 언제?
früher 과거의, 이전의	„Früher war alles besser", sagt meine Großmutter. 할머니께서는 "모든 것이 예전에 더 좋았다."고 말씀하신다.
damals 그 당시, 그 무렵에	Vor 15 Jahren war ich schon einmal an diesem See. Damals gab es hier noch keine so großen Hotels. 나는 15년 전에 이 호수에 한번 왔었다. 그 당시에 여기에는 그렇게 큰 호텔들이 없었다.

3) 미래의 시점과 기간을 나타내는 시간 부사

◉ 미래의 시점을 나타내는 시간 부사

독일어에서 미래의 시점을 나타내는 부사는 아래와 같다.

시간 부사	Wann 언제?
übermorgen 모레 morgen 내일	Heute habe ich leider keine Zeit, aber morgen oder übermorgen kann ich Ihnen gern helfen. 유감스럽게도 오늘은 시간이 없지만, 내일이나 모레 당신을 도와줄 수 있어요.
bald 곧, 금방	Hoffentlich haben wir bald Ferien! 바라건대 방학이 곧 되기를!
(ein) mal 언젠가, 장래에, 후일에	Kommst du mich (ein)mal in München besuchen? 후일에 너는 뮌헨으로 나를 방문하러 오겠니?
später 후에, 늦게	Karl hat angerufen. Er kommt heute Abend ein bisschen später. 칼이 전화를 했다. 그는 오늘 저녁 조금 늦게 온다.

4) 어떤 사건의 시점과 연관하여 시점과 기간을 나타내는 시간 부사

독일어에서는 어떤 사건의 시점을 기준 시로 시간을 표현할 수 있다.

시간 부사	Wann 언제?
vorher 전에, 이전에 앞 문장사건과 연관하여 전에	Ich komme nach der Arbeit zu dir. Aber vorher muss ich noch kurz nach Hause. 일이 끝난 후에 너에게 갈게. 그러나 그 전에 나는 잠시 집에 들러야 해.

nachher 나중에, 후에 앞 문장사건과 연관하여 후에	Ich möchte jetzt zum Mittagessen gehen. Kann ich den Brief auch nachher schreiben? 저는 지금 점심을 먹으러 가기를 원합니다. 제가 편지를 그 후에 써도 될까요?
hinterher 후에	Hinterher wissen wir immer alles besser. 우리는 항상 뒤늦게 모든 것을 더 잘 안다.
da 그때	Ich war am Computerspiele spielen. Da fiel der Strom aus. 컴퓨터 게임 중이었어. 이때 전기가 나갔어 (정전이 됐어).
inzwischen 그사이에	Ich räume die Wohnung auf. Du kannst inzwischen einkaufen gehen. 나는 집을 치울게. 너는 그사이에 장을 봐.

✎ 시간 부사 da는 '그 순간에'라는 의미로서, 현재, 과거, 미래에 일어난 어떤 사건의 시점을 기준으로 동일한 시간을 뜻하며, vorher, nachher는 전, 후의 시간을 표현한다.

✎ 시간 부사 inzwischen은 어떤 사건의 시점을 기준으로 동시성을 나타내는 시간 부사이다.

■ 빈도나 반복을 나타내는 시간 부사

독일어의 사건의 빈도나 반복의 정보를 표현하는 시간 부사는 'wie oft 얼마나 자주?'의 질문에 대한 답으로 사용된다.

1) 빈도를 나타내는 시간 부사
독일어에서 빈도를 나타내는 시간 부사는 아래와 같다.

시간 부사	Wie oft 얼마나 자주?
immer jedesmal	Sie isst zum Frühstück immer Reis. 그녀는 아침에 항상 밥을 먹는다. Wenn ich in Paris bin, gehe ich jedesmal ins Centre Pompidou. 나는 파리에 갈 때면 항상 퐁피두 센터에 간다.
meistens oft / häufig öfters	Am Morgen trinke ich meistens Kaffee. 아침에 나는 대개 커피를 마신다. Ihr streitet euch aber oft! 너희들은 서로 자주 싸우는구나! Das ist ein gutes Geschäft. Wir haben schon öfters hier eingekauft. 여기는 좋은 상점이다. 우리는 자주 여기서 물건을 샀다.
manchmal / ab und zu	Besuchst du deine Eltern manchmal? 너는 너의 부모님을 자주 찾아뵙니? Nein, nur ab und zu am Sonntag. 아니, 가끔 일요일에 찾아뵈.

selten	Ich war selten so glücklich wie an diesem Tag! 나는 오늘같이 이렇게 행복한 날은 없었다.
nie / niemals	Ich war noch nie in China. 나는 중국에 간 적이 없다.

100% ─────────────────────────────────────▶ 0%								
jedesmal	fast immer	meistens	oft	öfters	manchmal	selten	fast nie	niemals
immer				häufig	ab und zu			nie
(항상)	(거의 항상)	(대부분)	(빈번한)	(자주)	(때때로)	(드문)	(거의…않다)	(결코…아니다)

✎ 부사 meistens는 '대부분'이라는 뜻이지만 am meisten은 viel의 최상급으로 '가장 많이'
  라는 뜻이다.

  Ich mache meistens Urlaub am Meer. 나는 대부분 휴가를 바닷가에서 보낸다.

  Maria isst von uns am meisten. 마리아가 우리들 중 가장 많이 먹는다.

✎ 이외에도 kaum 거의 아니다, stets 항상 등이 있다.

2) 반복을 나타내는 시간 부사

독일어에서 반복 (Wiederholung)을 나타내는 시간 부사는 하루의 시간이나 요
일에 -s를 첨가하여 반복적이거나 습관적인 사건을 표현할 때 사용한다.

시간 부사	명사 + s	Wie oft 얼마나 자주?
하루의 시간	**morgens** 아침에 (마다), **mittags** 오후에, **abends** 저녁에	Morgens jogge ich. 나는 아침마다 조깅을 한다.
요일	**montags** 월요일에 (마다), **freitags** 금요일에 (마다), **sonntags** 일요일에 (마다)	Ich gehe sonntags in die Kirche. 나는 일요일마다 교회에 간다.

✎ 반복적이거나 습관적인 사건을 표현하는데 사용되는 시간 부사는 'jeden + 명사'로 대치
  할 수 있다. (jeden Morgen 아침마다, jeden Sonntag 주일마다)

✎ 이러한 시간 부사는 소문자로 쓴다.

✎ 이 그룹에 속하는 시간 부사에 **täglich** 날마다, **wöchentlich** 매주, **monatlich** 매달,
  jährlich 해마다 등이 있다.

  Er fährt täglich mit dem Rad zur Arbeit. 그는 날마다 자전거로 직장에 간다.

  Er arbeitet wöchentlich 38,5 Stunden. 그는 매주 38.5시간을 일한다.

✎ 독일어에서 기간을 나타내는 시간 형용사를 형용사 어미 -ig, -lich를 첨가하여 만들 수 있다.

  Das ist ein zweimonatiger Deutschkurs. 그것은 두 달 독일어코스이다.

  Er hat an einer mehrtägigen Forbildung teilgenommen. 그는 여러 날의 연수에 참가

  했다.

■ 순서를 나타내는 시간 부사

독일어에서 순서 (Reihenfolge)를 나타내는 시간 부사들은 다음과 같다.

시간 부사	Wann 언제?
zuerst 맨 먼저	Am Sonntag hat sich Maria zuerst geduscht. 마리아가 일요일에 맨 먼저 샤워를 했다.
dann 그 다음에	Dann hat Maria gemütlich gefrühstückt. 그 다음에 그녀는 기분 좋게 아침식사를 하였다.
danach 그후에 앞문장의 사건 후	Danach hat sie eine Wanderung um den See gemacht. 그 후에 그녀는 호수 주위를 하이킹 하였다.
schließlich 결국, 마침내	Schließlich war sie zu müde zum Kochen und ist essen gegangen. 마침내 그녀는 요리하기엔 피곤하여 외식하러 갔다.
zuletzt 마지막으로	Zuletzt hat sie noch einen Espresso in einer kleinen Bar getrunken und ist schlafen gegangen. 마지막으로 그녀는 작은 바에서 에스프레소를 마시고 잠을 자러 갔다.

부사 3 (양태, modale Adverbien)

독일어에서 양태 부사는 매우 다양하게 사용될 수 있다. 양태 부사를 통하여 평가 (Bewertung), 확신의 정도 등을 표현할 수 있다.

◉ 평가를 나타내는 부사들

양태 부사	사용 예
anders 다르게	Ich hätte anders reagiert. 나는 다르게 반응 했어야 했는데.
beinahe / fast 거의	Ich wäre beinahe ertrunken. 나는 거의 익사할 뻔 했다.
besonders 특별히	Das Essen hat uns besonders gut gefallen. 그 음식이 특히 우리의 마음에 들었다.
etwas 조금, 약간	Ich habe mittags etwas geschlafen. 나는 정오에 조금 잤다.
ebenso wie / genauso wie ~같이, 똑같이	Sie kocht genauso gut wie ihre Mutter. 그녀는 그녀의 어머니처럼 그렇게 요리를 잘 한다.
gar nicht / überhaupt nicht 결코 … 아니다	Ich weiß überhaupt nicht, wie ich das alles schaffen soll. 나는 내가 어떻게 이 모든 것을 해내야 할지 정말 모르겠다.

불변화사

gern 즐겨, 기꺼이	Vielen Dank für die Einladung. Wir kommen gern. 초대해 주셔서 대단히 감사합니다. 우리는 매우 기꺼이 가겠습니다.
höchstens 기껏해야	Leider können wir höchstens drei Tage hier bleiben. 유감스럽게도 우리는 길어야 삼일을 여기서 머물 수 있습니다.
mindestens 적어도, 최소한	Jetzt geht es mir gut. Ich habe letzte Nacht mindestens zehn Stunden geschlafen. 이제 괜찮습니다. 저는 어젯밤에 최소한 10시간을 잤거든요.
kaum (= fast nicht) 거의 … 않다	Letzte Nacht habe ich kaum geschlafen, weil ich so starke Kopfschmerzen hatte. 나는 어젯밤에 심한 두통 때문에 거의 잠을 자지 못했다.
leider 유감스럽게도	Er weiß es leider auch nicht. 유감스럽게도 그도 그것을 모른다.
irgendwie 어쨌든	Vielleicht werde ich krank. Ich fühle mich heute irgendwie nicht wohl. 나는 아무래도 아플 것 같다. 오늘 어찌 기분이 좀 좋지 않다.
sehr 매우	Das Hotel war wirklich sehr gut! 이 호텔은 정말로 좋았다!
so 그와 같이, 그렇게	Schau her und mach es so wie ich. 여기를 보고 나처럼 해라.
umsonst 헛되이, 무익하게	Wir sind umsonst zum Bahnhof gefahren. Sie ist nicht gekommen. 우리는 괜히 역으로 갔다. 그녀는 오지 않았다.
wenigstens 적어도, 최소한	Du könntest wenigstens beim Geschirrspülen helfen, wenn du schon sonst nichts machst. 네가 아무 것도 하지 않는다면, 적어도 설거지하는 것은 도울 수 있을 텐데.
ziemlich 꽤, 상당히	Es ist ziemlich kalt geworden. 날씨가 제법 추워졌다.

불변화사

● 확신의 정도를 나타내는 부사

양태 부사	사용 예
bestimmt 확실히	Er wollte ihr bestimmt nicht weh tun! 그는 확실히 그녀의 마음을 아프게 하지 않으려 했다!
sicherlich 분명히	Maria hat sicherlich die Prüfung bestanden. 마리아는 분명히 시험에 붙었을 것이다.
wahrscheinlich 아마도	Er ist wahrscheinlich zu Haus. 그는 아마도 집에 있을 것이다.
vielleicht 아마도	Vielleicht hast du Recht. 아마도 네가 맞을 것이다.

부사 4 (인과, 양보, 결과)

독일어에서 부사는 인과, 양보, 결과적 의미를 표현하는데 사용될 수 있다.

부사	사용 예
인과	deshalb / deswegen / daher / darum (그 때문에) In zehn Minuten fährt der Bus. Deshalb sollten wir uns beeilen. 버스가 10분 후에 온다. 그러므로 우리는 서둘러야 한다. nämlich (즉, 왜냐하면) Ich muss das heute noch fertig machen, ab morgen bin ich nämlich in Urlaub. 나는 내일부터 휴가라 오늘 그 일을 다 마쳐야 한다.
양보	trotzdem / dennoch (그럼에도 불구하고) Ich habe es verboten. Er hat es trotzdem getan. 나는 그것을 금하였다. 그럼에도 불구하고 그는 그것을 했다.
결과	also (따라서, 그러므로) Sein Auto steht vor der Tür. Er ist also zu Hause. 그의 차는 문 앞에 있다. 그러므로 그는 지금 집에 있다.

불변화사

Abschnitt 3   양태 불변화사 Modalpartikeln

독일어의 양태 불변화사인 denn 도대체, nur 다만, bloß 좀 등은 일상회화에서 말하는 이의 감정이나 의도를 더 잘 표현하기 위하여 자주 쓰인다. 이러한 양태 불변화사는 한 문장에서 여러 개가 함께 사용될 수도 있으며, 여러 가지 기능과 의미를 갖는다.

Was ist denn los?
(도대체) 무슨 일이니?

Ich liebe ihn doch.
나는 그를 사랑해.

✎ 독일어의 양태 불변화사는 한국어로 일대일 번역이 힘들다.

독일어의 양태 불변화사는 평서문, 의문문 혹은 요구, 요청의 문장에 자주 사용된다.

불변화사 1 (평서문)

아래의 불변화사는 평서문에서 놀람이나 불만, 체념, 항의 등을 강조하는 데에 사용된다.

◐ 평서문에 자주 쓰이는 불변화사

불변화사	사용 예
eben (불변의 결과) 바로 (그 이유로)	Die letzte U-Bahn ist gerade abgefahren. 마지막 지하철이 막 출발했다. Ich muss eben mit dem Taxi fahren. 나는 (바로 그 이유로) 택시를 타고 가야 한다.
halt (체념) 그냥	Warum willst du denn nicht? 너는 도대체 왜 하기 싫은데? Ich will halt nicht. 그냥 싫어.

einfach (불만, 문제해결) 정말, 도대체, 그냥	Dich kann ich einfach nicht verstehen. 나는 너를 정말 이해하지 못하겠어. Wenn du keine Lust hast, dann kannst du einfach zu Hause bleiben. 하기 싫으면 그냥 집에 있어도 돼.
eigentlich (놀라움 / 비판) 원래는, 참으로	Eigentlich hast du recht. 네가 옳기는 해. Du könntest eigentlich etwas freundlicher sein. 너는 (그래도) 좀 더 친절할 수 있었잖니.
ja (이미 아는 사실, 경고, 양보 / 화남)	Das ist ja wohl bekannt. 그것은 이미 아는 것이다. Ich gehe ja schon, Mama! 간다니까, 엄마!
schon (진정시킴) 틀림없이, 꼭	Keine Sorge, er wird ja schon wieder kommen. 걱정마, 그는 꼭 다시 올 거야.

불변화사 2 (요구, 요청)

아래의 불변화사는 요구 및 요청을 하는 문장에서 요청, 충고, 격려, 경고 등을 강조하는 데에 사용된다.

▶ 요구, 요청의 문장에 자주 쓰이는 불변화사

불변화사	사용 예
mal (친절하게 요청) 좀	Würden Sie mir mal etwas Wasser geben? 저에게 물 좀 주시겠어요?
doch (충고, 화남) 좀	Komm doch mal rüber! 한번 좀 들러라. Sei doch endlich ruhig! 좀 조용히 하라고!
ja / bloß / nur (경고) 좀, 그냥	Tu das ja / bloß / nur nicht! 하지 말라고 했다!
ruhig (일깨우기, 격려) 그냥, 마음놓고	Sie dürfen ruhig bei uns übernachten. 우리 집에서 편안히 주무셔도 돼요.

불
변
화
사

불변화사 3 (의문문)

아래의 불변화사는 감탄문에서 놀람이나 흥미, 혹은 비난, 항의 등을 강조하는 데 사용된다.

◎ 의문문에 자주 쓰이는 불변화사

불변화사	사용 예
denn (흥미, 화가 남) 도대체	**Was gibt es denn zu Essen?** 먹을 것이 도대체 무엇이 있지? **Was machst du denn da?** 너는 거기서 도대체 무엇을 하고 있니?
eigentlich (관심, 비난) 정말, 도대체	**Was willst du eigentlich hier?** 너는 도대체 여기서 무엇을 하려고 하는 거니?

불변화사 4 (감탄문)

감탄문에서 놀람과 불만, 항의 등을 강조하는 경우 아래와 같은 불변화사가 사용된다.

◎ 감탄문에 종종 쓰이는 불변화사

불변화사	사용 예
doch (반대) 정말	**Das ist doch nicht richtig!** 그것은 정말 옳지 않아! **Du bist doch verheiratet!** 너는 기혼이잖니!
ja (놀람) 정말, **aber** (놀람, 불만) 정말	**Das ist ja gar nicht billig!** 이것은 정말 싸지 않구나! **Du spielst aber sehr gut!** 너는 정말 게임을 잘하는구나! **Ich will aber nicht!** 나는 (정말) 하고 싶지 않다.
vielleicht (화남, 요구) 정말로	**Ich war vielleicht aufgeregt!** 나는 정말 흥분했어! **Vielleicht wartest du, bis du an der Reihe bist.** 네 차례가 될 때까지 너 기다리겠지! (기다려라!)

불변화사

Abschnitt **1** 동사의 격 지배 · Rektion der Verben

독일어의 문장은 주어, 동사, 목적어, 부사 등의 여러 가지 문장성분들로 이루어진다. 이러한 문장성분들의 결합은 임의적인 것이 아니라 동사에 의해서 결정된다. 동사는 문장의 핵으로서 문장 내에서 몇 개의 보충어 (Ergänzung)가 오는지, 이러한 보충어들이 어떠한 격을 갖게 되는지 결정한다.

Ich bin Studentin.
나는 (여자) 대학생이다.

Er gibt mir eine Rose.
그는 나에게 장미 한 송이를 준다.

Ich trinke eine Cola.
나는 콜라를 마신다.

✎ 위의 예문들과 같이 문장에서 몇 개의 보충어가 오는지는 동사에 의해 결정된다.

그리고 문장성분들을 동사의 격 지배를 받는가의 여부에 따라 보충어와 부가어 (Angabe)로 나눌 수 있다. 예를 들어 보충어의 격은 동사에 의해 좌우되지만, 부사나 전치사구와 같은 부가어는 동사에 의해 격 지배를 받지 않으며 시간, 장소 그리고 양태의 정보를 준다.

Er liest im Café ein Buch.
그는 카페에서 책을 읽는다.

Er fährt mit dem Fahrrad zur Uni.
그는 자전거를 타고 (대)학교로 간다.

✎ 동사 'lesen 읽다'는 4격 지배 동사로 문장에서 주격 보충어와 4격 목적어를 필요로 한다. 이때 부가어로서 장소를 표현하는 전치사구가 함께 온다. 전치사구에서 격의 정보는 전치사 in이 준다.

✎ 동사 'fahren 타고 가다'은 1격 지배 동사로 주격 보충어만을 필요로 하며, 부가어로서 수단과 장소의 정보를 주는 두 개의 전치사구와 함께 올 수 있다. 전치사구에서 격의 정보는 전치사 mit과 zu에 의해 결정된다.

동사의 유형

독일어 동사에는 1격 지배 동사, 4격 지배 동사, 3격 및 3·4격 지배 동사가 있다.

1) 1격 지배 동사 (Verben mit Nominativ)

독일어의 문장에서 1격 보충어로 주어만을 취하거나, 혹은 주어 및 보어 등의 두 개의 1격 보충어를 취하는 동사들을 1격 지배 동사라고 한다. 이 그룹에 속하는 대표적인 동사로는 sein 이다, werden 되다, bleiben 머물다 등이 있다.

	1격 (Nominativ)			1격 (Nominativ)
sein 이다	Herr Klein 클라인씨는	ist		ein Mann. 남자이다.
werden 되다	Peter 페터는		wird	ein Mann. 남자가 된다.
bleiben 머물다	Ein Mann 남자는	bleibt		ein Mann. 남자이다.

이외에도 gehen 가다, wohnen 살다, arbeiten 일하다 등의 동사가 1격 지배 동사로 문장에서 주격 보충어만 취하거나 혹은 부가어로 부사나 전치사와 함께 오기도 한다.

1격 지배 동사	몇몇 동사들은 단지 주어인 1격 보충어를 요구한다.
	Ich gehe zur Schule. 나는 학교에 간다.
	Es regnet und stürmt gerade. 지금 비가 내리고 폭풍우가 몰아친다.
	동사 sein, bleiben, werden은 주어와 보어로서 두 개의 1격 보충어를 요구한다.
	Frau Kim ist eine Frau. 김 선생님은 여자입니다.
	Sie wird eine Frau. 그녀는 여인이 된다.
	Sie bleibt eine Frau. 그녀는 여인으로 남아 있다.

2) 4격 지배 동사 (Verben mit Akkusativ)

독일어의 많은 동사들이 주격인 1격 보충어 외에 4격 보충어를 요구한다.

	1격	4격 동사	4격 목적격	
	누가?	하다	무엇을	
	Peter 페터가	kauft 산다	einen Fisch. 생선을	
	Tom 톰이	kocht 끓인다	eine Suppe. 국을	

✎ 많은 동사들이 1격 (주어) 외에 4격 보충어 (목적어)를 요구한다.

	주어 (Nom. 1격) + 타동사 + 목적어 (Dat. 3격) + 목적어 (Akk. 4격)		
4격 지배 동사	finden 찾다	ab|holen 데리러가다	an|bieten 제공하다
	kaufen 사다	an|rufen 전화하다	besuchen 방문하다
	brauchen 필요로하다	fragen 묻다	kennen 알다
	bekommen 받다	sehen 보다	lernen 배우다
	bestellen 주문하다	tun 하다	schlagen 때리다
	bezahlen 지불하다	vergessen 잊다	mögen 좋아하다
	nehmen 취하다	verstehen 이해하다	lesen 읽다
	holen 가져오다	essen 먹다	lehren 가르치다
	rufen 부르다	trinken 마시다	lieben 사랑하다
	hören 듣다	suchen 찾다	ärgern 화나게 하다
사용 예	Wo ist meine Brille? Ich kann sie nicht finden!		
	내 안경이 어디 있니? 나는 그것을 찾지 못하겠다!		
	Meine Mutter möchte euch besuchen.		
	나의 어머니는 너희들을 방문하길 원한다.		
	Ich bekomme einen Tisch. 나는 책상 하나를 받는다.		
	Wir lernen gerade die Verben mit Akkusativ.		
	우리는 지금 막 4격 지배 동사를 배우고 있다.		
	Lass mich in Ruhe! 날 조용히 내버려 둬!		

문장론

> Dino holt Lisa ab. 디노는 리자를 데리고 온다.
> Heike tut ihr Bestes. 하이케는 최선을 다한다.
> Nimm doch eine Tasse Kaffee! 커피 한잔 마셔라!
> Frau Kim braucht Geld. 김 선생님은 돈이 필요하다.
> Hier ist meine Handynummer. Bitte ruf mich an.
> 이건 내 핸드폰 번호야. 나에게 전화해 줘.

✎ 비분리 전철 be-와 결합된 동사들은 주로 타동사로 자주 4격 보충어를 취한다.

4격 지배 동사	besuchen 방문하다	behaupten 주장하다
	beantworten 대답하다	bekommen 얻다
	bedanken 감사하다	beschreiben 기술하다
	bedeuten 의미하다	beschwören 맹세하다
	begreifen 이해하다	bewundern 경애하다, 흠모하다
	behalten 지니다	beschränken 제약하다
	benutzen 사용하다	bezeichnen 지칭하다

3) 3격 지배 동사 (Verben mit Dativ)

독일어에서 소수의 동사들이 3격 보충어를 취한다.

Wem gehört die Taschenlampe?
이 손전등은 누구 거니?

Die gehört meinem Freund.
이것은 내 친구 거야.

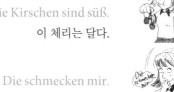

Die Kirschen sind süß.
이 체리는 달다.

Die schmecken mir.
이것은 내 입에 맞는다. (맛있다)

✎ gehören 누구에게 속한다, schmecken 누구의 입맛에 맞는다 등의 이 그룹에 속하는 동
사들은 종종 개인적 관계를 표현한다. 이때 사람이 3격 보충어로 온다.

	주어 (Nom. 1격) + 타동사 + 목적어 (Dat. 3격)	
3격 지배 동사	ähneln 닮다 antworten 대답하다 applaudieren 환호하다 begegnen 만나다 danken 감사하다 dienen 근무하다 entfliehen 도망가다 fehlen 없다 folgen 따르다 gefallen 맘에 들다 gehören 속하다 gelingen 성공하다 genügen 충분하다 gratulieren 축하하다 helfen 돕다	nützen 쓸모가 있다 raten 충고하다 schmecken 맛이 있다 passen 맞는다 gut / schlecht gehen 좋게 / 나쁘게 지내다 kalt / warm sein 차갑다 / 따스하다 egal sein 상관없다 zuhören 경청하다 groß / teuer sein 크다 / 비싸다 zuschauen 보다 zuwinken 손을 흔들다
사용 예	Lisa antwortet ihrem Vater. 리자는 아빠에게 대답한다. Sie dankt ihrer Mutter. 그녀는 엄마에게 감사한다. Peter, du hast mir gefehlt. 페터, 나는 네가 그리웠다. Ich gratuliere Ihnen zu Ihrem Sohn. 득남을 축하합니다. Er hilft mir beim Aufräumen. 그는 내가 방 치우는 것을 돕는다. Diese Jacke gehört mir. 이 자켓은 내 것이다. Das Geschenk gefällt mir. 선물이 내 마음에 든다. Dieser Rock passt mir nicht. 이 치마는 나에게 맞지 않는다. Es geht mir gut. 저는 잘 지내고 있어요. Mir ist (es) kalt / warm. 나는 춥다 / 덥다. Das ist mir egal. 나에게 상관없다.	

4) 3·4격 지배 동사 (Verben mit Dativ und Akkusativ)

독일어의 많은 동사들이 3격 및 4격 목적어를 함께 동반한다.

	1격 (주격)	동사	3격 목적어	4격 목적어
	Tom 톰은	schenkt 선물한다	seiner Freundin 그의 여자친구에게	Blumen. 꽃을
	Maria 마리아는	erzählt 이야기한다	ihren Kindern 그녀의 자녀들에게	ein Märchen. 동화 한편을

주어 (Nom. 1격) + 타동사 + 목적어 (Dat. 3격) + 목적어 (Akk. 4격)		
3·4격 지배 동사	anbieten 제공하다 beantworten 대답하다 beweisen 증명하다 empfehlen 추천하다 erklären 설명하다 erlauben 허락하다 geben 주다 leihen 빌려주다 mitteilen 전달하다	sagen 이야기하다 schicken 보내다 verbieten 금지하다 versprechen 약속하다 zeigen 보여주다 glauben 믿다 vorschlagen 제안하다 wegnehmen 빼앗다 wünschen 바라다
4격 혹은 3·4격 지배 동사	kochen 요리해주다 kaufen 사주다 schneiden 잘라주다 waschen 씻겨주다	schminken 화장해주다 anziehen 옷을 입히다 putzen 닦아주다 kämmen 빗겨주다
사용 예	Maria bietet ihren Gästen etwas zu Trinken an. 마리아는 손님들에게 마실 것을 제공한다. Er bringt ihr Kaffee ans Bett. 그는 그녀에게 커피를 침대로 가져다준다. Peter beantwortet dem Lehrer die Frage. 페터는 선생님의 질문에 대답한다. Ich gebe dir mein Buch. 나는 너에게 내 책을 준다. Das erlaube ich dir nicht. 나는 너에게 그것을 허락하지 않는다. Peter schenkt Maria eine Puppe. 페터는 마리아에게 인형을 선물한다. Ich verspreche dir alles. 나는 너에게 모든 것을 약속한다. Ich schreibe ihm einen Liebesbrief. 나는 그에게 연애 편지를 쓴다. Ich wünsche dir alles Gute zum Geburtstag. 네 생일에 행운을 빈다. Mama kämmt dem Kind die Haare. 엄마는 아이의 머리를 빗겨준다. Ich kaufe dir ein Auto. 나는 너에게 자동차를 사준다. Ich koche dir eine Kimchisuppe. 나는 너에게 김칫국을 끓여준다. Er glaubt ihr kein Wort. 그는 그녀의 말을 한마디도 믿지 않는다. Maria schminkt Lisa die Lippen. 마리아는 리사의 입술에 립스틱을 발라준다. Der Friseur schneidet Maria die Haare. 미용사는 마리아의 머리를 자른다.	

✎. 독일어의 3·4격 지배 동사들은 첫 번째 그룹에 속하는 동사처럼 3·4격 목적어를 함께 취하는 동사들이 있다. 이때 3격 보충어는 인물을 지칭하고, 4격 보충어는 사물을 표현하다.

✎. 독일어의 3·4격 지배 동사들 중 두 번째 그룹에 속하는 동사들은 신체부위와 함께 오는 경우에 속한다. 이때 3격 보충어는 인물을 지칭하고 '누구의'라고 해석되고, 4격 보충어로는 신체부위가 온다. 그러나 이들 동사들은 4격 지배 동사들로도 사용된다.

Mama kämmt dem Kind die Haare. 엄마는 아이의 머리를 빗겨준다.

Das Kind kämmt sich. 아이는 빗질을 한다.

독일어 문장에서 동사는 문장의 중심이 되며, 문장을 만들기 위하여서는 최소한 동사와 하나의 보충어를 필요로 하며 가장 중요한 보충어는 주어이다. 그리고 많은 동사들이 여러 개의 보충어를 동반할 수 있으며, 어떠한 보충어가 함께 오는 가는 동사에 의해 결정된다. 그리고 문장에서 동사의 위치에 따라 이들의 역할은 격으로 표현되며 이들 문장성분들의 문장 내에서의 위치는 일반적으로 정해져 있다.

Ich arbeite hier.
나는 여기서 일한다.

Er gibt mir eine CD.
그는 나에게 CD 한 장을 준다.

✎ 동사 **arbeiten** 일하다는 자동사로서 1격 보충어인 주어만을 동반한다.
✎ 동사 **geben** 주다는 타동사로서 1격인 주어와, 3격, 4격 보충어인 간접 및 직접 목적어를 동반할 수 있다.

1 주문장 Hauptsatz

문장성분 1 (문장의 두 번째)

독일어 주문장과 의문사를 동반하는 의문문에서 동사의 위치는 고정되어 있으며, 문장의 두 번째와 마지막에 위치한다.
이것을 괄호구조 (Klammerkonstruktion)라고 하며, 두 번째 자리에 위치하는 동사는 인칭변화 한다.

❯ 주문장 및 의문사를 동반하는 의문문에서 동사의 위치

	두 번째 자리		마지막 자리
Peter 페터는	kommt 온다	morgen. 내일	
Maria 마리아는	kommt 도착한다	in Paris 파리에	an.
Nach Paris 파리로	muss 와야 한다	Maria 마리아가	kommen.
Wann 언제	ist 도착했나요	Maria 마리아가	angekommen?

🖎 독일어의 주문장에서 동사는 'Was macht man? 무엇을 하는가?'에 대한 정보를 주며 하나 혹은 몇 개의 부분으로 구성되어 있을 수 있다.

🖎 동사만이 문장의 두 번째 혹은 두 번째와 문장의 끝이라는 고정된 위치를 가진다.

🖎 독일어 문장에서 두 번째 오는 동사는 단순동사, 조동사 등이며, 주어진 주어에 따라 인칭어미변화를 한다. 독일어의 문장의 마지막에 동사의 분리전철, 동사부정형, 혹은 과거분사형이 온다.

문장성분 2 (문장의 첫 번째)

독일어 문장 내의 대부분의 문장 성분들은 문장의 첫 번째 자리에 위치할 수 있다. 첫 번째 자리에 위치하는 문장성분은 이전 문장과 연결기능을 가지거나 혹은 강조의 의미를 가진다.

첫 번째 자리		두 번째 자리	중간자리	마지막 자리
Wir	(주어)	nehmen	morgen den Flug.	
Ihr	(3격 보충어)	habe	ich Blumen	geschenkt.
Heute um 10 Uhr	(시간 부가어)	fliege	ich	ab.
In Seoul	(장소 부가어)	wohnt	sie.	
Beim schönen Wetter	(부가어)	gehe	ich	spazieren.
Weil es regnet,	(부문장)	will	ich zu Haus	bleiben.

🖎 독일어에서 주어는 동사의 1격 보충어로서 일반적으로 문장의 첫 번째에 오나 동사의 오른쪽에도 올 수 있다.

🖎 구어에서 명사, 대명사, 시간 및 장소 부가어 / 부사, 전치사와 함께 오는 보충어, 부문장 등이 일반적으로 문장의 첫 번째 자리에 위치하며, 이때 이들은 강조의 의미로 사용된다.

문장론

문장성분 3 (문장의 가운데)

　　문장의 가운데 자리란 아래와 같이 동사 뒤에, 혹은 두 부분으로 되어있는 동사 사이에 위치한 문장 부분을 가리킨다. 주문장에서 고정적 자리를 가지고 있는 동사를 제외하고 다른 문장성분들은 위치상 매우 자유로운 편이다. 이러한 성분들은 동사를 중심으로 첫 번째 혹은 가운데 자리에 올 수 있다. 문장 가운데 오는 문장성분의 순서는 다음과 같다.

ㄱ	대명사는 항상 명사 앞에 위치한다.	대명사 〉명사
ㄴ	명사는 1격, 3격, 4격의 순으로 온다.	1격 〉3격 〉4격
ㄷ	대명사는 1격, 4격, 3격의 순으로 온다.	1격 〉4격 〉3격
ㄹ	3격 및 4격 목적어는 전치사구 앞에 온다.	3·4격 목적어 〉전치사구
ㅁ	부사는 대부분의 경우 시간적, 인과적, 양태적, 장소적 부사 순으로 온다.	시간적 〉인과적 〉양태적 〉장소적
ㅂ	정관사와 함께 오는 명사구가 부정관사와 함께 오는 명사구 앞에 온다.	정관사구 〉부정관사구
ㅅ	두 목적어 사이에 종종 부사가 위치한다.	목적어 〉부사 〉목적어

✎ 문장 내에서 문장성분들이 오는 규칙들을 예문을 통해 보면 아래와 같다.

	첫 번째 자리	두 번째 자리	가운데 자리			마지막 자리
ㄱ	Heesu	schenkt	ihm ↓ 3격(대명사)	Schokolade. ↓ 4격(명사)		
ㄴ	Am Valentinstag	bringt	Heesu ↓ 1격(명사)	ihrem Freund ↓ 3격(명사구)	Schokolade ↓ 4격(명사)	mit.
ㄷ	Am Valentinstag	bringt	sie ↓ 1격(대명사)	sie ↓ 4격(대명사)	ihm ↓ 3격(대명사)	mit.
ㄹ	Heesu	hat	ein Geschenk ↓ 4격(명사)	aus Deutschland ↓ 장소(전치사구)		mitgebracht.

문장론

ㅁ	Peter	bleibt	jetzt ↓ 시간(부사)	wegen Stau ↓ 인과(부사구)	sicherlich ↓ 양태(부사)	zu Hause. ↓ 장소(부사구)	
ㅂ	Sie	stellt	dem Lehrer ↓ 3격(알고 있는 정보)		eine Frage. ↓ 4격(새로운 정보)		
ㅅ	Ihrem Freund	will	sie ↓ 1격(대명사)	unbedingt ↓ 부사	einen Ring ↓ 4격(명사)		kaufen

✎. 문장에서 주어는 첫 번째 자리에 오거나 (ㄱ, ㄹ, ㅁ, ㅂ) 동사 바로 뒤에 위치한다 (ㄴ, ㄷ, ㅅ).

✎. 대명사는 동사 바로 뒤에 (ㄱ) 혹은 주어 바로 뒤에 위치한다 (ㄷ).

✎. 3·4격 목적어가 함께 올 때 두 목적어가 대명사일 때는 4격 목적어가 3격 목적어 앞에 오고 (ㄷ), 명사아 대명사가 함께 올 때는 대명사가 명사익 앞에 온다 (ㄱ).

✎. 3·4격 목적어는 일반적으로 문장의 가운데 자리에 위치하나, 강조하고자 할 때 문장의 첫 번째 자리에 올 수 있다 (ㅅ).

2 부정어 Negation

부정은 아래와 같이 문장전체를 부정하는 전체 부정의 경우와 문장의 한 성분만을 부정하는 부분 부정의 경우 두 가지로 나눌 수 있다.

Maria liebt Peter nicht.
마리아는 페터를 사랑하지 않는다.

Ich trinke keinen Kaffee, sondern Tee.
나는 커피를 마시지 않고, 차를 마신다.

부정 1 (문장전체)

부정어 **nicht**가 문장전체를 부정하는 경우, 어떠한 문장성분과 함께 오느냐에 따라 문장 내에서 그 위치가 조금씩 달라진다.

● 부정어 **nicht**는 일반적으로 문장의 맨 뒤에 온다.

Der Film „Gladiator" läuft heute nicht.
영화 '글래디에이터'는 오늘 상영되지 않는다.

Maria liebt Peter nicht. 마리아는 페터를 사랑하지 않는다.

Sie enttäuschten uns nicht. 그들은 우리들을 실망시키지 않았다.

Die Musiker enttäuschten gestern im Konzert das Publikum nicht.
그 음악가들은 어제 콘서트에서 대중들을 실망시키지 않았다.

● 부정어 **nicht**가 현재완료형, 분리동사와 같이 두 부분으로 되어 있는 동사구와
함께 올 경우 두 번째 오는 문장성분의 앞에 위치한다.

Wir haben uns nicht getroffen. 우리는 서로 만나지 않았다.

Er steht einfach nicht auf. 그는 그냥 일어나지 않는다.

Wir gehen um 7 Uhr nicht spazieren. 우리들은 7시에 산책가지 않는다.

Er braucht nicht zu lernen. 그는 공부할 필요가 없다.

● 부정어 **nicht**가 4격 목적어를 동반하는 동사구와 함께 올 때는 4격 목적어 앞에
위치한다.

Er spielt nicht Fußball. 그는 축구를 하지 않는다.

Er spielt nicht Trompete. 그는 트럼펫을 불지 않는다.

Sie lernt nicht Auto fahren. 그녀는 자동차 운전을 배우지 않는다.

Ich fahre nicht Scooter. 나는 스쿠터를 타지 않는다.

Sie liest nicht Zeitung. 그녀는 신문을 읽지 (보지) 않는다.

● 부정어 **nicht**가 목적어를 동반하는 전치사구와 함께 올 경우 전치사구 앞에 온다.

Er freut sich nicht über die Schulferien. 그는 방학을 기뻐하지 않는다.

Ich interessiere mich nicht mehr für Tennis.
나는 더 이상 테니스에 관심이 없다.

Sujin interessiert sich nicht für Jungen.
수진이는 남자아이들에게 관심이 없다.

● 부정어 **nicht**는 장소 부가어 앞에 위치한다.

Wir fahren nicht zur Uni. 우리는 (대)학교에 가지 않는다.

Er ist nicht nach Paris gefahren. 그는 파리로 가지 않았다.

Sie kann nicht nach Hause kommen. 그녀는 집으로 올 수 없다.

Ich gehe nicht ins Kino. 나는 영화관에 가지 않는다.

Er fällt nicht ins Wasser. 그는 물에 빠지지 않는다.

◉ 부정어 **nicht**는 질적 부가어 앞에 위치한다.

Das Theater hat uns nicht besonders gefallen.
연극이 우리들에게 그다지 맘에 들지 않았다.

Dein Benehmen hat mich nicht sehr gefreut.
너의 행동이 나에게 별로 기쁨이 되지 않았다.

Das Musical hat ihn nicht besonders beeindrückt.
뮤지컬이 그에게 그다지 감동을 주지 않았다.

Der Mann hat mich nicht gerade überrascht.
그 남자가 나에게 그렇게 놀라움을 주지 않았다.

부정 2 (부분 부정)

부정어 **nicht**가 문장내의 특정한 한 성분만을 부정할 경우, 부정하고자 하는 문장성분의 앞에 위치한다.

Nicht der Präsident hat das gesagt, sondern der König.
그것은 대통령이 아니라 왕이 이야기했다.

Maria geht nicht heute zum Arzt, (sondern morgen).
마리아는 의사에게 가는 것이 오늘이 아니다 (내일이다).

Das Spiel hat uns nicht enttäuscht, sondern begeistert.
그 게임이 우리들을 실망시킨 것이 아니라 감동시켰다.

Einstein geht heute nicht mit Schweitzer ins Labor, (sondern mit Newton).
아인스타인은 오늘 슈바이처랑 연구실에 가지 않는다 (뉴턴과 간다).

Ich habe nicht den Film gemeint, sondern das Theaterstück.
나는 영화를 말한 것이 아니라 연극을 말한 것이었다.

문장 내에서 어떤 특정한 문장성분을 부정할 때는 부정하는 문장 성분의 바로 앞에 부정어가 위치하고 의미상 '…이 아니라, …이다'라고 해석할 수 있어 **sondern**이 함께 올 수 있다.

문
장
론

부정 3 (부정관사, 부정대명사)

독일어에서 부정관사 ein을 동반하는 명사구와 관사 없이 사용되는 복수명사, 물질명사 그리고 추상명사를 부정할 때는 부정어 kein, nichts 등을 사용한다.

1) 부정관사의 부정

독일어의 부정관사 ein의 부정어는 kein으로서, 명사와 함께 동반기능으로 사용 되는가 혹은 명사를 대신하는 대용기능으로 사용되느냐에 따라 그 어미변화가 달라진다.

긍정	부정	예문
부정관사 ein	kein	Hast du ein neues Kleid? 너는 새 옷이 있니? Nein, ich habe kein neues Kleid. 아니, 나는 새 옷이 없어. Hat sie Kinder? 그녀는 아이들이 있니? Sie hat keine Kinder. 그녀는 아이들이 없어.
대명사 ein(e)s	kein(es)	Haben wir noch Wein? 우리는 와인이 있나요? Nein, wir haben keinen mehr. 아니요. 하나도 없어요. Und Brot? Nein, leider keins. 빵은요? 아니요, 하나도 없어요.

✎ 부정사 kein이 단수명사와 함께 올 때는 ein과 같이 변화하나, 복수명사와 함께 올 때는 정관사 어미변화한다 (147쪽 참조).

✎ 물질명사 및 추상명사는 단수명사로서 이를 부정할 경우, kein을 사용하며 이때 부정관사 어미변화한다.

문
장
론

2) 부정대명사의 부정

독일어의 부정대명사 alles 모든 것, jemand 누군가의 부정어는 nichts와 nie-mand로 nichts는 어미변화를 하지 않으나, niemand는 어미변화한다.

긍정	부정	예문
alles, etwas	nichts	Mit Brille sehe ich alles, ohne sie kann ich nichts erkennen. 안경을 쓰고 모든 것을 볼 수 있고, 안경 없이는 아무것도 알아 볼 수 없다.
jemand	niemand, keiner	Niemand liebt mich. Ich liebe auch niemand(en). 아무도 나를 사랑하지 않는다. 나도 아무도 사랑하지 않아. Keiner mag mich. 아무도 나를 좋아하지 않아.

✎ 부정대명사 jemand, niemand, keiner 등은 일반적인 사람을 지칭하고 성은 일반적으로 남성이다.

✎ 부정대명사 jemand는 부정관사 ein과 같이 변화한다.

3) 부사의 부정

독일어의 부사 überall 모든 곳에, irgendwo 어딘가 혹은 schon 벌써 등의 부정어는 다음과 같다.

긍정	부정	예문
immer 항상	nie, niemals	**Wir haben uns immer gut verstanden. Aber diesmal nicht.** 우리들은 항상 잘 통했다. 그러나 이번에는 아니다. **Ich werde nie/niemals verstehen, warum er das getan hat.** 그가 왜 그런일을 했는지 나는 이해할 수 없다.
überall 어디에나 irgendwo 어디엔가	nirgends nirgendwo	**Ich habe überall mein Buch gesucht.** 나는 나의 책을 샅샅이 찾았다. **Ich habe es aber nirgends / nirgendwo gefunden.** 그러나 나는 책을 어디에서도 찾지 못했다.
schon 이미	noch nicht / nie	**Hast du schon mal gesurft? Nein, noch nie.** 너는 서핑해 본 적이 있니? 아니오. 아직 안 해봤어요.

3 접속사 Konjunktionen

독일에서 두 개의 주문장을 연결시키는 문장성분으로는 대등 접속사 (Nebenordnende Konjunktionen)와 대등 접속부사 (Nebenordnende Konjunktionaladverbien)가 있다. 이러한 문장성분들은 두 번째 오는 주문장의 앞에 위치한다.

Er geht gern spazieren und (er) amüsiert sich.
그는 산책을 가서 즐긴다.

Ich will nach Deutschland, deshalb lerne ich Deutsch.
나는 독일에 가려고 한다. 그래서 독일어를 배운다.

✎ 두 개의 주문장이 접속사로 연결되어 있을 때, 두 문장의 주어가 동일한 경우 두 번째 오는 문장의 주어를 생략할 수 있다.

✎ 접속부사로 두 문장이 연결된 경우 주어와 동사의 자리가 도치된다.

대등 접속사 Nebenordnende Konjunktionen

독일어의 두 개의 주문장을 연결시키는 접속사들은 두 번째 문장의 맨 처음 자리에 위치한다. 이러한 접속사들은 이들 문장들 내에서 동일한 문장요소들이 불필요하게 반복되는 것을 방지한다.

종류	의미	사용 예
und (S+V)	그리고 (사건a 나열 사건b)	**Sie ist 19 Jahre alt und studiert.** 그녀는 19살이고 (대학에서) 공부한다.
aber (S+V)	하지만 (사건a, 반대 사건b)	**Sie kommt aus Busan, aber sie wohnt in Seoul.** 그녀는 부산태생이나 서울에 산다.
oder (S+V)	혹은, 또는 (사건a 선택 사건b)	**Sie nimmt einen Salat oder isst Gemüse.** 그녀는 샐러드를 먹던지 야채를 먹는다. **Möchtest du einen Hamburger oder eine Pizza?** 햄버거 먹을래, 피자 먹을래?
nicht …, **sondern** (S+V)	그렇지 않고 (오히려) (사건a, 대조, 반대 사건b)	**Sie will nicht ins Kino gehen, sondern sie möchte lieber ins Theater.** 그녀는 영화관에 가려하지 않고 차라리 연극을 보려가고 싶어 한다. **Er will nicht mehr Geld, sondern mehr Freiheit.** 그는 돈은 더 이상 원하지 않고, 더 많은 자유를 원한다.
denn (S+V)	왜냐하면 (사건a, 이유 사건b)	**Sie jobbt in den Ferien, denn sie braucht Geld.** 그녀는 돈이 필요하기 때문에 방학에 아르바이트를 한다.

✎ 두 개의 문장의 주어가 동일하면 두 번째 문장에서 생략할 수 있다.

✎ 이러한 접속사들이 연결하는 두 주문장들에서 동사는 두 번째 자리에 위치한다.

✎ 접속사 **und** 와 **oder**를 제외한 접속사 **aber, denn** 그리고 **sondern** 앞에는 항상 쉼표가 온다.

문
장
론

> 문장구조

주문장 1	주문장 2			
	접속사	주어	동사	
	0	1	2	
Sie ist 19 Jahre alt	und	(sie)	studiert.	
Sie kommt aus Busan,	aber	sie	wohnt	in Seoul.
Sie jobbt in den Ferien,	denn	sie	braucht	Geld.
Sie isst Salat	oder	sie	nimmt	Gemüse.
Sie will nicht ins Kino gehen,	sondern	sie	möchte	lieber ins Theater.

✎ 접속사 aber와 sondern은 의미상 비슷하다. 접속사 aber는 첫 번째 문장 내용의 반대를 표현하나, 접속사 sondern은 첫 번째 문장의 내용을 수정해 준다.

Ich muss für das Konzert üben, aber ich habe keine Lust.
나는 콘서트 (여주회)를 위해서 연습해야만 하지만 하기 싫다.

Ich fahre nicht nach Paris, sondern ich bleibe in Berlin.
나는 파리로 떠나지 않고, 베를린에 머문다.

✎ 접속사 aber는 다른 접속사들과는 달리 문장 중간에 올 수 있다.

Sie kommt aus Busan, wohnt aber in Seoul. 그녀는 부산태생이나 서울에 산다.

✎ 접속사 und와 sowie는 의미상 동일하다. sowie는 문장에서 여러 개의 문장성분들이 나열될 때 und가 반복되는 것을 방지하기 위하여 사용된다.

Eine Biene hat sechs Beine und zwei Paar Flügel sowie ein paar Fühler.
꿀벌은 여섯 개의 다리와 두 쌍의 날개와 한 쌍의 더듬이를 가지고 있다.

독일어의 접속사들 중에 두 개의 접속사가 짝을 이루어 함께 와서 문장성분을 연결하는 기능을 하는 접속사들이 있다.

종류	의미	사용 예
sowohl … als auch	~뿐만 아니라 ~도 (a 나열 b)	Ich mag sowohl Milch als auch Kakao. 나는 우유뿐 아니라 코코아도 좋아한다.
weder … noch (V+S)	~도 ~도 아니다 (a 제외 b)	Sie hat weder einen Badeanzug noch einen Bikini. 그녀는 수영복도 없고 비키니도 없다.
zwar …, aber (S+V)	과연 ~이긴 하지만 (a 반대 b)	Ich liebe meinen Job zwar sehr, aber ich möchte auch mal gern einen Tag frei haben. 나는 내 직업을 좋아하나 때론 하루 정도 쉬고 싶다.

entweder … oder (S+V)	무엇이거나, 무엇 (a 선택 b)	Entweder spielst du Tennis oder du gehst joggen. 테니스를 치던지 혹은 조깅을 하던지 해라. Ich fahre entweder nach Kwangju oder fliege nach Seoul. 나는 광주에 가거나 서울로 간다.

✎ 접속사 zwar …, aber는 콤마와 함께 오고, weder … noch와 entweder … oder는 일반 적으로 쉼표를 동반하지 않는다.

대등 접속부사 Nebenordnende Adverbien

독일어에서 두 개의 주문장을 서로 연결시키는 문장성분으로 대등 접속사 외에 접속부사가 있다. 이때 접속부사는 대부분 두 번째 문장의 맨 첫 번째 자리에 위치 하며 접속사와는 달리 두 번째 문장에서 주어와 동사의 자리가 바뀐다.

접속부사에는 인과적 의미의 접속부사, 양보 및 결과 그리고 대조의 의미를 나 타내는 접속부사가 있다.

1) 인과적 의미의 접속부사 (kausale Adverbien)

인과적 의미의 접속부사 deshalb, deswegen, daher (그래서, 그 때문에) 등은 첫 번째 문장에서의 논리적인 귀결 관계를 표현한다.

인과적 접속부사	의미	사용 예
deshalb 그때문에 deswegen / darum 그때문에 daher 그런 까닭에	인과적 의미 사건a, 인과적, 사건b	Ich will ein Rennfahrer werden, deshalb mache ich den Führerschein. 나는 카레이서가 되려고 해서 운전면허를 딴다. Er ist krank, darum geht er nicht zur Schule. 그는 아파서 학교에 가지 않는다.
also 그래서, 그러므로	결과적	Ich möchte ein Superstar werden, also übe ich fleißig. 나는 최고의 스타가 되고 싶어 열심히 연습을 한다.

문장론

2) 시간적 의미의 접속부사 (temporale Adverbien)

시간적 의미의 접속부사 zuerst (우선), dann (그 다음에), danach (그 후에), schließlich (마지막에), vorher (그 전에), nachher (그 다음에) 등은 첫 번째 문장과 관련하여 전, 후, 동시적이라는 시간적 연관관계를 표현한다.

시간적 접속부사	의미	사용 예
zuerst 우선 dann 그 다음에 danach 그 후에 schließlich 마지막에 vorher 그 전에 nachher 그 다음에	시간적 의미 사건a, 전, 후, 동시, 사건b	Ich frühstücke zuerst, dann / danach fahre ich zur Arbeit. 나는 먼저 아침식사를 하고 출근한다. Nachher gehe ich einkaufen und schließlich komme ich nach Hause. 그 후에 나는 쇼핑을 가고, 마지막으로 집으로 온다.

3) 양보저 (konzessiv) 의미의 접속부사

양보적 의미의 접속부사 trotzdem / dennoch (그럼에도 불구하고)는 첫 번째 문장과 관련하여 두 번째 문장이 기대했던 것과는 다르거나 반대의 경우를 표현한다.

양보적 접속부사	의미	사용예
trotzdem / dennoch 그럼에도 불구하고	양보적 의미 사건a, 양보적, 사건b	Ich bin krank, trotzdem fahre ich zur Arbeit. 나는 몸이 아픔에도 불구하고 일을 하러 간다. Er ist müde. Er will dennoch weiter arbeiten. 그는 피곤하지만 그럼에도 불구하고 계속 일하려한다. Ich bin ein Genie, trotzdem halten sie mich für einen Dummen. 나는 천재지만 그럼에도 불구하고 그들은 나를 바보로 본다.

4) 결과적 (konsekutiv) 의미의 접속부사

결과적 의미의 접속부사 also (따라서)는 첫 번째 문장과 관련하여 당연한 결과로서의 두 번째 문장을 표현한다.

결과적 접속부사	의미	사용예
also (따라서, 그러므로)	결과적 의미 사건a, 결과적, 사건b	Ich habe Grippe, also bleibe ich heute zu Hause. 나는 독감 걸렸다. 그래서 오늘 집에 있다.

5) 제한적 (adversativ) 의미의 접속부사

제한 및 유보의 의미의 접속부사 jedoch (하지만, 그러나)는 첫 번째 문장에 대한 두 번째 문장의 정정, 보충의 의미를 표현한다.

대조적 접속부사	의미	사용 예
jedoch (그렇지만, 그래도)	제한, 정정의 의미 사건**a**, 제한적, 사건**b**	Ich komme zu dir, jedoch habe ich erst morgen Zeit. 나는 너에게 가겠지만, 내일에나 시간이 날 것 같다.

✎ 접속부사는 주로 두 번째 문장의 맨 앞자리에 위치하며, 이때 두 번째 문장의 주어와 동사가 도치된다 : 접속부사 (deshalb, vorher, also …) + 동사 + 주어

◐ 문장구조

주문장 1	주문장 2		
	접속사	동사	주어
	0	1	2
Ich frühstücke,	dann	fahre	ich	zur Arbeit.
Ich bin krank,	trotzdem	fahre	ich	zur Arbeit.
Ich habe Grippe,	also	bleibe	ich	heute zu Hause.
Ich komme zu dir,	jedoch	habe	ich	erst morgen Zeit.

✎ 접속부사는 또한 두 번째 문장의 세 번째 자리에 위치할 수 있다. 그러나 이 경우 두 문장으로 나누어 표현하는 것이 더 좋다.

Ich bin krank. Ich bleibe deshalb zu Hause.
나는 몸이 아프다. 그래서 집에 있다.

Er ist müde. Er will dennoch weiter arbeiten.
그는 피곤하다. 그래도 그는 계속 일하려 한다.

6) 조건적 (konditional) 의미의 접속부사

접속부사 sonst (그렇지 않으면)는 두 개의 주문장 사이의 조건적 관계를 표현하며 sonst는 두 번째 오는 주문장 앞 혹은 동사 다음인 세 번째 자리에 위치할 수 있다.

주문장 1	주문장 2			
	접속사	동사	주어	
	1	2	3	
Ich brauche deine Hilfe. 나는 네 도움이 필요해.	Sonst 그렇지 않으면	werde	ich 나는	nicht fertig. 끝내지 못할거야.

✎ 접속부사 sonst는 두 번째 오는 주문장에서 동사 다음에 올 수 있다.

Ich brauche deine Hilfe. Ich werde sonst nicht fertig.

4 동사의 위치 Position des Verbs

동사 1 (문장의 첫 번째)

독일어의 명령문과 Ja / Nein 의문문에서 동사는 문장의 첫 번째 자리에 위치한다.

1) 명령문
독일어의 명령문에서 동사는 문장의 첫 번째 자리에 위치한다.

▶ 명령문의 문장구조

동사	주어	
1	2	
Sei Lesen	 Sie	bitte ruhig! (너) 조용히 해라! den Text! 텍스트를 읽으세요!

2) Ja / Nein 의문문
독일어의 Ja / Nein 의문문에서 동사는 문장의 첫 번째 자리에 위치한다.

▶ Ja / Nein 의문문의 문장구조

질문			대답
동사	주어		ja, nein, doch, S+V
1	2		
Arbeiten 일합니까	Sie 당신은	beim Film? 영화사에서	Ja, ich arbeite beim Film. 네, 저는 영화사에서 일합니다. Nein, ich arbeite nicht beim Film. 아니오, 저는 영화사에서 일하지 않습니다.
Haben	Sie 당신은	nicht gefrühstückt? 아침식사 안 하셨나요?	Doch, ich habe gefrühstückt. 웬걸요, 저는 아침식사를 했어요. Nein, ich habe nicht gefrühstückt. 아니요, 아침식사를 하지 못했어요.
Machen	Sie 당신은	keine Mittagspause? 점심 휴식을 하지 않나요?	Doch, ich mache gleich Mittagspause. 웬걸요, 저는 곧 점심 휴식을 합니다. Nein, ich mache keine Mittagspause. 아니요, 저는 점심 휴식을 하지 않아요.

✎ Ja / Nein 의문문에서 긍정적으로 물을 경우, 대답이 긍정이면 ja이고 부정이면 nein으로 대답한다.

✎ 그러나 부정적으로 물을 경우, 대답하는 내용이 긍정이면 ja 대신 doch를 사용하고 부정이면, 긍정문에서 마찬가지로 nein으로 대답한다.

동사 2 (문장의 마지막)

독일어의 문장은 주문장과 부문장이 결합하여 한 문장을 만들 수 있다. 이러한 결합관계는 종속적 관계로서 부문장이 주문장과 결합관계에 있으며, 주문장의 내용을 보충한다. 부문장에서 동사는 주문장과는 달리 항상 문장의 마지막에 위치한다. 그러나 다른 문장성분들의 순서는 주문장에서의 순서와 같다.

■ 부문장

독일어에서의 부문장은 다음과 같은 특징들을 가지고 있다.

● 종속접속사가 이끄는 부문장은 주문장의 내용을 보충하며, 이때 부문장의 동사는 항상 문장의 끝에 위치한다. 주문장과 부문장 사이에는 쉼표가 있다.

주문장 1			부문장 2			
주어	동사		접속사	주어		동사
1	2		0	1		문장의 끝
Er 그는	ärgert 화를 낸다	sich, zu mir, 나에게	weil 때문에	sie 그녀가	spät 늦게	kommt. 온다
Sie 그녀는	kommt 온다		wenn 하면	ich 내가	sie 그녀에게	anrufe. 전화하다

◉ 부문장이 먼저 오고 주문장이 뒤에 올 경우, 주문장의 주어와 동사가 도치된다.

부문장 1				주문장 2		
접속사	주어		동사	동사	주어	
0	1		문장의 끝	1	2	
Weil 때문에	sie 그녀가	spät 늦게	kommt, 온다	ärgert 화를 낸다	er 그가	sich. 나에게
Wenn 하면	ich 내가	sie 그녀에게	anrufe, 전화하다	kommt 온다	sie 그녀가	zu mir. 나에게

■ 부문장의 사용

독일어의 부문장은 주문장과 종속관계에 있고 시간, 조건, 양태 등의 의미를 나타내며, 이들 문장에서 동사는 공통적으로 문장의 마지막에 위치한다. 그리고 부문장과 주문장 사이에 쉼표가 있다.

1) dass / ob-부문장

접속사 dass(것)와 ob(인지 아닌지)은 실질적으로 의미가 없는 접속사로 단지 주문장과 부문장을 연결시키는 역할을 한다. dass는 동사를 보충하는 것으로 주절이나 목적절을 이끌고, ob은 간접의문문을 이끈다.

문장론

281

▶ 접속사 dass와 ob의 용법

종속접속사	사용 예
dass ~ 것	**Ich wusste nicht, dass du heute Geburtstag hast.** 　　주문장　　　　　　　　　　부문장 나는 네가 오늘 생일이라는 것을 몰랐다.
ob ~인지 아닌지	**Kommst du heute Abend mit ins Kino?** 오늘 저녁에 영화관에 함께 갈래? **Ich weiß noch nicht, ob ich Zeit habe.** 　　주문장　　　　　　　　부문장 내가 시간이 있는지 없는지 아직 모르겠다.

ⓐ dass-부문장

독일어에서 dass-부문장은 동사의 보충어로서 주절이나 목적절의 부문장을 이끈다. 이때 주문장의 앞이나 뒤에 올 수 있다.

Ich weiß, dass du zu meiner Geburtstagsparty kommst.
나는 네가 내 생일파티에 온다는 사실을 안다.

Dass er davon weiß, ist sicher.
그가 그것에 대해 알고 있다는 것은 확실하다.

Die Studenten arbeiten viel. Die Lehrerin sieht es.
= Die Lehrerin sieht, dass die Studenten viel arbeiten.
학생들이 많이 공부한다는 사실을 선생님은 안다.

dass-부문장은 또한 sagen, berichten 등의 말하기 동사류나 finden, denken, glauben 생각하다, hoffen 바라다 등의 개인의 생각을 나타내는 동사류와 함께 온다.

In den Nachrichten wird berichtet, dass gestern im Zoo ein Tigerbaby geboren wurde.
어제 동물원에서 호랑이 새끼가 태어났다고 뉴스에서 보도된다.

Maria glaubt, dass zu viel Fernsehen gefährlich ist.
마리아는 너무 많이 TV를 시청하는 것은 위험하다고 생각한다.

dass-부문장은 또한 전치사의 목적어로 쓸 수 있다. 이 전치사 목적어의 표현은 주문장에 나타날 때가 많다.

문
장
론

Sein Vater schreibt ihm einen Brief. Tom wartet darauf.

= Tom wartet darauf, dass sein Vater ihm einen Brief schreibt.

톰은 그의 아빠가 그에게 편지를 쓰기를 기다린다.

Denk daran, dass wir uns morgen verabredet haben!

우리들이 내일 약속한 것을 생각하렴!

dass-부문장은 **es ist wichtig** 중요하다, **es ist richtig** 맞다 등의 비인칭 표현에 자주 사용된다.

Ich beende mein Studium bald. Es ist wichtig für mich.

= Es ist wichtig für mich, dass ich mein Studium beende.

공부를 끝내는 것은 나에게 중요하다.

Es ist wichtig, dass du dein Wort hältst.

네가 한 약속을 지키는 것은 중요하다.

ⓑ ob-부문장

부문장으로서 간접 의문문은 독일어에서 의문사와 함께 오거나 그렇지 않은 경우는 **ob**과 함께 온다.

Weißt du, wer heute kommt? Nein, nicht genau.

너는 오늘 누가 오는지 알고 있니? 아니. 정확하게 몰라.

Weißt du, wie die Hauptstadt von Korea heißt? Ja, sie heißt Seoul.

너는 한국의 수도가 어떻게 불리는지 아니? 응, 서울이야.

Weißt du, ob Maria hier wohnt? Ja, sie wohnt hier.

너는 마리아가 여기 사는지 아니? 응, 마리아는 여기 살아.

Weißt du, ob Korea an ein Meer grenzt?

너는 한국이 바다로 둘러 싸여 있는지를 아니?

Ja, an drei: an die Ost-, West- und Südsee.

응, 삼면이 바다야. 동해, 서해 그리고 남해로.

2) 시간적 의미의 부문장

시간적 의미의 부문장은 종속접속사의 도움으로 주문장과의 시간적 연관관계를 표현한다. 이러한 시간관계에는 주문장과 부문장의 사건시가 동시적이거나 비동시적일 수 있다.

Als ich ein Kind war, gab es noch nicht (so) viele Autos.
내가 어린 아이였을 때 자동차가 많이 있지 않았다.

Ich kann keine Musik hören, während ich arbeite.
나는 일하는 동안에 음악을 들을 수 없다.

동시적이거나 비동시적인 시간적 의미를 나타내는 종속접속사는 다음과 같다.

동시성 (Gleichzeitigkeit)을 나타내는 종속접속사	비동시적 (Nicht-Gleichzeitigkeit)을 나타내는 종속접속사
als, wenn ~때에 / während, sooft ~ 동안에 bis ~까지 / seit, seitdem ~이래로	bevor, ehe ~전에 / nachdem ~후에 sobald ~하자마자

ⓐ 동시성의 시간적 의미를 나타내는 종속접속사

주문장이 나타내는 사건과 동시에 일어나는 시간적 의미를 나타내는 종속접속사들은 다음과 같다. 이러한 부문장들은 'Wann 언제?'의 질문에 대한 답이 된다.

● 종속접속사 wenn, als, sooft (동시간성)

접속사 wenn, als 그리고 sooft는 여러 사건이나 상태가 동시에 일어나는 것을 표현할 때 사용된다. 접속사 als는 과거에 한번 일어난 사건을 나타내는 반면, wenn과 sooft는 현재, 과거 그리고 미래의 한번 혹은 반복하여 일어나는 사건을 표현할 때 사용된다.

▶ 동시성을 나타내는 종속접속사 I

종속접속사	사용 예
als (했을 때) 과거 질문 : wann?	과거의 단 일 회의 행위나 상태를 나타낼 경우 ▶ Als er aus dem Haus kam, schneite es stark. 그가 집에서 나왔을 때 눈이 많이 내렸다.

문
장
론

wenn (할 때) 현재, 미래 질문 : **wann?**	현재나 미래의 단 한번의 행위를 나타낼 때 ▶ **Wenn ich wieder nach Paris fahre, besuche ich Mona Lisa.** 내가 다시 파리를 간다면 모나리자를 방문할 것이다.
(immer) wenn (할 때마다) 현재, 과거, 미래	현재, 과거, 미래의 되풀이되는 행위를 나타낼 때, 대부분 jedesmal (매번)과 immer (항상)와 함께 사용한다. ▶ **(Immer) wenn ich fahre, gibt es Stau auf den Straßen.** 내가 운전할 때마다 길이 막힌다. ▶ **(Jedesmal) wenn wir Urlaub machten, regnete es immer.** 우리가 휴가를 떠났을 때마다 항상 비가 내렸다.
sooft (할 때마다) 현재, 과거, 미래 질문 : **wann?**	현재, 과거, 미래의 되풀이되는 행위를 나타낼 때 ▶ **Er ist immer gut gelaunt, sooft ich ihn sehe.** 내가 그를 볼 때마다 그는 항상 기분이 좋다.

✎ als, wenn과 함께 오는 부사절은 bei + 3격, in + 3격, mit + 3격 등의 전치사구로 바꿀 수 있으며, sooft, immer wenn은 immer bei + 3격의 전치사구로 바꿀 수 있다:

Beim Kochen ruft Tom immer an. 요리할 때 톰이 항상 전화한다.
In ihrer Kindheit war sie sehr brav. 어렸을 때 그녀는 매우 착했다.
Mit acht bin ich nach Korea gekommen. 8살 때 나는 한국으로 왔다.

○ 종속접속사 während, solange, bis, seit, seitdem (동시간성)

종속접속사 während (동안), solange (하는 한), bis (까지) 그리고 seit, seitdem (이래로)도 사건이나 상태가 동시에 일어나는 것을 표현할 때 사용된다. 이들 접속사는 현재, 과거, 미래에 일어나는 사건을 표현할 때 사용된다.

◐ 동시성을 나타내는 종속접속사 II

종속접속사	사용 예
während (~하는 동안) 현재, 과거, 미래 질문 : **wann?**	현재, 과거, 미래에서 두 행위가 동시에 일어나며, 내용이 대칭될 때 사용한다. ▶ **Sie kann mich nicht hören, während sie Musik hört.** 그녀는 음악을 들을 때 내 말을 듣지 못한다.
solange (~하는 동안) 질문 : **wann?**	현재, 과거, 미래에서 두 행위가 동시에 일어나며, 내용이 대칭될 때 사용한다. ▶ **Solange du noch Geld hast, solltest du fleißig sparen.** 네게 아직 돈이 있을 때 (네게 아직 돈이 있는 동안) 열심히 저축해라.
bis (~까지) 질문 : **bis wann?** **wie lange?**	부문장의 행위가 시작할 때 주문장의 행위가 끝난다. ▶ **Ich bleibe, bis das Spiel zu Ende ist.** 나는 이 경기가 끝날 때까지 있는다 (남는다).

문장론

seit / seitdem (이래로) 질문 : seit wann?	부문장의 행위가 과거에 시작하여 현재까지 지속되는 시간적인 의미를 나타낸다. ▶ Seit er den Unfall hatte, kann er nicht mehr so gut laufen. 그는 사고를 당한 이래로 더 이상 잘 걷지를 못한다. ▶ Seitdem er eine Freundin hat, fühlt er sich nicht mehr einsam. 그는 애인이 생긴 이래로 더 이상 외로워하지 않는다.

✎ seit(dem)의 부사절은 seit + 3격의 전치사구로, während의 부사절은 während + 2격, 3격 부사로, bis의 부사절은 bis zu + 3격의 부사구로 바꿀 수 있다 .

Seit seinem Unfall kann er nicht mehr so gut laufen.
그는 사고를 당한 이래로 더 이상 잘 걷지를 못한다.
Während des Lernens kann sie keine Musik hören.
공부하는 동안 그녀는 음악은 들을 수가 없다.

✎ solange는 전시간성의 기능으로도 사용 된다.

Solange du deine Aufgaben nicht gemacht hast, gehst du nicht ins Kino.
숙제를 하지 않는 한 너는 영화관에 갈 수 없다.

ⓑ 비 동시성의 시간적 의미를 나타내는 종속접속사

주문장이 나타내는 사건과 비 동시적으로 일어나는 시간성을 나타내는 종속접속사들은 다음과 같다. 이들은 주문장 후 부문장 혹은 주문장 전 부문장 등의 시간적 연관관계를 표현한다. 이러한 부문장들은 'Wann 언제?'의 질문에 대한 답이 된다.

● 종속접속사 bevor, ehe (전시간성)

접속사 bevor와 ehe는 '부문장 전 주문장'이라는 시간적 연관관계를 표현하나 주문장과 부문장의 동사의 시제는 대부분 동일하다.

▶ 전 시간성을 나타내는 종속접속사

종속접속사	사용 예
bevor ehe (~이전에) 부문장 전 주문장 질문 : wann?	주문장의 행위는 시간적으로 부문장의 행위보다 앞에 놓인다. ▶ Überleg es dir gut, bevor du Geld ausgibst! 돈을 지출하기 전에 생각을 잘 해라! ▶ Ehe er sich umdrehte, war sie schon weg. 그는 뒤돌아보기 전에 그녀가 사라졌다.

✎ bevor와 함께 오는 부사절은 vor + 3격의 부사구로 바꿀 수 있다.

Vor der Arbeit trinke ich Kaffee. 일하기 전에 나는 커피를 마신다.

● 종속접속사 nachdem (후시간성)

접속사 nachdem (~후에) '부문장 후 주문장'이라는 후 시간적 연관관계를 표현하며 이때 주문장이 현재형이면, 부문장의 시제는 완료형으로 동사의 시제를 달리한다.

▶ 후 시간성을 나타내는 종속접속사 I

종속접속사	사용 예
nachdem (~한 이후) 부문장 후 주문장 질문 : wann?	부문장은 주문장보다 한 시제 앞서며, 이러한 시간적 연관 관계는 동사의 시제를 통해 표현된다. 표: nachdem-부문장 (선) / 주문장 (후) 대과거형 (Plusquamperfekt) / 과거형 (Präteritum) 현재완료형 (Perfekt) / 현재형 (Präsens) 일상회화 (Umgangssprache)에서 대과거형 대신에 종종 현재완료형을 사용한다. ▶ Er bezahlt die Rechnung erst, nachdem er eine Mahnung bekommen hat. 그는 경고장을 받은 후에야 비로소 영수증을 지불한다. ▶ Nachdem er in einem Betrieb gearbeitet hatte, machte er die Prüfung. 그는 어떤 한 기업체에서 일한 이후에 시험을 보았다.

✎ nachdem과 함께 오는 부사절은 nach + 3격의 부사구로 바꿀 수 있다.

Nach der Arbeit gehe ich nach Hause. 일한 후에 집에 간다.

● 종속접속사 sobald (후시간성)

접속사 sobald (~하자마자)는 '부문장 후 주문장'이라는 후 시간적 연관관계를 표현하며 sobald는 nachdem과는 달리 주문장과 부문장의 동사 시제는 대부분 동일하다.

▶ 후 시간성을 나타내는 종속접속사 II

종속접속사	사용 예

sobald
(~하자마자)
 	
부문장 후 주문장
 	
질문 : wann?
	'부문장은 주문장 바로 직전'이라는 시간의 연관관계를 나타낸다.
	이러한 시간적 정보는 동사의 시제를 다르게 함으로써 표현하기도
	하고, 때론 동일한 시제를 사용할 때도 있다.
	▶ **Er geht, sobald er fertig gearbeitet hat.**
	  일이 끝나자마자 그는 간다.
	▶ **Er ging, sobald er fertig gearbeitet hatte.**
	  일이 끝나자마자 그는 갔다.
	▶ **Ich rufe dich an, sobald ich da bin.**
	  내가 거기 오자마자 너에게 전화할게.

✎ sobald와 함께 오는 부사절은 gleich / sofort nach + 3격으로 바꿀 수 있다

Gleich nach der Arbeit rufe ich meine Freundin an.
일이 끝나자마자 내 친구에게 전화한다.

3) 인과적 의미의 부문장

인과적 의미의 부문장은 weil, da 등의 종속접속사의 도움으로 주문장과의 원인과 결과의 연관관계를 표현한다. 이러한 부문장은 'warum 왜?'라는 질문에 대답으로 사용된다.

▶ 인과적 의미의 종속접속사

종속접속사	사용 예
weil (~때문에) 질문 : warum? 구어체로 쓰임	구어체에서 많이 사용된다. ▶ **Warum bist du so traurig?** 너는 왜 그리 슬프니? ▶ **Weil ich ab morgen nicht mehr arbeiten kann.** 내일부터 일을 못하기 때문이야.
da (~때문에) 문어체로 쓰임	이미 잘 알려진 사실과 관련하여서는 **da**를 사용하는 것이 좋다. ▶ **Da die Stipendien knapp sind, müssen viele Studenten arbeiten.** 장학금이 모자라기 때문에 많은 학생들이 일을 해야 한다.

✎ 종속접속사 da는 이미 잘 알고 있는 사실을 언급할 때에 사용되며 문체상 da-부문장이 주문장 앞으로 나오는 것이 좋다.

Da das Wetter schön ist, gehe ich spazieren.
날씨가 화창하기 때문에 나는 산책을 간다.

문장론

✎ weil-부문장은 주문장이 없는 대답으로 사용될 수 있다.

Warum bist du nicht gekommen? 너는 왜 오지 않았니?

Weil ich verschlafen habe. 왜냐하면 내가 늦잠을 잤거든.

✎ weil과 함께 오는 부문장은 wegen + 2격이나 aufgrund + 2격으로, 인간의 감정이 원인이 될 때는 vor / aus +명사 (관사없이)로 바꿀 수 있다.

Wegen der Arbeitslosigkeit bin ich traurig. 나는 실업률 때문에 슬프다.

Aufgrund ihrer guten Fremdsprachenkenntnisse hat sie bessere Chancen im Beruf. 그녀는 좋은 외국어 실력 때문에 직업 (구하는데)에서 좀 더 나은 찬스를 가진다.

Er zitterte, weil er Angst hatte. → Er zitterte vor Angst. 그는 겁이 나서 떨었다.

4) 조건적 의미의 부문장

조건적 의미의 부문장은 wenn, falls 등의 종속접속사의 도움으로 주문장과의 조건적 연관관계를 표현한다.

▶ 조건적 의미의 종속접속사

종속접속사	사용 예
wenn ~이라면	Ich komme gern mit dir ins Konzert, wenn es noch Karten gibt. 표가 아직 있다면 너와 함께 콘서트 갈게.
falls ~이라면	불확실한 조건일 경우 ▶ Falls Mami das merkt, wird sie sauer sein. Aber vielleicht merkt sie es ja nicht. 엄마가 그걸 알아채시면 화내시겠지. 그러나 엄마가 눈치 채지 못하실 수도 있어.

✎ 불확실한 조건문을 표현할 경우 wenn대신에 falls를 사용한다.

✎ wenn-조건문은 종종 접속사 없이 동사 + 주어의 부문장으로 사용되며, 이러한 조건문은 bei + 3격의 부사구로 바꿀 수 있다

Wenn es regnet, gehen wir nicht spazieren.

= Regnet es, gehen wir nicht spazieren.

= Beim Regen gehen wir nicht spazieren.

비가 오면 산책가지 않는다.

문장론

5) 목적적 의미의 부문장

목적적 의미의 부문장은 damit, um ⋯ zu (~하기 위하여) 등의 종속접속사의 도움으로 주문장과의 목적적인 연관관계를 표현한다. 주문장과 부문장의 주어가 동일 할 경우 damit-부문장을 um ⋯ zu + 동사의 부정형으로 바꿀 수 있다.

▶ 목적적 의미의 종속접속사

종속접속사	사용 예
damit / um ⋯ zu (~하기 위하여) 질문 : wozu?	주문장과 부문장의 주어가 동일하지 않을 경우 ▶ Ich koche, damit alle zusammen essen können. 나는 모두 함께 먹을 수 있도록 요리한다.
	주문장과 부문장의 주어가 동일할 경우 ▶ Großmutter, was hast du für große Ohren? 할머니, 할머니 귀는 왜 그리 크신가요? Ich habe große Ohren, um dich besser zu hören. 네 소리를 잘 들을 수 있도록 내 귀가 크단다. → um ⋯ zu + 동사 부정형 (Infinitiv)

✎ 주문장과 부문장이 동일한 주어를 가지고 있다면, um ⋯ zu로 바꿀 수 있다.

Peter muss 16 Jahre alt sein, damit er den Motorradführerschein machen kann.
→ Peter muss 16 Jahre alt sein, um den Motorradführerschein machen zu können.
페터가 오토바이운전 면허증을 따기 위해서는 16살이 되어야만 한다.

Er sollte besser auf die Verkehrszeichen aufpassen, damit er keinen Verkehrsunfall verursacht.
→ Er sollte besser auf die Verkehrszeichen aufpassen, um keinen Verkehrsunfall zu verursachen.
그는 교통사고를 유발하지 않도록 하기 위해 좀 더 잘 교통신호에 신경을 써야 한다.

✎ 목적적 부문장을 이끄는 damit, 혹은 um ⋯ zu의 종속접속사들은 목적의 의미를 내포하고 있으므로, 의지나 계획 등의 의미를 가지고 있는 wollen, sollen, müssen 등의 화법동사들과는 함께 올 수 없다.

Maria hat Sprachkurse besucht. Sie will Deutsch lernen.
→ Maria hat Sprachkurse besucht, um Deutsch zu lernen.

✎ damit, um ⋯ zu가 이끄는 부문장들은 zu + 3격, 혹은 für + 4격의 전치사구로 바꿀 수 있다.

Ich trinke Wasser, um mich zu beruhigen.
= Zur Beruhigung trinke ich Wasser.
나는 진정하려고 물을 마신다.

Sie tut ihr Bestes, damit sie Karriere macht.
= Für ihre Karriere tut sie ihr Bestes.
자신의 경력을 위해 그녀는 최선을 다한다.

6) 결과적 의미의 부문장

결과적 의미의 부문장은 so dass, so + 형용사 + dass 등의 종속접속사의 도움으로 주문장과의 결과적 관계를 표현한다.

◉ 결과적 의미의 종속접속사

종속접속사	사용 예
so dass (결과적으로)	결과적 ▶ Er war völlig verwirrt, so dass er nicht mehr wußte, was er sagte. 그는 너무 당황하여 무엇을 말해야 할지 몰랐다.
so ···, dass (그렇게 ··· 해서, ··· 하다)	so와 dass 사이의 형용사를 강조한다. ▶ Er war so hungrig, dass er nur ans Essen denken konnte. 그는 먹을 것만을 생각할 정도로 그렇게 배가 고팠다.
ohne dass / ohne ··· zu (~없이)	ohne dass 보다는 ohne··· zu가 더 좋은 표현이다. ▶ Tom ist weggefahren, ohne dass er sich von seiner Freundin verabschiedet hat. = Tom ist weggefahren, ohne sich von ihr zu verabschieden. 톰은 그의 여자친구에게 작별인사도 없이 떠났다.

✎. so ···, dass-부문장은 infolge + 2격으로 바꿀 수 있다

Infolge seines Hungers konnte er nur ans Essen denken.
배가 고파 그는 먹을 것만 생각했다.

7) 양보적 의미의 부문장

양보적 의미의 부문장은 obwohl 혹은 obgleich (비록 ~ 할지라도)의 종속접속사의 도움으로 표현할 수 있다. Obwohl-부문장은 기대와는 달리 어떤 일이 일어날 때 사용한다.

▶ 양보적 의미의 종속접속사

종속접속사	사용 예
obwohl / obgleich (비록~할지라도)	Er ist zur Arbeit gegangen, obwohl er krank ist. 그는 아픔에도 불구하고 일하러 갔다.

✎ obwohl-부문장은 기대와는 달리 무엇이 일어날 때 사용하며, 이러한 문장은 trotzdem의 접속사를 사용하여 표현할 수 있다.

Er ist krank. Trotzdem geht er zur Arbeit. 그는 아프다. 그럼에도 불구하고 일하러 간다.

8) 양태적 의미의 부문장

양태적 의미의 부문장은 so … wie + 원급, 비교급 + als, 혹은 je …, desto (… 하면 할수록)에 의해 표현할 수 있다. 이때 wie와 als는 주문장과 부문장을 결합시킬 뿐만 아니라, 문장성분을 연결시킬 수 있다.

▶ 양태적 의미의 종속접속사

종속접속사	사용 예
so … wie (원급) 질문 : wie?	so … wie는 사실과 기대가 일치할 때 사용한다. ▶ Der Film war so gut, wie wir erwartet haben. 그 영화는 우리가 기대한 것 만큼 그렇게 좋았다.
als (~보다)	'비교급 + als'는 사실과 기대가 차이 날 때 사용한다. ▶ Der Film war besser, als wir erwartet haben. 그 영화는 우리가 기대한 것 이상 좋았다.
je …, desto / umso (~하면 할수록, ~ 하다)	부문장 [je (종속접속사) +비교급], 주문장 [desto +비교급 +동사 +주어] ▶ Je öfter ich Wörter wiederhole, desto / umso besser merke ich sie mir. 나는 단어들을 자주 반복하면 할수록 더 잘 기억한다.

9) 대조적 의미의 부문장

대조적 의미의 부문장은 (an)statt dass … 대신에 혹은 (an)statt … zu + 동사의 부정형으로 표현될 수 있다. 만약 주문장과 부문장의 주어가 동일하다면 (an)statt … zu + 동사의 부정형의 표현이 더 좋은 표현이 된다.

▶ 대조적 의미의 종속접속사

접속사	사용 예
(an)statt dass / (an)statt ··· zu (~하는 대신에)	Kannst du mir bitte ein bisschen helfen, anstatt dass du den ganzen Tag nur faulenzt? 하루 온종일 뒹구는 대신에 나를 조금 도와줄 수 있겠니? 더 좋은 표현 (besser) (조건 : 주문장과 부문장의 주어가 동일) Kannst du mir bitte ein bisschen helfen, anstatt den ganzen Tag nur zu faulenzen?

▶ 부문장을 동반하는 종속접속사

의미	인과적	시간적	조건적	양보적	결과적	목적적	대조적
종속접속사	weil / da ~때문에	wenn 할 때 als 했을 때 seit(dem) ~이래로 bevor / ehe ~이전에 nachdem ~한 후에 sobald ~하자마자 während ~동안 bis ~까지	wenn / falls ~라면	obwohl / obgleich 비록 ~할지라도	so dass 결과적으로 ohne dass / ohne zu + Inf. ~함이 없이	damit / um zu + Inf. ~위하여	(an)statt dass / (an)statt zu + Inf. ~대신에

문장론

Grammatikregeln in Tabellen

Das ist Grammatik aktuell

1 불규칙 변화 동사 unregelmäßige Verben

동사의 부정형 (3인칭 단수 불규칙 변화 동사)	과거형	완료형
abbiegen 방향을 바꾸다	bog ab	ist abgebogen
anbieten 제공하다, 공급하다	bot an	hat angeboten
anfangen(fängt an) 시작하다	fing an	hat angefangen
backen 빵을 굽다	backte	hat gebacken
befehlen(befiehlt) 명령하다	befahl	hat befohlen
beginnen 시작하다	begann	hat begonnen
behalten(behält) 간직하다, 지니다	behielt	hat behalten
beißen 깨물다	biss	hat gebissen
bekommen 얻다	bekam	hat bekommen
beraten(berät) 충고하다	beriet	hat beraten
beschreiben (상세히) 기술하다	beschrieb	hat beschrieben
besitzen 소유하다	besaß	hat besessen
bestehen 존재하다, 합격하다	bestand	hat bestanden
betrügen 누구를 속이다	betrog	hat betrogen
beweisen 무엇에 증거를 대다	bewies	hat bewiesen
sich bewerben 지원하다, 응시하다	bewarb	hat sich beworben
sich beziehen 관련되다	bezog	hat sich bezogen
biegen 굽어있다, 휘다	bog	hat gebogen
bieten 제공하다	bot	hat geboten
binden 묶다	band	hat gebunden

동사의 부정형 (3인칭 단수 불규칙 변화 동사)	과거형	완료형
bitten 부탁하다	bat	hat gebeten
bleiben 머무르다	blieb	ist geblieben
braten(brät) 굽다	briet	hat gebraten
brechen(bricht) 깨지다, 토하다	brach	hat/ist gebrochen
brennen 불타다	brannte	hat gebrannt
bringen 가지고 오다(가다)	brachte	hat gebracht
denken 생각하다	dachte	hat gedacht
dringen 뚫고 나아가다	drang	ist gedrungen
dürfen(darf) 해도된다	durfte	hat gedurft/ hat ⋯ + Inf. + dürfen
empfehlen(empfiehlt) 추천하다	empfahl	hat empfohlen
enthalten(enthält) 내포하다	enthielt	hat enthalten
entlassen(entlässt) 해고하다	entließ	hat entlassen
sich entscheiden 결정하다	entschied	hat sich entschieden
entschließen 결심하다	entschloss	hat entschlossen
entsprechen(entspricht) 상응하다	entsprach	hat entsprochen
entstehen 생기다, 일어나다	entstand	ist entstanden
erfahren(erfährt) 경험하다, 알게되다	erfuhr	hat erfahren
erfinden 발명하다	erfand	hat erfunden
erhalten(erhält) 받다, 얻다	erhielt	hat erhalten
erkennen 인식하다	erkannte	hat erkannt
erscheinen 나타나다, 보이다	erschien	hat/ist erschienen
(sich) erschrecken(erschrickt) 놀라다	erschrak	hat sich erschrocken
erziehen 교육하다	erzog	hat erzogen
essen(isst) 먹다	aß	hat gegessen
fahren (fährt) (타고) 가다	fuhr	hat/ist gefahren
fallen(fällt) 떨어지다	fiel	ist gefallen
fangen(fängt) 잡다	fing	hat gefangen
finden 발견하다, ~라고 생각하다	fand	hat gefunden
fliegen 날다	flog	ist geflogen
fließen 흐르다	floß	ist geflossen

부록

동사의 부정형 (3인칭 단수 불규칙 변화 동사)	과거형	완료형
fressen(frisst) 동물이 먹이를 먹다	fraß	hat gefressen
frieren 얼다, 떨다	fror	hat/ist gefroren
gebären 낳다	gebar	hat geboren
geben(gibt) 주다	gab	hat gegeben
gefallen(gefällt) 맘에 들다	gefiel	hat gefallen
gehen 걷다	ging	ist gegangen
gelingen 성공하다	gelang	ist gelungen
gelten(gilt) 유효하다	galt	hat gegolten
genießen 즐기다	genoss	hat genossen
geraten(gerät) (어떤 상태에) 빠지다	geriet	ist geraten
geschehen(geschieht) (어떤 일이) 벌어지다	geschah	ist geschehen
gewinnen 이기다, 획득하다	gewann	hat gewonnen
gießen 물을 붓다/주다	goss	hat gegossen
gleiten 미끄러지다	glitt	ist geglitten
graben(gräbt) (땅에) 묻다	grub	hat gegraben
greifen 손에 쥐다/잡다	griff	hat gegriffen
haben(hat) 가지다	hatte	hat gehabt
halten(hält) 붙잡다/놓지 않다	hielt	hat gehalten
hängen 걸려있다	hing	hat gehangen
hauen 때리다	haute	hat gehauen
heben 올리다, 일으키다	hob	hat gehoben
heißen ~라 불리다	hieß	hat geheißen
helfen(hilft) 돕다	half	hat geholfen
kennen 알다	kannte	hat gekannt
klingen 소리나다, 울리다	klang	hat geklungen
kommen 오다	kam	ist gekommen
können(kann) 할 수 있다	konnte	hat gekonnt/ hat + … Inf. + können
laden(lädt) 싣다, 선적하다	lud	hat geladen
laufen(läuft) 달리다, 상연하다	lief	ist gelaufen

동사의 부정형 (3인칭 단수 불규칙 변화 동사)	과거형	완료형
lassen(lässt) 시키다	ließ	hat gelassen/ hat + ··· Inf. + lassen
leiden 견디다, 참다	litt	hat gelitten
leihen 빌리다, 빌려 주다	lieh	hat geliehen
lesen(liest) 읽다	las	hat gelesen
liegen 누워있다	lag	hat gelegen
lügen 거짓말하다	log	hat gelogen
mahlen 갈다, 빻다	mahlte	hat gemahlen
meiden 피하다	mied	hat gemieden
melken (동물의 젖을) 짜다	melkte/molk	hat gemelkt/hat gemolken
messen(misst) 재다, 달다, 측량하다	maß	hat gemessen
mögen(mag) 좋아한다	mochte	hat gemocht
müssen(muss) ~해야 한다	musste	hat gemusst/ hat ··· + Inf. + müssen
nehmen(nimmt) 잡다, 취하다	nahm	hat genommen
nennen 이름짓다, 명명하다	nannte	hat genannt
pfeifen 휘파람, 호루라기를 불다	pfiff	hat gepfiffen
raten (rät) 추측하다, 충고하다	riet	hat geraten
reiben 문지르다	rieb	hat gerieben
reißen 갈라지다, 찢어지다	riss	hat gerissen
reiten 말을 타다	ritt	hat/ist geritten
rennen 달리다	rannte	ist gerannt
riechen 냄새가 나다	roch	hat gerochen
rufen 외치다, 부르다	rief	hat gerufen
salzen 소금을 치다	salzte	hat gesalzt/hat gesalzen
saufen 술을 마시다	soff	hat gesoffen
saugen 빨아 마시다	saugte/sog	hat gesaugt/hat gesogen
schaffen 창조하다	schuf	hat geschaffen
scheiden 헤어지다	schied	geschieden
scheinen 빛나다, 비치다, ~처럼 보이다	schien	hat geschienen
schieben 밀다, 밀치다	schob	hat geschoben

동사의 부정형 (3인칭 단수 불규칙 변화 동사)	과거형	완료형
schießen 쏘다	schoss	hat geschossen
schlafen(schläft) 잠자다	schlief	hat geschlafen
schlagen(schlägt) 때리다	schlug	hat geschlagen
schließen 잠그다, 닫다	schloss	hat geschlossen
schmeißen 내던지다	schmiss	hat geschmissen
schmelzen(schmilzt) 녹다	schmolz	hat/ist geschmolzen
schneiden 자르다, 베다, 썰다	schnitt	hat geschnitten
schreiben 쓰다, 적다	schrieb	hat geschrieben
schreien 소리치다, 외치다	schrie	hat geschrien
schweigen 침묵하다	schwieg	hat geschwiegen
schwimmen 수영하다	schwamm	ist geschwommen
schwören 맹세하다	schwor	hat geschworen
sehen(sieht) 보다	sah	hat gesehen
sein(ist) ~이다, 존재하다	war	ist gewesen
senden 보내다	sandte/sendete	hat gesandt/hat gesendet
singen 노래하다	sang	hat gesungen
sinken 가라앉다, 침몰하다	sank	ist gesunken
sitzen 앉아 있다	saß	hat/ist gesessen
sprechen(spricht) 말하다	sprach	hat gesprochen
springen 뛰다, 뛰어오르다	sprang	ist gesprungen
stechen(sticht) 찌르다	stach	hat gestochen
stehen 서다, 쓰여져 있다	stand	hat/ist gestanden
stehlen(stiehlt) 훔치다	stahl	hat gestohlen
steigen 오르다, 올라가다	stieg	ist gestiegen
sterben(stirbt) 죽다	starb	ist gestorben
sich streiten 싸우다, 언쟁하다	stritt	hat sich gestritten
stoßen(stößt) 부딪히다	stieß	hat gestoßen
streichen 쓰다듬다, 칠하다	strich	hat gestrichen
tragen(trägt) 나르다, 운반하다	trug	hat getragen
treffen(trifft) 만나다, 명중하다	traf	hat getroffen

동사의 부정형 (3인칭 단수 불규칙 변화 동사)	과거형	완료형
treiben 몰다, 쫓다	trieb	hat getrieben
treten(tritt) 밟다, 내딛다	trat	hat getreten
trinken 마시다	trank	hat getrunken
tun 행하다	tat	hat getan
überweisen 이체하다, 송금하다	überwies	hat überwiesen
sich unterhalten(unterhält) 부양하다	unterhielt	hat sich unterhalten
sich unterscheiden 구분하다	unterschied	hat sich unterschieden
verbieten 금하다, 금지하다	verbot	hat verboten
verbinden 연결하다	verband	hat verbunden
verbringen (시간을) 보내다	verbrachte	hat verbracht
vergessen(vergisst) 잊다, 망각하다	vergaß	hat vergessen
vergleichen 비교하다	verglich	hat verglichen
sich verhalten(verhält) 행동하다	verhielt	hat sich verhalten
verlassen(velässt) 떠나다	verließ	hat verlassen
verlieren 잃어버리다	verlor	hat verloren
verschwinden 사라지다	verschwand	ist verschwunden
versprechen(verspricht) 약속하다	versprach	hat versprochen
verstehen 이해하다	verstand	hat verstanden
vertreten(vertritt) 대표하다	vertrat	hat vertreten
verzeihen 용서하다	verzieh	hat verziehen
wachsen(wächst) 자라다, 성장하다	wuchs	ist gewachsen
sich waschen(wäscht) 씻다	wusch	hat sich gewaschen
wenden 뒤집다, 방향을 바꾸다	wandte/ wendete	hat gewandt/hat gewendet
werden(wird) 되다, 생기다	wurde	ist geworden
werfen(wirft) 던지다	warf	hat geworfen
wiegen ~의 무게 재다, 무게가 나가다	wog	hat gewogen
winken 손을 흔들다	winkte	gewunken/hat gewinkt
wissen(weiß) 알다	wußte	hat gewußt
wollen(will) 하려고 하다, 원하다	wollte	hat gewollt/ hat … + Inf. + wollen

부록

동사의 부정형 (3인칭 단수 불규칙 변화 동사)	과거형	완료형
ziehen 끌다, 당기다	zog	hat gezogen
zwingen 강제로 ~시키다, 강요하다	zwang	hat gezwungen

2 재귀동사 reflexive Verben

재귀동사	사용 예
sich amüsieren 재미있게 지내다	Wir haben uns gut amüsiert. 우리는 무척 즐거웠다.
sich anmelden für + 4격 ~을 신청하다	Ich habe mich für den Sommerkurs angemeldet. 나는 여름방학강좌에 신청했다.
sich ändern 변하다	Du hast dich in den letzten Jahren ziemlich geändert. 네가 지난 몇 년 동안 너무 많이 변했다.
sich an(aus-, um-)ziehen 옷을 입다(벗다, 갈아입다)	Ich ziehe mich an./aus./um. 나는 옷을 입(벗/ 갈아입)는다.
sich ärgern über + 4격 ~에 대해 화가 나다	Warum ärgert er sich immer über ihn? 그는 왜 늘 그에 대해 화를 낼까?
sich aufregen über + 4격 ~에 흥분하다	Ich rege mich über das Spiel gegen England auf. 영국과 경기 때문에 정말로 화가 난다.
sich auskennen 정통하다, 잘 알고 있다	Sie kennt sich hier gut aus. 그녀는 이곳을 잘 알고 있다.
sich auswirken auf + 4격 ~에 영향을 미치다	Der Ölschock hat sich verhängnisvoll auf die Wirtschaft ausgewirkt. 오일쇼크는 경제에 치명적으로 영향을 미쳤다.
sich bedanken für + 4격 ~에 대해 감사하다	Ich bedanke mich sehr für die Einladung. 초대해 주셔서 감사드립니다.
sich beeilen 서두르다	Beeil dich! 서둘러라!
sich befassen mit + 3격 ~을 다루다, 취급하다	Ich habe mich bereits mit diesem Problem befasst. 나는 이미 이 문제를 다루었다.
sich befinden ~에 있다	Im Umkreis von drei Kilometern befinden sich zwei Friseure. 주변 3km 이내에 미용실이 2개 있다.

부록

재귀동사	사용 예
sich begnügen mit + 3격 ~에 만족하다	Die Frau begnügt sich mit dem, was sie hat. 그녀는 자신이 가진 것에 만족한다.
sich bemühen um + 4격 노력하다	Ich bemühe mich sehr um gute Noten. 나는 좋은 점수를 위해 노력한다.
sich beklagen über + 4격 ~에 대해 불평하다	Sie beklagt sich über das Essen. 그녀는 음식에 대해 불평한다.
sich beschäftigen mit + 3격 ~에 몰두/종사하다	Er beschäftigt sich mit Sokrates. 그는 소크라테스에 몰두하고 있다.
sich benehmen 행동하다	Du solltest dich vernünftig benehmen! 이성적으로 행동해라!
sich beschweren über + 4격 ~에 대해 불평하다	Er hat sich über diese Reise beschwert. 그는 이번 여행에 대해 불평했다.
sich besinnen auf + 4격 정신을 가다듬다, 정신 차리다	Sie hat sich wieder auf sich selbst besonnen. 그녀는 다시 제정신으로 돌아왔다.
sich beteiligen an + 3격 ~에 참여하다	Peter hat sich am Lese-Wettbewerb der Stadtbibliothek beteiligt. 페터는 시립도서관주최 읽기대회에 참석했다.
sich betrinken 만취하다	Auf der Silversterparty hat er sich betrunken. 송구영신파티에서 그는 만취했다.
sich bewähren 입증되다, 확증되다	Er hat sich als treuer Mann bewährt. 그는 정조있는 남편으로 입증되었다.
sich bewegen 움직이다	Ich bewege mich viel, um fit zu bleiben. 건강을 유지하기 위해 나는 많이 움직인다.
sich bewerben um + 4격 ~에 지원하다	Maria bewirbt sich um die Stelle beim Fernsehen. 마리아는 TV사의 일자리에 지원한다.
sich beziehen auf + 4격 ~와 관계가 있다	Er bezieht sich auf ihren Brief vom 1. April. 그는 4월 1일자 그녀의 편지에 관련하여 말하고자 한다.
sich distanzieren von + 3격 ~에 거리를 두다	Er distanziert sich von seinen Kollegen. 그는 그의 동료들에게 거리를 둔다.
sich duschen 샤워하다	Maria duscht sich jeden Tag. 마리아는 매일 샤워한다.
sich eignen für + 4격 ~에 적합하다, 알맞다	Herr Meyer eignet sich für die Stelle des Werbekaufmanns. 마이어씨는 광고 전문가의 직위에 적합하다.

재귀동사	사용 예
sich etwas einbilden ~을 상상/착각하다/믿다	Sie bildet sich ein, hübsch zu sein. 그녀는 자기 자신이 예쁘다고 상상한다.
sich einigen ~와 의견이 일치하다, 합의하다	Wir müssen uns jetzt einigen. 우리 이제는 합의를 봐야 할 것 같아.
sich einschreiben 등록하다	Mina hat sich an der Uni eingeschrieben. 미나는 대학에 등록(입학)했다.
sich einschreiben für + 4격 ~에 등록하다	Mina hat sich für den Deutschkurs eingeschrieben. 미나는 독일어강좌에 등록했다.
sich entscheiden für + 4격 ~(하는 것)을 결정하다	Ich habe mich für Deutschland entschieden. 나는 독일을 선택했다.
sich entschließen zu + 3격 ~을 (하기로) 결심하다	Wir haben uns zur Heirat entschlossen. 우리들은 결혼하기로 맘을 먹었다.
sich entschuldigen für + 4격 ~에 대하여 사과하다	Er entschuldigt sich für seine Verspätung. 그는 늦게 온 것에 대해 사과한다.
sich ereignen 일어나다, 발생하다	Auf der Autobahn A45 ereignete sich ein Unfall. 45번 고속도로에서 사고가 났다.
sich erholen 휴식을 취하다	Ich habe mich im Urlaub schön erholt. 나는 휴가 중에 잘 쉬었다.
sich erinnern an + 4격 ~을 회상하다	Ich erinnere mich an eine Geschichte. 한 이야기가 기억난다.
sich erkälten 감기들다	Er hat sich erkältet. 그는 감기 걸렸다.
sich erkundigen nach + 3격 ~을 문의하다	Hat er sich schon nach dem Sprachkurs erkundigt? 그는 그 언어코스에 대해 알아 보았나?
sich erstrecken 길어지다, 기한을 갖다	Seine Doktorarbeit hat sich über vier Jahre erstreckt. 그의 박사논문이 4년으로 늘어졌다.
sich freuen auf/über + 4격 ~에 대해 기대하다/기뻐하다	Ich habe mich sehr über Ihren Besuch gefreut. 방문해 주셔서 감사했습니다.
sich fühlen ~라고 느끼다, ~한 기분이다	Ich fühle mich wohl. 나는 마음이 편하다.
sich gedulden 인내하다	Gedulde dich! 참아라!
sich gewöhnen an + 4격 ~에 대해 적응하다	Peter hat sich an das Klima in Deutschland gewöhnt. 페터는 독일 날씨에 적응했다.

재귀동사	사용 예
sich hinlegen 눕다	Ich lege mich hin. 나는 침대에 눕는다.
sich informieren über + 4격 ~에 대해 정보를 얻다	Du solltest dich darüber informieren. 너는 그것에 대해 알아봐야 해.
sich interessieren für + 4격 ~에 관심이 있다	Ich interessiere mich für Musik. 나는 음악에 관심이 있다.
sich irren 착각하다	Tut mir leid, da habe ich mich wohl geirrt. 죄송합니다, 제가 잘못 알았던 것 같습니다.
sich kämmen 머리를 빗다	Das Kind kämmt sich. 아이가 머리를 빗는다.
sich konzentrieren auf + 4격 ~에 집중하다	Konzentriert euch auf den Test! 너희들 테스트에 집중해라!
sich kümmern um + 4격 ~을 돌보다	Ich kümmere mich um die Sache. 내가 그 일을 처리할게.
sich langweilen 지루해하다	Er langweilt sich. 그는 지루해한다.
sich melden bei + 3격 ~에게 연락하다	Ich melde mich gleich bei dir, wenn ich von der Reise zurückkomme. 내가 여행에서 돌아오면 너에게 곧장 연락할께.
sich etwas merken ~을 기억하다	Gibt es etwas, was ich mir besonders merken muss? 따로 명심할 일이라도 있습니까?
sich rasieren 면도하다	Er rasiert sich. 그는 면도한다.
sich schminken 화장하다	Lisa schminkt sich. 리자는 화장을 한다.
sich setzen 앉다	Ich setze mich auf den Stuhl. 나는 의자에 앉는다.
sich treffen 만나다	Wir treffen uns um 5 Uhr. 우리 5시에 만난다.
sich trennen von + 3격 ~와 헤어지다	Er hat sich von ihr getrennt. 그는 그녀와 헤어졌다.
sich überlegen 숙고하다	Ich überlege es mir. 나는 그것을 숙고하겠다.
sich verabreden 약속하다	Wir haben uns verabredet. 우리들은 약속했다.

부록

재귀동사	사용 예
sich verabschieden von + 3격 ~와 작별하다	Er verabschiedet sich von ihr. 그는 그녀와 작별한다.
sich verlieben in + 4격 ~와 사랑에 빠지다	Sie hat sich in ihn verliebt. 그녀는 그와 사랑에 빠졌다.
sich verstehen mit + 3격 마음이 잘 맞는 사이다	Ich verstehe mich gut mit ihr. 나는 그녀와 마음이 잘 맞는 사이다.
sich vorbereiten auf + 4격 ~을 준비하다	Wir bereiten uns auf die Prüfung vor. 우리는 시험준비를 한다.
sich vorstellen 소개하다	Darf ich mich vorstellen? Ich heiße Kim Insu. 제 소개를 해도 될까요? 저는 김인수라고 합니다.
sich waschen 씻다	Ich wasche mich. 나는 씻는다.

③ 전치사를 수반하는 동사 Verben mit Präpositionen

전치사를 수반하는 동사	사용 예
abhängig sein von + 3격 누구[무엇]에 의존하다	Sie ist finanziell von ihren Eltern abhängig. 그녀는 경제적으로 그녀의 부모님에게 의존한다.
es kommt auf + 4격 an ~에 달려있다	Bei der Arbeit kommt es auf absolute Präzision an. 이 일은 완벽한 정확도에 달렸다.
es hängt von + 3격 ab ~에 좌우되다, 달려있다	Es hängt vom Wetter ab, wann wir das Haus streichen. 우리가 집을 언제 칠할지는 날씨에 달려 있다.
achten auf + 4격 ~에 주의[유념]하다	Während seines Vortrags achtete er kaum auf seine Zuhörer. 그가 강연하는 동안 청중에 거의 신경을 쓰지 않았다.
anfangen mit + 3격 ~을 시작하다	Der Film fing mit einem Mord an. 그 영화는 살인 장면으로 시작했다.
jm** antworten auf + 4격 ~에 대답하다	Auf die Frage der Lehrerin haben die Schüler mit „ja" geantwortet. 학생들은 선생님의 질문에 "예"라고 대답했다
sich ärgern über + 4격 ~에 대해 화가 나다	Es hat keinen Zweck, sich über das schlechte Wetter zu ärgern. 나쁜 날씨에 대해 화를 내는 것은 소용없다.

전치사를 수반하는 동사	사용 예
aufhören mit + 3격 ~을 그만두다, 중지하다	Wann hörst du mit der Arbeit auf? 이 일을 언제 그만두니?
aufpassen auf + 4격 ~을 주의하다, 돌보다	Kannst du eben auf meine Tasche aufpassen. 내 가방을 잠시 봐 줄 수 있겠니?
sich aufregen über + 4격 ~에 흥분하다	Er hat sich fürchterlich über seinen Chef aufgeregt. 그는 자신의 상사로 인해 무척 흥분했다.
ausgeben für + 4격 ~을 위해 지출하다	Mina gibt viel Geld für gesunde Ernährung aus. 미나는 건강한 음식에 많은 돈을 쓴다.
sich bedanken bei + 3격 für + 4격 ~에게 ~에 대해 감사하다	Hast du dich schon bei deiner Tante (für das Geschenk) bedankt? 이모에게 (그 선물에 대해) 감사드렸니?
beginnen mit + 3격 ~을 시작하다	Er begann mit der Arbeit. 그는 그 일을 시작했다.
sich bemühen um + 4격 ~을 얻으려고 노력하다	Sie bemühte sich um gute Noten. 그녀는 좋은 성적을 얻기 위해 노력했다.
berichten über + 4격 ~에 대해 보고하다	Ausführlich berichtete er über die Reise. 그는 여행에 대해 자세히 보도했다.
sich beschäftigen mit + 3격 ~에 전념[몰두]하다	Sie beschäftigt sich seit Jahren mit deutscher Literatur. 그녀는 수년전부터 독일문학에 전념하고 있다.
sich beschweren bei + 3격 über + 4격 ~에 관하여 누구에게 불평하다	Ich habe mich bei meinem Wohnungsnachbarn über seine laute Musik beschwert. 나는 나의 옆방 사람에게 시끄러운 음악에 대해 불평했다.
bestehen aus + 3격 ~로 구성되다	Die Wohnung besteht aus fünf Zimmern. 그 집은 5개의 방으로 되어 있다.
sich bewerben um + 4격 ~을 얻으려고 애쓰다, ~에 지원하다	Fünf Firmen bewerben sich um den Auftrag. 5개의 회사들이 그 계약을 위해 지원했다.
sich beziehen auf + 4격 ~와 관련되다	Die Kritik bezieht sich nicht auf dich. 이 비판은 너와 상관이 없다.
jn* bitten um + 4격 ~에게 무엇을 부탁하다	Wir müssen jemanden um Hilfe bitten. 우리들은 누군가에게 도움을 청해야만 한다.
jm** danken für + 4격 ~에게 ~에 대해 감사하다	Ich danke Ihnen für Ihre Hilfe. 당신의 도움에 감사드립니다.
denken an + 4격 누구[무엇]를 생각하다	Denken Sie an den Termin um 20.00 Uhr! 8시의 약속을 기억하세요!

전치사를 수반하는 동사	사용 예
denken über + 4격 ~에 대해 생각하다	Was denkst du über den Vorschlag? 그 제안에 대해 어떻게 생각하니?
diskutieren mit jm** über + 4격 ~와 ~에 대해 토론하다	Wir diskutieren mit Herrn Busch über Politik. 우리들은 부시 씨와 정치에 대해 토론한다.
jn* einladen zu + 3격 ~에 누구를 초대하다	Josepf und Maria haben uns zu ihrer Hochzeitsfeier eingeladen. 요셉과 마리아는 우리를 결혼식에 초대했다.
sich entscheiden für + 4격 ~을 결정하다	Die Firma hat sich für einen Bewerber entschieden. 그 회사는 한 명의 지원자를 결정했다.
sich entschuldigen bei jm** für + 4격 ~에게 무엇에 대해 사죄를 하다	Sie hat sich für ihren Irrtum entschuldigt. 그녀는 그녀의 잘못에 대해 사과했다.
erfahren von + 3격 ~에 대해 알게 되다	Ich habe gestern von der Heirat von Mina erfahren. 나는 미나의 결혼을 어제 알게 되었다.
sich erholen von + 3격 ~에서 회복하다	Ich habe mich im Urlaub ganz von der Arbeit erholt. 나는 일로 인한 스트레스를 휴가에서 다 떨쳐버렸다.
sich erinnern an + 4격 회상하다, 상기하다	Er kann sich gut an seine Großmutter erinnern. 그는 그의 할머니를 잘 기억할 수 있다.
jn* erinnern an + 4격 ~에게 생각나게 하다, 상기시키다	Das Denkmal erinnert uns an den Krieg. 이 기념비는 우리들에게 전쟁을 상기시킨다.
jn* erkennen an + 3격 ~로 누구인가를 알아채다	Ich erkannte ihn an seiner typischen Geste. 나는 그의 전형적인 제스쳐로 그를 알아챘다.
sich erkundigen bei jm** nach + 3격 ~에게 ~을 묻다	Ich erkundige mich bei Frau Kim nach einem Zimmer. 나는 김선생님에게 방을 문의한다.
erzählen von + 3격 ~에 관하여 이야기하다	Er erzählte von seiner Liebesgeschichte. 그는 자신의 연애담에 관하여 이야기했다.
jn* fragen nach + 3격 ~에게 무엇을 묻다	Der Kunde hat die Firma nach dem Liefertermin gefragt. 그 손님은 회사에 배송날짜에 대해 문의했다.

---

jn* jemanden (누구를)
jm** jemandem (누구에게)

전치사를 수반하는 동사	사용 예
sich freuen auf + 4격 ~을 기대하다(미래)	Ich freue mich auf das Wochenende. 주말이 기대가 된다.
sich freuen über + 4격 ~에 대해 기뻐하다(현재, 과거)	Er freut sich über mein Geschenk. 그는 나의 선물에 대해 기뻐한다.
gehören zu + 3격 ~에 속하다	Das gehört zum Allgemeinwissen. 이것은 일반지식에 속한다.
glauben an + 4격 ~을 믿다	Unsere Tochter hat ein großes Examen vor sich. Wir glauben an sie. Sie schafft es bestimmt. 우리 딸이 큰 시험을 앞에 두고 있다. 우리는 우리 딸을 믿는다. 분명히 해낼 것이다.
sich gewöhnen an + 4격 ~에 대해 익숙해지다	Er gewöhnt sich allmählich an seine neue Umgebung. 그는 서서히 새로운 환경에 적응한다.
jm** gratulieren zu + 3격 ~에 대해 축하하다	Wir gratulieren dir zur bestandenen Prufung! 우리들은 너의 합격을 축하한다.
jn* für 형용사 halten ~을 ~로 여기다	Ich halte sie für sehr intelligent. 나는 그녀를 매우 지적이라고 생각한다.
etwas halten von + 3격 ~에 대해 생각하다	Was hältst du von der Idee? 너는 이 아이디어를 어떻게 생각하니?
helfen bei + 3격 ~을 돕다	Tom hat Maria bei ihren Hausaufgaben geholfen. 톰은 마리아의 숙제를 도와주었다.
hoffen auf + 4격 ~을 바라다, 기대하다, 소원하다	Wir hoffen seit Tagen auf besseres Wetter. 우리들은 요 며칠 동안 날씨가 좋아지길 바라고 있다.
sich interessieren für + 4격 ~에 관심을 가지다	Er interessiert sich nicht für alte Bilder. 그는 오래된 그림에 관심이 없다.
klagen über + 4격 ~을 고소하다, 호소하다, 불평하다	Der Patient klagt über große Schmerzen. 그 환자는 심한 통증을 호소했다.
sich konzentrieren auf + 4격 ~에 집중[전념]하다	Bei diesem Lärm kann ich mich nicht auf meine Aufgabe konzentrieren. 이 소음 속에서 나의 과제에 집중할 수 없다.
sich kümmern um + 4격 ~에 신경[마음]을 쓰다	Ich kümmere mich um die Heizung, dass sie richtig funktioniert. 난방기가 잘 가동되도록 신경을 쓰고 있다.

전치사를 수반하는 동사	사용 예
lachen über + 4격 ~에 대해 웃다	Über diese Witze kann ich nicht lachen. 나는 그 유머에 대해 웃을 수 없다.
leiden an + 3격 ~에 걸리다(병)	Er leidet an einer tödlichen Krankheit. 그는 중병을 앓고 있다.
leiden unter + 3격 ~에 괴로워하다(정신적)	Ich leide unter diesem ständigen Krach. 나는 이 끊임없는 소음에 괴로워하고 있다.
nachdenken über + 4격 ~에 대해 숙고하다, 곰곰이 생각하다	Hast du über meinen Vorschlag nachgedacht? 나의 제안에 대해 신중하게 생각해봤니?
passen zu + 3격 ~에 어울리다	Die Krawatte passt sehr gut zu dem Hemd. 이 넥타이가 와이셔츠에 잘 어울려요.
protestieren gegen + 4격 ~에 대해 항의하다	Die Studenten protestieren gegen die Kürzungen im Bildungsbereich. 학생들은 교육영역의 축소에 반대해 항의한다.
reagieren auf + 4격 ~에 반응하다	Meine Haut reagiert sehr empfindlich auf das Hundefell. Es juckt und reizt. 내 피부가 개털에 매우 민감하게 반응하다. 근지럽고 따끈거린다.
reden über + 4격 ~(사건/상황)에 대해 이야기하다	Wir haben über die politische Lage Nordkoreas geredet. 우리는 북한의 정치상황에 대해 이야기했다.
reden von + 3격 ~(사람)에 대해 이야기하다	Er hat von ihr geredet. 그는 그녀에 대해 말했다.
riechen nach + 3격 (좋은) 냄새가 나다	In der Küche riecht es nach Kuchen. 부엌에서 케익 냄새가 난다.
schmecken nach + 3격 ~맛이 나다	Das Eis schmeckt nach Zitrone. 이 아이스크림은 레몬 맛이 난다.
schreiben an + 4격 누구에게 편지를 쓰다	Er schreibt einen Brief an seine Mutter. 그는 엄마에게 편지를 쓴다.
schreiben an + 3격 ~을 집필하다	Er schreibt schon seit Jahren an seiner Doktorarbeit. 그는 수년 동안 박사논문을 쓰고 있다.
schreiben über + 4격 무엇에 대해 쓰다	Über dieses Thema wird zur Zeit viel in den Zeitungen geschrieben. 최근 많은 신문에서 이 주제에 대해 쓰여지고 있다.

부록

전치사를 수반하는 동사	사용 예
etwas/sich/jn* schützen vor + 3격 무엇[누구]을 ~부터 보호하다	Du musst dich besser vor Erkältung schützen. 너는 더욱 더 감기에 몸 조심해야 한다.
sorgen für + 4격 ~을 돌보다	Wer sorgt für den Hund, wenn ihr im Urlaub seid? 너희들이 휴가 중이면 누가 그 개를 돌보니?
sprechen mit jm** über + 4격 누구와 무엇에 관하여 토론하다	Ich habe mit ihm über Ihr Anliegen gesprochen. 나는 그와 당신의 문제에 대해 이야기했다.
sterben an + 3격 ~으로 죽다	Er starb an den Folgen eines Unfalls. 그는 사고의 결과로 사망했다.
streiken für + 4격 ~을 위해 싸우다	Sie streiken für höhere Löhne. 그들은 더 나은 임금을 위해 투쟁한다.
streiten mit jm** um + 4격 무엇을 위해 싸우다	Er stritt mit seinem Bruder um das Spielzeug. 그는 남동생과 장난감을 놓고 싸웠다.
streiten über + 4격 무엇에 대해 논쟁하다	Sie stritten über die Gefahren der Atomkraft. 그들은 원자력의 위험에 대해 논쟁했다.
teilnehmen an + 3격 ~에 참가하다	Diesen Winter nehme ich wieder an einem Skikurs teil. 올 겨울 나는 또 다시 스키강좌를 들을 예정이다.
telefonieren mit + 3격 ~와 통화하다	Ich habe heute mit meiner Mutter telefoniert. 나는 오늘 엄마와 전화 통화했다.
träumen von + 3격 ~의 꿈을 꾸다	Ich träume oft von der Weltreise. 나는 자주 세계일주를 꿈꾸고 있다.
jn* überreden zu + 3격 ~에게 ~을 하도록 권유하다	Er hat mich zum Kauf eines Autos überredet. 그는 내가 자동차를 사도록 권유했다.
sich/jn* überzeugen von + 3격 ~을 ~에게 확신시키다	Er hatte sich von der Richtigkeit ihrer Behauptungen persönlich überzeugt. 그는 개인적으로 그녀의 주장이 옳음에 확신하게 되었다.
sich unterhalten mit + 3격 ~와 담소하다	Er hat sich stundenlang mit einem Freund am Telefon unterhalten. 그는 수 시간 동안 한 친구와 전화로 담소했다.
sich unterhalten über + 4격 ~에 대해 이야기하다	Worüber habt ihr euch unterhalten? 너희들은 무엇에 대해 이야기했니?
sich verabreden mit + 3격 ~와 약속하다	Ich habe mich mit ihm um zwei Uhr im Café verabredet. 나는 그와 두 시에 커피숍에서 만나기로 약속했다.

부록

전치사를 수반하는 동사	사용 예
etwas vergleichen mit + 3격 ~을 ~와 비교하다	Ich vergleiche mein Auto mit deinem. 나는 내 자동차를 너의 자동차와 비교를 한다.
sich verlassen auf + 4격 ~을 신뢰하다	Ich verlasse mich darauf, dass Sie alles vorbereiten. 나는 당신이 모든 것을 준비하리라고 믿습니다.
sich verlieben in + 4격 ~에게 반하다	Er hat sich in Susi verliebt. 그는 수지에게 반했다.
etwas verstehen von + 3격 ~을 잘할 수 있다	Er versteht etwas vom Kochen. 그는 요리를 잘한다.
verzichten auf + 4격 ~을 포기하다	Weil es mir finanziell nicht gut geht, muss ich dieses Jahr auf die Reise ins Ausland verzichten. 경제적 사정이 좋지 않아 올해 외국여행을 포기해야 한다.
sich vorbereiten auf + 4격 ~을 준비하다, ~에 대비하다	Er hat sich gut auf die Prüfung vorbereitet. 그는 그 시험을 잘 준비했다.
warten auf + 4격 ~을 기다리다	Hast du lange auf mich gewartet? 나를 오래 기다렸니?
sich wenden an + 4격 ~에게 의뢰하다	Sie können sich in dieser Angelegenheit jederzeit an mich wenden. 이 일에 관해 수시로 나에게 문의하셔도 됩니다.
sich wundern über + 4격 ~에 대해 놀라다, 궁금해하다	Ich wundere mich darüber, ob er heute überhaupt noch kommt. 그가 오늘 오는지 궁금하다.
zweifeln an + 3격 ~을 의심하다	Ich zweifle daran, dass er das Auto noch reparieren lässt. 그가 자동차수리를 맡기는 것에 대해 의구심이 생긴다.

부록

Das ist Grammatik aktuell

초판 1쇄 인쇄 | 2025년 3월 4일
초판 1쇄 발행 | 2025년 3월 10일

지은이   권영숙
펴낸이   김운용
펴낸곳   장로회신학대학교 출판부(PUTS PRESS)

등록   제1979-2호
주소   (우)04965 서울시 광진구 광장로5길 25-1(광장동)
전화   02-450-0795
팩스   02-450-0797
이메일   ptpress@puts.ac.kr
홈페이지   http://www.puts.ac.kr

값 20,000원
ISBN 978-89-7369-501-0   13750